Solara

11:11
Jenseits des Tores

Solara

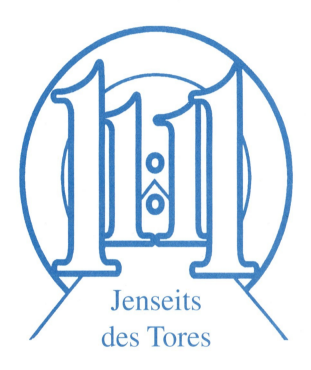

Jenseits
des Tores

ch. falk-verlag

Aus dem Amerikanischen
von Christiane Sauter

© der deutschen Erstausgabe
by ch. falk-verlag, Seeon 1993

© der amerikanischen Originalausgabe
11:11 Inside The Doorway
und für alle anderen Länder
by Solara Antara Amaa-Ra 1992
Star-Borne Unlimited
2005 Commonwealth Dr.
Charlottesville, Va 22901
USA

No part of this book may be reproduced or utilized in any
form or by any means, electronic or mechanical, including
photocopying, recording, or by an information storage
or retrieval system without written permission from the
publisher.

Umschlaggestaltung: Solara & Aarela
Umschlagfoto: Aya

Illustrationen: Aarela Antara
Buch-Design: Solara & Garjon

Satz und Druck: F. Steinmeier, Nördlingen

Printed in Germany
ISBN 3-924161-67-4

*Dankbar widme ich dieses Buch
unserer Sternenfamilie auf der ganzen Welt.
Gemeinsam öffneten wir das Tor 11:11.*

Inhalt

Die Aktivierung des Tores 11:11

Das Tor davor 14
Die Durchgangspforte 11:11 18
Der Aufruf zur Aktivierung 22
Die Aktivierung von 11:11 26
Geheimorder 28
Die Sterngeborenen 30
Was zu 11:11 führte 32
Vorbereitungen 34
Erzengel Michael 43
Die Anordnung Melchisedeks 45
Vorbereitende Einweihungen 1 51
Die erste und die zweite Welle 58
Sternenkinder 64
Partnerschaft 68
Die Erde 75
Tiere 85
Inseln des Lichts 90
Vorbereitende Einweihungen 2 93
Die Lektionen Orions 97
Metatron 106
Die Familie ANs 109
Anaho 112
Die Zeit der Vollendung 118
Vorbereitende Einweihungen 3 124
Der Abgrund 138

Das Tor 11:11

Das Tor 11:11 145
Die Landkarte 11:11 146
Die Karte des Sterns 148
Die großen Zentralen Sonnensysteme 152
Die Karte der überlappenden Spiralen 158

Die Öffnung des Tores

Meisterzylinder 166
Nicht-Zeit 173
Die Sonnenbeobachter 176
Die Kreise im Kreis 181
Bewegungen der Einheit 182
Neue Bewegungen 197
Herausforderungen auf dem Weg der Einheit 200
Erfahrungen mit 11:11 209

Die Reise hindurch

Vogelstern /Sternenvogel 264
Die Zone der Überschneidung 270
Die neue Oktave 276
Erste Hilfe 278
Visionen von 11:11 286
Das erste Licht 290
Himmelskarawane und Himmelsbarke 293
Jenseits des Physischen 298
Auf der Himmelsbarke 306
Die Schablone der wahren Liebe 318
Wahre Liebe 320

Die elf Tore 328
Die Tempel des Unsichtbaren 340
Eine Botschaft an jene, die in der Dualität verharren
werden... 375
Jenen, die bleiben wollen, gilt meine persönliche
Botschaft...................................... 376
Über das Star-Borne-Team 379
11:11-Anker 381
Über Solara Antara Amaa-Ra 383
Danksagung 384

11:11 ist ein verschlüsselter Auslöser,
der vor unserem Abstieg in die Materie
in unseren Zellgedächntnisbänken verankert wurde.
Seine Aktivierung bedeutet,
daß die Zeit unserer Vollendung nahe ist!

Hiermit ist 11:11 aktiviert ...

Die Aktivierung von 11:11

Das Tor davor

Das Tor 11:11 ist nicht die erste Aufstiegspforte, die sich auf diesem Planeten öffnet. Vor langer Zeit erlebten wir schon einmal die Öffnung eines Tores. Ich würde gern das, woran ich mich erinnern kann, mit dir teilen. Vielleicht hilft es deiner eigenen Erinnerung auf die Sprünge.

Wenn wir uns jene frühe Aufstiegspforte wieder ins Gedächtnis rufen wollen, müssen wir weit zurück in ein fernes Zeitalter blicken. Es ist so lange her, daß die Erinnerungen erst vor kurzer Zeit wieder aufgestiegen sind, angeregt durch unsere Bemühungen, 11:11 zu aktivieren. Es war die Zeit, als sich die großen Zivilisationen Shamballa – in der Wüste Gobi – und AN – nahe dem Titikakasee – aus der physischen Ebene lösten. Viele große Wesen beendeten den Kreislauf ihrer Verkörperungen und verließen das Rad von Tod und Wiedergeburt. Jene Großen nennen wir heute die *Aufgestiegenen Meister*. Sie wanderten bis zum Augenblick ihres Aufstiegs offen unter uns auf diesem Planeten, nicht anders als wir es heute tun.

Als sich dieses Tor öffnete, konnten sich viele von uns entscheiden, ob sie mitgehen oder bleiben wollten. Da ich mein Bodhisattvagelübde (*so lange auf die Erde zurückzukommen und zu dienen, wie ich gebraucht würde*) bereits geleistet hatte, stand mein Entschluß fest. Ich würde diesem Planeten weiterhin dienen, bis sich fern in unbestimmter Zukunft die nächste Pforte öffnete. (*Da ich jetzt zu den Alten der ersten Welle gehöre, war es interessant, mich an eine Zeit zu erin-*

nern, als wir noch frisch und begeistert an die vor uns liegenden Aufgaben herangingen.)

Alle Bodhisattvas, die auf der Erde bleiben wollten, wurden von den Abreisenden sorgfältig belehrt und vorbereitet. Die Szepter der Verantwortung mußten weitergegeben werden, und wir hatten bereit zu sein, sie von nun an selbst zu führen. Jetzt waren wir an der Reihe, dem Planeten als Säulen des Lichts zu dienen. Wir würden die nächste Welle Großer Seelen sein. Das Königreich der Devas, Feen, Elfen, Gnome und Naturwesen, die sich für das Bleiben entschieden hatten, sie alle halfen uns sehr. Zu jenen Zeiten waren sie für alle sichtbar.

Man zeigte uns, daß uns der nächste Planetenzyklus stark fordern würde, da wir große Teile unseres Wissens vergäßen. Viele Berührungspunkte mit der Größeren Wirklichkeit würden scheinbar verschwinden. Wir müßten sie in uns selbst entdecken. Oftmals fühlten wir uns einsam, ohne Beistand von Oben. Die Verbindung zu unserem wahren Sein schien zu verblassen: niemand erinnerte sich der Sternfamilien von EL AN RA; das Sternbild Orion bliebe der einzige Anhaltspunkt. Die Familie ANs würde vergessen, daß AN je existierte und dennoch ganze Inkarnationen nach jenen unbestimmten *anderen* suchen.

Man sagte uns, daß wir für eine weitere Spiraldrehung bis zur Vollendung des nächsten größeren Kreislaufs auf der Erde bleiben könnten und daß *wir* für die Öffnung der nächsten Aufstiegpforte verantwortlich seien. Sie betonten ausdrücklich, wie ausgesprochen wichtig es für uns sei, durch diese nächste offene Pforte zu schreiten, da sich unsere Zeit in der Dualität dann vollendete. (*Das Bodhisattvagelübde gilt tatsächlich nur für einen vollen Entwicklungszyklus. Als mir in diesem Leben die Gelegenheit gegeben wurde, es zu erneuern, nahm ich deshalb Abstand.*)

Sie machten uns außerdem folgendes klar: Sollten wir aus irgendeinem Grunde die nächste Möglichkeit zum Aufstieg verpassen, wäre unsere Fähigkeit, in der Dualität zu dienen, verwirkt. Im Gegenteil: wollten wir über die uns zugemessene Zeitspanne bleiben, könnten wir in einen Zyklus des Niedergangs geraten und auf einer entgegengesetzten Spirale in die Welten der Anti-Materie gelangen. Obwohl uns nicht in aller Tiefe erklärt wurde, wie das geschehen würde, beeindruckte uns, wie wichtig es zu sein schien, die nächste Aufstiegspforte zu erwischen.

Jeder von uns, der zur Zeit jener Pforte bereits auf der Erde lebte, erinnert sich an dieses bedeutsame Ereignis. Und genau wir sind diejenigen, die die Bedeutung von 11:11 verstehen müssen. Wir tragen nicht nur die Verantwortung für unsere eigene sichere Passage durch das Tor, sondern auch dafür, daß unsere Sternenfamilie die Gelegenheit erhält, mit uns aufzusteigen.

Wieder werden Szepter weitergereicht. Jetzt ist es unsere heilige Pflicht, diejenigen, die in der Dualität bleiben wollen, auf jene ferne Zukunft vorzubereiten, in der sich ein neues Tor öffnen wird. Jene Menschen müssen begreifen, daß viele von uns, die bis jetzt als Säulen des Lichts gedient haben, bis zum Ende des Jahres 2011 gegangen sein werden. Dann liegt alles bei ihnen. Selbst wenn du dich also entschieden hast, in der Dualität zu bleiben, wird es Zeit für dich, voll ermächtigt zu leben.

Die geliebte Familie ANs wird nach Hause gerufen. Auch das Königreich der Devas wird gehen. Einige werden in ihre Sternenheime in der großen Magellanwolke zurückkehren, während andere mit der wiedergeborenen Erde auf Oktave Sieben bleiben, um in Verbindung mit dem neuen Sternengitter die Natur zu erschaffen. Sie alle werden die Dualität verlassen. Jene Seelen, die durch das Tor davor gingen, werden wieder zu uns stoßen. Dasselbe gilt für die alten Drachen, die Einhörner, die Wale und die geflügelten Löwen. Wenn du zu denen gehörst, die einen jener verborgenen Plätze auf dem Planeten kennen, wo sie sich noch aufhalten, dann richte ihnen bitte aus, daß die Zeit gekommen ist.

Auf uns liegt die große Verantwortung, den Aufstieg durch das Tor 11:11 vorzubereiten. Dazu brauchen wir die Hilfe und die Teilnahme eines jeden. Einige von uns *müssen* durch diese Pforte gehen, und das ist keine Frage der Wahl, sondern des Zeitplans. Jeder von uns, der erwacht ist, besitzt schon seine Fahrkarte nach Hause. Indem wir in der Formation unseres Vogelsterns als Ein Wesen fliegen, klären wir den Kanal, und viele können aufsteigen. Ganz gleich, wo du dein Sein verankern willst: es gibt viel zu tun! Dies ist das größte Tor seit unserem Abstieg in die Materie.

Das Tor davor war eine Aufstiegspforte, *doch es veränderte die Schablone nicht.* Die Durchgangspforte 11:11 ist unsere erste Gelegenheit, Entwicklungsspiralen zu verändern und in ein Größeres Zentralsonnensystem zu gelangen! Wir wollen uns als Ein Wesen vereinen, um diese große Aufgabe zu vollenden!

Die Durchgangspforte 11:11

Dieses Buch handelt von einer Reise, der wichtigsten und aufregendsten Reise, die wir je unternehmen werden, unserer Reise nach Hause.

Die Aktivierung von 11:11 geschah nicht einfach zufällig am 11. Januar 1992: mit dieser Aktivierung begann unser Lebenswerk, die Erfüllung unserer göttlichen Mission auf der Erde. Sie kündet die Vollendung der Dualität und die Verankerung der Schablone der Einheit an.

11:11 ist kein neues Sternentor, es ist unsere Brücke zum Aufstieg, unser Tor nach Hause. Äonen haben wir auf diesen Augenblick gewartet. Wir haben gekämpft und uns abgemüht, wir haben uns danach gesehnt und dafür gebetet, und zusammen als Ein Wesen haben wir es herbeigeführt!

Wenn du zu denen gehörst, die am 11. Januar am Kreis in den Kreisen mitwirkte, hast du bereits die unermeßliche Liebe gespürt, die an diesem gesegneten Tag im Planeten verankert wurde.

Wenn du Teil der Meisterzylinder in Ägypten und Neuseeland warst, bist du bereits unwiderruflich verwandelt und bereit, das Erste Tor der Neuen Oktave zu durchschreiten.

Wenn dies alles neu für dich ist, bleibt dir immer noch genügend Zeit, dich zu entscheiden und in bewußter Einheit mit deiner Sternenfamilie zusammenzukommen, damit wir gemeinsam unsere vereinte Gegenwart manifestieren.

Was bedeutet 11:11? Vollendung, Reife, Meisterschaft, Ermächtigung, Verkörperung unserer Höchsten Wahrheit, Freiheit, heilige Vereinigung, wahre Liebe, Ein Herz, Einheit, all dies ist darin enthalten.

Dies ist die Zeit der Vollendung. Wir sind aufgerufen, nach Hause zurückzukehren. Die Goldenen Sonnenengel der Großen Zentralsonne, die großen Sternfamilien von EL, AN, RA, die Legionen des Erzengels Michael, die Anordnung Melchisedeks, die Annuttara, wir alle, die große Familie ANs, sollen nach Hause kommen.

11:11 ist unser Weckruf. Für die nächsten zwanzig Jahre ist 11:11 unsere Landkarte. Die Zeit ist da!

Wir stehen an der Schwelle zu einem großen Abenteuer, das wir, wir selbst, ermöglicht haben!

Der Aufruf zur Aktivierung

Wir befinden uns in einer Zeit großer Veränderungen. Das Überleben des Planeten Erde und all seiner Bewohner steht auf dem Spiel. Ständig werden wir von den einströmenden und abfließenden Gezeiten – die Ursache für unsere Unruhe, unsere Verwirrung und Angst – hin- und hergerissen. Die abfließende Gezeit setzt sich aus Energien der dritten und vierten Dimension zusammen, welche in der Schablone der Dualität verwurzelt sind. Im Augenblick tobt die letzte Schlacht der Dualität um Vorherrschaft und Kontrolle.

Die einfließende Gezeit repräsentiert das Bewußtsein der in uns wohnenden Einheit. Sie schwingt mit dem neuen Göttlichen Plan und ruft uns zu Vollendung und Freiheit auf. Sie läßt uns über die Illusion hinauswachsen und ist so der nächste Schritt auf unserer Reise nach Hause. Wir müssen unser Sein jetzt vollständig in der Schablone der Einheit verankern, damit wir in dieser Zone zwischen zwei sehr unterschiedlichen Energiemustern unser Gleichgewicht halten.

Vor uns liegt eine ungeheure Aufgabe: Wir müssen durch das Tor 11:11 gelangen, um eine Neue Oktave des Bewußtseins zu erreichen. Um das zu schaffen, um in diesen stürmischen Zeiten zu überleben, müssen wir uns unumstößlich auf unser Höchstes Ziel ausrichten. Ganz gleich, was auf der äußeren Ebene geschehen mag, wir müssen eine positive Einstellung behalten! Bleib in deiner Mitte und erinnere dich stets an die wahre Wirklichkeit. Erlaube dir nicht, die Dualität zu füttern, indem du ihr deine Energie gibst. Sei kein Prophet von Tod und Verderben. Denk daran, daß all die entsetzlichen Zukunftsvorhersagen auf Mustern der dritten Dimension basieren und nicht aus der Größeren Wirklichkeit stammen.

Wenn du merkst, daß du dich in den Illusionen der Dualität verfangen hast, dann halte einfach inne und richte dich neu aus. Sage dir ganz ruhig, daß du diese Wirklichkeit nicht akzeptierst. Konzentriere dich wieder auf das Große Erwachen, das gerade auf Erden stattfindet. Erinnere dich, wer du wirklich bist, und stelle dir das geöffnete Tor 11:11 vor. Dieser neu aktivierte Lichtbogen dient uns als Brücke zu Neuen Oktaven der Harmonie, des Friedens und der Einheit.

Entscheidend wichtig für die Erfüllung des Göttlichen Plans auf der Erde ist das Verankern deines Seins in der Schablone der Einheit. Jetzt bist du wirklich ganz gefordert!

Wir stehen an der Schwelle zu einem großen Abenteuer, das wir, wir selbst, ermöglicht haben!

Endlich ist die Zeit gekommen, auf die wir schon so lange gewartet haben. Wir stehen wirklich an der Schwelle eines großen Abenteuers! Dieses große Abenteuer ist die Erfüllung unserer Göttlichen Mission auf dem Planeten Erde. Wir wachsen aus der Schablone der Dualität heraus und gelangen dadurch zu wahrer Meisterschaft und Freiheit. Jetzt beginnt für uns die Zeit der Vollendung und gleichzeitig der nächste Abschnitt unserer Heimreise.

Vor unserem allerersten Abstieg in die Materie wurden uns Erinnerungen, Wissen und versiegelte Befehle eingepflanzt und *in unseren zellulären Gedächtnisbänken* verschlüsselt. Jetzt ist mit der Zeit der Vollendung der Augenblick gekommen, in dem uns diese Informationen zugänglich werden und uns helfen.

Die Erfüllung unserer Göttlichen Mission ist der vordringliche Grund für die Entscheidung, uns auf der Erde zu verkörpern!

Während aller Inkarnationen auf der Erde haben wir uns in mühseliger Kleinarbeit darauf vorbereitet, all unsere Fähigkeiten für den Dienst in der vorbestimmten Zeit auszubilden. Die Zeit ist da! Der Aufruf zum Erwachen erschallte bereits durch die Himmlische Weite, und endlich fordert er uns auf, uns zu erinnern und das *zu verkörpern*, was wir in unserer ganzen Herrlichkeit und Macht wahrhaft sind.

Jetzt rufen wir euch zur Aktivierung auf. Das bedeutet, daß jeder von uns eine Entscheidung von ungeheurer Wichtigkeit und dauernder Konsequenz treffen muß! Wir müssen entscheiden, ob wir dem Aufruf mit der Fülle unseres Seins und mit unerschütterlichem Einsatz für den Dienst an unserem Höheren Ziel folgen wollen. Wir müssen jetzt beschließen, wo wir unser Sein verankern wollen: in der Schablone der Dualität oder der Schablone der Einheit! Wir müssen die Wahl jetzt treffen. Bitte, entscheide vollbewußt und weise, denn die Folgen dieses Entschlusses werden dich lange Zeit begleiten und alle Ebenen deines Lebens betreffen.

Große Zeiten verlangen Größe des Geistes und der Tat!

Wir müssen zusammen viel leisten. Das, was wir vollbringen sollen, ist viel größer als alles, was wir uns im Augenblick vorstellen können: die Erde selbst entwächst bald den Mustern der Dualität. Sie, die unsere Bedürfnisse so lange gestillt hat, braucht jetzt unsere Hilfe, um in einer Neuen Oktave der Einheit geboren zu werden. Indem wir der Erde als Hebamme dienen, werden wir, *die erwachte Menschheit der Erde*, ebenfalls in einer neuen Spirale der Evolution geboren.

Unsere erste Aufgabe ist, uns in vollständig erwachte, multidimensionale Wesen zu verwandeln und so die Energien der vierten und der fünften Dimension mit denen der dritten zu verbinden. Das bedeutet die innere Vereinigung zwischen der aufsteigenden Erde und dem herabsteigenden Himmel. Viele von uns haben diese Heilige Verbindung bereits erlangt, und täglich erwachen mehr Menschen, denn der Aufruf erschallt immer dringlicher. Wir fordern unser Göttliches Geburtsrecht und Erbe zurück und erinnern uns, daß wir verkörperte Engel sind, unermeßliche Lichtwesen, die sich nicht länger von der Illusion von Zeit, Raum und Materie begrenzen und binden lassen.

Wir sind jetzt bereit, als Ausstrahlungen des Einen zusammenzufinden. Dies ist tatsächlich von allerhöchster Wichtigkeit, denn die große Arbeit, die vor uns liegt, erfordert, daß wir uns zu einem kollektiven Ganzen verbinden. Die neuen Tore können von Wesen, die sich immer noch als individuelle Bewußtseinseinheiten verstehen, weder geöffnet noch durchschritten werden. Diese Tore werden durch unsere Vereinte Gegenwart, unsere konzentrierte Absicht und unsere totale Hingabe manifestiert, dem Höheren Ziel als Ein Wesen zu dienen.

Die Aktivierung von 11:11

Hiermit geben wir bekannt, daß die nächste wichtige planetarische Aktivierung am 11. Januar 1992 stattfindet. Dies ist die Öffnung des Tores 11:11.

Diese Öffnung ist der wichtigste Entwicklungsschritt, den wir auf dem Planeten Erde je gemacht haben! Er leitet die Vollendung der Entwicklungsspirale ein, auf der wir seit Anfang der Erde gereist sind. Die Aktivierung 11:11 kündet eine Zeit an, in der dem Planeten und der gesamten Menschheit die Möglichkeit gegeben wird, sich auf eine neue Bewußtseinsspirale zu begeben.

11:11 ist die Brücke zu einer völlig neuen Energiemuster-spirale.

Es ist der Schritt *über* dieses bekannte dimensionale Universum hinaus in ein neues Oktavenmuster, eine Reise ins Unbekannte, die uns unserem Zuhause immer näher bringen wird. Die planetarische Aktivierung, die durch das Öffnen von 11:11 ausgelöst wird, rangiert in einer Größenordnung, die wir noch nie zuvor erfahren haben.

Hiermit wirst du von Oben dazu aufgerufen!

Die Aktivierung von 11:11

Das Symbol 11:11 wurde vor langer Zeit, bevor wir zum ersten Mal in die Materie abstiegen, in unseren zellulären Gedächtnisbänken verschlüsselt. Es wurde uns als Vorbereitung für unsere Verkörperungen auf der Erde *in die tiefsten Fasern und in die DNA unseres Wesens eingebrannt*. Seit dieser fernen Zeit schlief 11:11 in uns. Ein zeitbezogener Mechanismus sorgte dafür, daß die geheimen Order sich nur dann offenbaren würden, wenn 11:11 vollständig aktiviert worden war. Sanft schlummernd, wartete es auf den Zeitpunkt seiner Auslösung. Und jetzt endlich ist 11:11 aktiviert worden ...

11:11 ist ein verschlüsselter Auslöser, der uns wissen läßt, daß die Zeit unserer Vollendung nahe ist.

Viele von euch haben die große Bedeutung dieses Symbols erkannt, ohne sich seiner wahren Aussage bewußt zu sein. Mit dem Aufkommen der Digitaluhren vor vielen Jahren machte sich 11:11 bemerkbar. Oft erschienen diese Ziffern in Zeiten beschleunigten Bewußtseins auf dem Display. Jene von euch, die die besondere Bedeutung von 11:11 erkannt haben, bitten wir, sich in ihre Führungspositionen zu begeben, denn ihr seid wichtige Teile des Schlüssels. Eure versiegelten Order sollen jetzt geöffnet werden!

Geheimorder

Viele von uns spüren schon seit langem, daß wir geheime Order mit uns herumtragen. Diese geheimen Order wurden vom Rat der Sterne vor unserem Abstieg in die Materie in unseren zellulären Gedächtnisbänken verschlüsselt. Einigen von uns waren sie eine Quelle ständiger Enttäuschung, denn Geheimorder öffnen sich erst, wenn ihre Zeit gekommen ist. Seit Jahren treffe ich Menschen, die vergeblich versuchten, ihre Geheimorder zu entziffern. Sie wandten die verschiedensten Methoden an, um die Öffnung zu erzwingen: sie versuchten, sie mit ihrem Willen aufzusprengen, besuchten die verschiedensten Hellseher und Channels, doch die Order blieben versiegelt.

Dies hat einen ganz einfachen Grund. Die Geheimorder enthalten die Blaupause für die Erfüllung deiner Göttlichen Mission und öffnen sich erst, wenn du vollständig erwacht und mit deinem größeren Sternenselbst verschmolzen bist. Göttliche Missionen können nicht durch die dreidimensionalen Fragmente unserer selbst erfüllt werden. Sie erfordern das ganze, das vollständige Wesen, das sicher in der Schablone der Einheit verankert ist.

Wenn du zu den Menschen gehörst, die solche Geheimorder in sich tragen, und verzweifelt versuchst, sie zu öffnen, um mit der Erfüllung deiner Göttlichen Mission beginnen zu können, dann gibt es für dich nur einen Weg: Vergiß deine Geheimorder eine Zeitlang und konzentriere dich dafür vollständig auf die Vereinigung mit deinem Höheren Selbst, mit deiner Engelgegenwart, mit deinem Sternenüberselbst. Nur wenn du deine Vollständige Gegenwart hier auf

Erden *im physischen Leib* wahrhaft verkörperst, werden dir deine Geheimorder offenbart.

Wir wollen dir außerdem eines sagen: Wenn uns die wahre Natur unserer selbstgewählten Göttlichen Mission vor der Zeit offenbart würde, würde uns ihre ehrfurchtgebietenden Größe einfach überwältigen, und ich fürchte, viele von uns würden mit Panik reagieren: „Ich könnte nie etwas so Großes, so Wichtiges tun." Wahrscheinlich würden wir uns *buchstäblich* im nächsten Schrank verkriechen!

Wenn wir mit unserem Größeren Selbst verschmolzen sind, ruhig unser Leben leben und versuchen, in jedem Augenblick unser Bestes zu geben, dann geschieht es plötzlich und ohne Vorwarnung: etwas verändert und öffnet sich. Wir entdecken, daß sich unsere Geheimorder offenbart *haben* und wir unsere Göttliche Mission *bereits* erfüllen.

Entspanne dich und denk nicht mehr an diese Geheimorder. Nimm zur Kenntnis, daß sie da sind und in dir schlafend den Augenblick ihrer Aktivierung erwarten. Solange du alles tust, um deine Wahrheit zu verkörpern und dem Einen zu dienen, tust du dein Möglichstes für die Erfüllung deiner Göttlichen Mission.

Die Sterngeborenen

**Wir alle kommen von den Sternen;
wir alle stammen von dem Einen.**

Sterngeborene sind all diejenigen jetzt inkarnierten Menschen, die wissen, daß sie von irgendwoher jenseits dieses Planeten stammen. Wir erinnern uns, daß wir uns für die Verkörperung auf der Erde entschieden, um bei der Verwandlung der Materie zu helfen. Würden wir dies schaffen, wären wir fähig, den Planeten und jenen Teil der Menschheit, der sich dazu entschlossen hätte, auf eine völlig neue Entwicklungsschablone zu heben.

Jetzt, in diesem Augenblick, erwachen die Sterngeborenen auf der Erde in Scharen. Dieses Erwachen ist äußerst wichtig. Es ist die Zeit, auf die wir lange gewartet haben, nach der wir uns in den Tiefen unserer Herzen sehnten, während wir des Nachts nach unseren Sternenbrüdern riefen.

In Wahrheit sind alle hier Sterngeborene. Um größere Klarheit zu schaffen, will ich sie in drei Hauptgruppen unterteilen: Die erste Gruppe umfaßt jene, die sich erinnern, wer sie sind. Wir wollen sie „die Erwachten" nennen. Die zweite Gruppe umfaßt jene, die dabei sind, sich zu erinnern, und die dritte Gruppe will sich *nicht* erinnern.

Die Erwachten sind jene, die sich erinnern, und jeder von ihnen ist ein Segen für alle. Es gehört zu unseren größten Freuden, wenn wir einander irgendwo auf dem Planeten treffen und zusammenarbeiten können. Jede unserer Begegnungen ist von tiefem Erkennen und großer Achtung geprägt, gefolgt von liebevoller Unterstützung und Vertrauen auf allen Ebenen. Da wir unsere Egos verwandelt haben, ist weder anstrengende Prozeßarbeit noch Anpassung nötig. Wir finden uns ganz einfach in Einheit zusammen, um die Aufgabe zu erfüllen, die Erfüllung verlangt. Das Wissen, daß es andere, vollständig erwachte Menschen gibt, die sich ganz dem liebevollen Dienst an der Menschheit widmen, macht unsere Bürde leichter. Jeder von uns gleicht einer aktivierten Lichtsäule auf Erden. Wir sind die wirklichen Wirbelpunkte!

Zu dieser Zeit konzentriert sich unsere Arbeit hauptsächlich auf zwei Punkte. Wir werden weiterhin unser Sein in der Einheit verankern und unsere Reise durch das Tor 11:11 fortsetzen. Dies müssen wir tun, ganz gleich, ob es nur unsere kleine Gruppe oder die ganze Menschheit betrifft. Wir müssen diese Aufgabe an erster Stelle erfüllen, ganz gleich, was sonst noch geschehen mag.

Zweitens tragen wir die Verantwortung, die Sternenfamilie der zweiten Gruppe – jener, die dabei sind, sich zu erinnern – zu wecken und zu aktivieren. Erinnere dich: Wir leben in der Zeit des Großen Erwachens. Es bedarf nur wenig, die Bereiten aufzuwecken, und es gibt Abermillionen von uns, die an der Schwelle des Wachwerdens stehen. Das Gefühl dieser ungeheuren Dringlichkeit veranlaßte mich in den letzten Jahren, ausgedehnte Reisen zu unternehmen, um so viele wie möglich zu erreichen.

Die dritte Gruppe der Sterngeborenen sind jene, die jetzt nicht erwachen wollen. Es ist wichtig, daß wir daran denken, daß sie damit genau richtig liegen. Unsere Aufgabe ist nicht, jenen das Erinnern aufzuzwingen, die noch gar nicht bereit dazu sind. Wir haben auch ohne Diskussionen und Kämpfe sicher genug zu tun. Jeder von uns kennt viele solcher Menschen: oft leben und arbeiten wir mit ihnen. Wir müssen das Recht eines jeden anerkennen, seine eigenen Entscheidungen zu treffen, und wenn einige die Dualität wählen, müssen wir diese Wahl liebevoll akzeptieren. Es ist nicht unsere Aufgabe, die Leute durch die Tür zu schubsen. Wir sind aufgefordert, fest in unserem eigenen Strahl zu stehen und nicht in die Polarität der Dualität zurückzufallen.

Was zu 11:11 führte

Wir haben bereits eine ganze Reihe wichtiger planetarischer Aktivierungen erlebt, welche uns auf die Öffnung des Tores 11:11 vorbereiteten. Diese Aktivierungen begannen am 31. Dezember 1986 mit der *Welt-Friedensmeditation*, zu der John Randolph Price aufrief. An diesem Tag kamen weltweit unzählige Menschen zusammen, um bewußt für den Weltfrieden zu meditieren. Dies war das erste Mal, daß sich Menschen in einem so großen Ausmaß zusammenschlossen. Seit damals finden jährlich am 31. Dezember Welt-Friedensmeditationen statt.

Dann folgten die *Weltharmonietage* am 16. und 17. August 1987, die durch José Arguelles veranlaßt wurden und die vierte Dimension verankerten. Wieder trafen sich Millionen an den heiligen Orten des Planeten. Obwohl die Weltharmonietage durch Medienspektakel verunglimpft wurden, erfuhren viele Menschen durch die Kraft unserer vereinten Konzentration anhaltende Bewußtseinserweiterungen.

Im Februar 1988 folgte *Earth Link,* dessen Zentrum sich über Uluru (Ayers Rock) in Zentralaustralien befand. Ein elektrisch blauer Lichtstrahl wurde hier zur Erde gelenkt und in unterirdischen Kristallbetten verankert. Dies trug zur Aktivierung unserer zellulären Gedächtnisbänke bei und ließ neue Ebenen der Erinnerung an die Oberfläche steigen.

Die letzte große Aktivierung war der *Tag der Erde,* der am 20. April 1990 gefeiert wurde. Millionen begingen diesen Tag in liebevoller Besorgnis für diesen Planeten durch

Festlichkeiten, Konzerte und verschiedene ökologische Veranstaltungen.

Gleichzeitig gab es eine Serie kleinerer planetarischer Ereignisse, etwa *Star Link* im Juni 1988, ein Ereignis, das den Engel-Wirbelpunkt in Los Angelos, Californien aktivierte, *Crystal Light Link,* die Aktivierung der Kristallgitter im April 1989 und *Time Warp* im November 1989. Jede dieser wichtigen Aktivierungen verhalf uns zu einem neuen globalen Bewußtsein und stärkte unser Gefühl für die Einheit. Geheilt und verwandelt, vermochten wir zu neuen Bewußtseinsebenen des planetarischen Logos vorzudringen.

Im Jahre 1991 wurden die Aktivierungen immer intensiver. Am 11. Juli gab es eine machtvolle Sonnenfinsternis, welche die Kanäle für die Öffnung des Tores 11:11 klärte. Jene, die die an jenem Tag auf die Erde strömenden Energien wahrnehmen konnten, durften alle Grenzen hinter sich lassen – ein Vorgeschmack auf die machtvollen Zeiten, die uns bevorstehen. Diese Sonnenfinsternis drang tiefer in die Erde als jede andere in den letzten paar hundert Jahren. Sie stellte den in die Mutter eindringenden Vater dar und half uns, unsere Gegensätze weiter zu vereinen, um so den Weg für die Schablone der Wahren Liebe vorzubereiten, die 1992 verankert werden sollte. Am 11. November 1991 folgte dann die Aktivierung der Order des Melchisedek, wodurch die Türen zu den alten Weisheiten und den geheimen Hallen der Aufzeichnungen, die so lange verborgen waren, weit aufgestoßen wurden.

All diese Quantensprünge haben uns auf die wichtigste Aktivierung vorbereitet, welche die Erde je erfahren hat: die Öffnung der Durchgangspforte 11:11!

Vorbereitungen

Bevor wir durch das Tor 11:11 gehen, müssen wir wichtige Vorbereitungen treffen. Diese werden dir helfen, den Kreislauf deines Dienens in der Schablone der Dualität zu vollenden. Die die Neue Oktave wartet schon auf dich!

Loslassen

Beginne damit, aus deinem Leben liebevoll alle Gewohnheiten und Gedankenformen zu entlassen, die in der Illusion von Trennung und Verneinung wurzeln. Gehe deine Schränke durch – buchstäblich und im übertragenen Sinne – und wirf alles hinaus, was nicht mehr zur höchsten Wahrheit deines Seins paßt. Vereinfache alles so lange, bis es mit dir schwingt, und schaffe Raum für das Neue. Befreie dich von allen unnötigen Verpflichtungen. Beende bewußt jedes unerledigte Geschäft, kläre ungelöste Beziehungen und löse alles auf, was dich kleiner hält, als du wirklich bist.

Setze dich mit eventuell vorhandenen Ängsten in bezug auf Macht auseinander. Irgendwann haben wir alle unsere Macht mißbraucht. Das gehörte einfach zu den Erfahrungen in der dritten Dimension. Laß deine Schuldgefühle los und vergib dir alle früheren Übertretungen. Wenn du dich daran erinnerst, wer du bist, und damit beginnst, dein Höheres Selbst in deinem physischen Körper zu verankern, wird dein Ego immer kleiner werden. Dein unermeßliches Sternenüber-

Die Aktivierung von 11:11 / 35

selbst, welches über unbegrenzte Liebe und Weisheit verfügt, wird durch deine Augen schauen, mit deinen Gedanken denken und so alles verwandeln. Dann bring bitte den Mut auf, ganz offen dein ermächtigtes, wunderbares Selbst zu sein!

Viele von uns erfahren die Vollendung des Alten als einen massiven Todesprozeß. Dieses Gefühl ist nicht nur angemessen, sondern ganz richtig. *Die veralteten, überholten Teile unserer selbst sterben wirklich!* Das ist notwendig, um dem Neuen Platz zu schaffen.

Wann immer du dich in einem Todesprozeß befindest, dann lebe ihn bewußt. Es ist wichtig, daß du die Energien und Gefühle anerkennst und spürst, wie sie dein Sein durchströmen. Denk daran: Wir lassen auch die Ablehnung los! Gleichzeitig ist es jedoch wichtig, daß uns der Meisterplan bewußt bleibt. Behalte stets den Überblick. Schaue voller Mitgefühl vom Aussichtsturm deines Sternenüberselbstes auf das kleine Stückchen deines alten Selbstes, das gerade stirbt. Sende dir Wellen der Liebe, des Mutes, der Stärke und des Verstehens.

Richte dich mitten im Kummer um das, was von dir und deinem Leben geht, auf die Tatsache, daß du Raum für etwas schaffst, was noch vollkommener auf die Höchste Wahrheit deines Seins ausgerichtet ist. Mein Mantra in solchen Augenblicken ist: „*Die Vollendung des Alten befreit mich für das Neue!*" Wenn du das Neue anpeilst, dann lerne, dich auf das Dauerhafte zu konzentrieren.

Todesprozesse sind nie lustig oder einfach, doch mit dem größeren Überblick können wir sie rasch hinter uns lassen. Wenn ich erlebe, daß Teile meiner Selbst sterben, dann mache ich mir diese Energien zunutze, indem ich mit ihnen arbeite. Ich lege soviel, wie ich vermag, in das offene Grab meines Sterbens. Diese Verwandlung wird „die große Plutoeinweihung" genannt, in der unser altes Selbst stirbt, damit der Phönix geboren werden kann. Die Zeiten des Sterbens können positiv genutzt werden, wenn du dich vollkommen hineingibst und losläßt.

Denk daran: Alles, was mit deiner Höchsten Wahrheit in Harmonie schwingt, wird dir bleiben!‚‚

Wir haben wirklich nichts zu befürchten. Je schlimmer der Tod, um so größer wird die Wiedergeburt sein. Diese Wiedergeburt folgt unweigerlich, denn jede Vollendung zieht *immer* einen neuen Anfang nach sich. Lerne, frei zu sterben, und laß jeden Widerstand los, damit du den neuen Anfang bald erreichst.

Das neue Fundament

Nach jeder Todesphase kannst du damit beginnen, das Fundament des Neuen zu legen, indem du dein Leben so organisierst, daß es dein Höheres Selbst noch wirkungsvoller unterstützt. Es ist wichtig, daß du dir Zeit für dich selbst nimmst, was immer du damit auch anfangen magst. Schaffe dir in deinem Tagesplan Raum für Dinge, an denen du Freude hast. Das kann so etwas Einfaches sein wie ein langes Schaumbad, Gartenarbeit, Zeitunglesen oder dir Blumen zu kaufen, kurz, irgend etwas, was dir Freude macht und dir das Gefühl gibt, daß du umsorgt bist.

Ganz gleich, wie beschäftigt du sein magst oder wie viele Menschen dein Leben teilen, es ist entscheidend wichtig, daß du jeden Tag etwas Zeit allein in Stille verbringst. Du kannst während dieser Zeit meditieren, doch das muß nicht sein. Manchmal ist es höchst segensreich, still in einem Sessel zu sitzen und auf eine Wand zu schauen. Nutze diese Zeit, um all das zu integrieren, was du aufgenommen hast. Nur wenn du dein Sein in der Schablone der Einheit verankerst, kannst du dich Inspirationen und Führung öffnen.

Natürlich mußt du auch Zeit für Entspannung und Spiel einplanen, denn damit erleichterst du dir die Aufnahme und Integration der einströmenden beschleunigten Frequenzen ungemein. Tobe mit deinem Hund oder den Kindern, mache etwas wirklich Verrücktes, schau dir einen lustigen Film an, geh tanzen, laß für einen Augenblick all deine intellektuellen und spirituellen Vorstellungen los und mach' dir ein paar schöne Stunden. (*Dies ist einer der Gründe, warum ich meine Arbeit so liebe. Nach den Vereinigungen und Workshops trifft sich unser Team. Wir verbringen den Abend miteinander und machen wirklich verrückte Sachen. Wenn du gesehen hättest, wie wir Barat-Natyam, einen klassischen indischen Tanz, übten, in Ägypten auf Kamelen ritten oder neue Möglichkeiten ausprobierten, unsere Halos zu tragen! Wir haben einfach Spaß!*) Denk daran: Engel nehmen die Dinge leicht. Das müssen wir auch, da unsere Arbeit im wesentlichen sehr ernst ist.

Vergiß nicht, dein Selbstwertgefühl zu entwickeln, denn bevor wir fähig sind, Liebe zu empfangen, müssen wir uns selbst lieben. Und wir müssen lernen, Liebe zu geben *und zu empfangen*, bevor wir zu Verkörperungen der Liebe werden können.

Immer wenn dich menschliche Gefühle wie Wut, Trauer, Ungeduld, Enttäuschung usw. durchströmen, dann versuche nicht, sie zu unterdrücken. Erlaube, daß diese Gefühle sich frei ausdrücken. Betrachte sie aber gleichzeitig vom Aussichtspunkt deines Wahren Selbstes und erkenne sie als das, was sie sind. Beobachte sie: „Jetzt bin ich also wütend." Wenn du diese Gefühle erlebst, mußt du dich nicht vollkommen mit ihnen identifizieren. Erlaube ihnen, dich rasch zu durchfließen, während du dich daran erinnerst, wer du wirklich bist. Jene Gefühle gehören nur zum dreidimensionalen Fragment deiner Selbst.

Triff dich mit anderen, die dein Wachstum unterstützen. Das ist sehr wichtig. Wenn du bereitwillig jene Menschen gehen läßt, die dich in eng definierten Rollen sehen und sich über deine höheren Bestrebungen lustig machen, dann wirst du Platz schaffen für neue Freunde, die auf derselben Ebene der Einheit schwingen wie du. Unsere über den ganzen Planeten verstreute Sternenfamilie ist die beste Unterstützung, die wir uns überhaupt vorstellen können. Suche uns, denn wir stärken einander wirklich sehr. Denke selbst dann, wenn dich die Einsamkeit überwältigt, daran, unsere Vereinte Gegenwart zu rufen. Du wirst spüren, daß wir bei dir sind und dich mit Liebe, Heilung, Mut und Hilfe überschütten.

Konzentriere dich auf das Ganze und nicht auf seine Teile!

Betrachte die ganze Menschheit als ein unermeßliches Sternenwesen, das durch Liebe zusammengehalten wird. Spüre, wie wir alle miteinander verbunden sind. *Von dem Einen ist nichts getrennt!* Dies ist einer der neuen Grundsteine der Größeren Wirklichkeit. Wenn du diese große Wahrheit in der Tiefe deines Herzens akzeptiert hast, dann setze sie praktisch um. Versuche, hinaus in die Welt zu gehen, und beobachte alle Leute, denen du begegnest. Denke: Sie alle sind Teile des Einen, Teile unserer Vereinten Gegenwart. Jeder gibt in diesem Augenblick sein Bestes. Natürlich erkennen wir oft, daß viele ihr Verhalten verbessern könnten, doch das ist keine Entschuldigung dafür, diese Menschen zu verurteilen. Versuche statt dessen, dein Mitgefühl zu entwickeln. Liebe sie wegen ihrer Sonnen- und ihrer Schattenseiten, ganz einfach dafür, daß sie Teile des Ganzen sind. Liebe sie, wie du deinen Ellebogen, deine Zehe und die Haare auf deinem Kopf lieben würdest. Wir stammen alle von dem Einen. Ist das nicht wirklich befreiend?

Setz dich mit deinem Goldenen Sonnenengel in Verbindung. Nimm ihn auf und verkörpere ihn in deinem täglichen Leben. Wenn du weißt, daß du ein Engel bist, der bewußt der Erde dient, erleichterst du deine Bürde und klärst deinen Weg. Dieser Weg nach Hause führt durch das Herz, denn du kannst unmöglich wissen, daß du ein Engel bist und dein Herz dabei verschließen. Denk daran, daß du nicht länger allein bist. Millionen von uns sind hier.

Frage nach deinem Engel- oder Sternennamen und verwende ihn, wenn du ihn erhalten hast. Diese Namen sind tiefe Auslöser, die uns bei unserer Transformation helfen. Sie lösen die Starrheit der alten dreidimensionalen Muster auf und helfen, uns auf das Neue auszurichten. Sie sind die mächtigsten Mittel, die uns gegenwärtig zur Verfügung stehen. Dein Engel- oder Sternenname ist *dein* Name, dein persönlicher Klang, die einzigartige Schwingung deines Sternenstrahls aus dem Einen. Er entspringt der anderen Seite des Tores 11:11 und öffnet und stärkt deinen Weg nach Hause.

Die Verbindung von Herz und Kopf

Hier ist eine einfache Übung, die ich vor vielen Jahren in einer Meditation empfing. Sie kam zu einer Zeit, als ich große Schwierigkeiten hatte, mein Herz und meinen Kopf zu verbinden. In meinen Meditationen erreichten mich wirklich viele erstaunliche Erfahrungen und Offenbarungen durch verschiedene persönliche innere Lehrer. Trotzdem kämpfte ich immer noch mit meinen Zweifeln und Ängsten. „Vielleicht denke ich mir all dies aus und werde langsam verrückt?" Ich bin sicher, daß viele von euch das Phänomen kennen: Logik und Intuition schlagen eine große Schlacht. Während ich mich an meinen Erfahrungen begeisterte, hatte ich doch Angst zu glauben, daß sie wirklich waren.

Schließlich wurde alles zu kompliziert. Deshalb bat ich um eine Übung, die mich wieder zu einer Einheit schweißen würde. Ich übte nur wenige Tage, dann wußte ich, daß ich die

Aufgabe gelöst hatte. Meine Zweifel und Ängste hatten sich in ein neues, höheres Wissen verwandelt. Das Vertrauen in meine eigene innere Stimme hat mich seitdem nie wieder verlassen. Deshalb gebe ich diese Übung jetzt an dich weiter:

Stehe mit ausgestreckten Armen. Stell dir einen Regenbogen vor, der in deiner linken Handfläche entspringt, durch deinen linken Arm in deine Brust und durch dein Herz strömt, in deinen rechten Arm eintritt und bis in deine rechte Handfläche reicht. Von dort schwingt sich der Regenbogen hinauf zu deinem Kopf, strömt durch dein Gehirn und biegt sich wieder hinunter zu deiner linken Handfläche.

Töne dabei Iiiiii. Stell dir vor, daß der Ton Iiiiii den Regenbogen in dir kreisen läßt. Wiederhole diese Übung solange du sie brauchst.

Konzentrierte Absicht

In uns allen besteht eine Kluft zwischen dem, was wir wirklich sind, und dem, was wir verkörpern.

Wir sind aufgerufen, die Facetten unseres Seins in bewußter Einheit zu verbinden, damit wir unseren riesigen Vorrat an Liebe, Weisheit und Macht auch verkörpern können. Die Kluft ist in uns allen, doch wenn wir die Basis beständig anheben, wird diese Kluft immer kleiner. Wir konzentrieren uns zum einen darauf, die Sterne zu erreichen, zum anderen, die Ebene unseres Fundamentes, *unserer Basis* zu erhöhen, damit wir uns vollkommen in der Schablone der Einheit verankern können.

Es ist von äußerster Wichtigkeit, daß du vollständig mit der Herrlichkeit deines Sternenselbstes verschmilzt. Die Verkörperung der Wahrheit deines Seins verlangt deine hundertprozentige Hingabe. Ein neunundneunzig prozentiges Engagement reicht nicht, denn was immer du zurückhältst, wird so lange verstärkt auf dich zukommen, bis du dich damit beschäftigst. Es wird dich davon abhalten, durch das Tor in die Neue Oktave zu gelangen. Hier haben wir wieder die alte Geschichte vom Affen, der seine Hand in einen Krug steckte. Verzweifelt versuchte er, die Pfote aus dem Krug zu ziehen, weigerte sich jedoch, die Nuß loszulassen, die er mit jener Hand umklammerte. Wir müssen vollkommen bereit sein, alles loszulassen, bevor wir die neue Spirale erreichen können.

Ein weiteres Gebiet, mit dem wir uns befassen müssen, sind die Kompromisse. Wir haben uns in unserem täglichen Leben so sehr daran gewöhnt, Kompromisse zu machen, daß wir sie oft nicht einmal mehr bemerken. Wir glauben, daß sie ein natürlicher Bestandteil des Leben sind. Doch so ist es nicht! Kompromisse sind eine Illusion, die in der Dualität zu dem Zweck geschaffen werden, uns kleiner zu machen. Kompromisse sind für niemanden von uns mehr eine annehmbare Wirklichkeit. Jetzt, wo 11:11 geöffnet ist, würden uns Kompromisse nur zurückhalten. Wir dürfen uns einfach nicht mehr für irgend jemanden oder irgend etwas kleiner machen. Und obwohl einige von euch denken mögen, daß euer ganzes Leben auseinanderfallen wird, wenn ihr die Kompromisse aufgebt, werdet ihr überrascht feststellen, daß es ganz anders ist. Euer Leben wird viel ruhiger fließen, wenn ihr alle Spuren von Kompromissen aus eurem Sein ausrottet.

Neue Strukturen

Unser Prozeß der Neustrukturierung geht unvermindert weiter. Alles in uns ist davon betroffen. Wir verwandeln unsere auf Kohlenstoff basierende Körper in auf Silikon basierende Lichtkörper. Diese Transformation hat weitreichende Folgen. Daher erfahren wir immer noch viele seltsame physische und psychische Symptome. Einige von uns entwickeln Herzrhythmusstörungen. Ich selbst habe das immer dann, wenn ich einen energetischen Quantensprung erlebe. Oft braucht mein Herz Monate, um sich wieder zu beruhigen.

Interessanterweise ist auch unser Sehvermögen betroffen. Viele von uns entdecken, daß wir nicht mehr so gut sehen wie früher. Da wir die Wirklichkeit der dritten Dimension verlassen, wird unser Wahres Sehvermögen dagegen immer stärker und befähigt uns, ins Unsichtbare zu schauen. Hab keine Angst vor diesen Symptomen. Sie sind nur Zeichen der ungeheuren Veränderungen, denen wir uns unterziehen, um auf die neue Spirale zu gelangen.

Selbst unsere Flügel verändern sich. Wenn wir sie zum ersten Mal wahrnehmen, sind sie oft weiß. Im Laufe unserer Ermächtigung färben sie sich zuerst goldenweiß, dann golden. Darauf folgen kristallene Flügel, die im Laufe der Zeit zu schillern beginnen. Schließlich verschwinden die Flügel ganz, und es bleiben nur noch schillernde Funken zurück. Jede dieser farblichen Veränderungen spiegelt unseren Fortschritt bei der Verankerung unserer vollständigen Gegenwart.

Wenn wir gerade eine Zeit intensiver Neustrukturierung hinter uns gebracht haben, finden wir uns von Erkältungen oder Grippen verfolgt. Diese Krankheiten dienen uns, indem sie unsere physischen Aktivitäten herabsetzen und uns ruhigstellen, damit wir die Veränderungen besser integrieren können.

Es ist hilfreich, wenn wir uns ständig daran erinnern, daß wir wirklich ungeheure Erfahrungen machen. *Schließlich bewegen wir die Systeme der Großen Zentralsonne.* Dadurch entstehen unsagbar große Veränderungen; deshalb ist es kein Wunder, daß unser physischer Körper stark betroffen ist. Es hilft sehr, die anderen Mitglieder unserer Sternenfamilie zu treffen. Wenn wir von unseren Symptomen berichten, stellen wir fest, daß viele genau dasselbe erleben. Dann können wir uns wieder auf unser Ziel konzentrieren und die Reise nach Hause fortsetzen.

Erzengel Michael

Im Februar 1988 wurden die Legionen Michaels zum ersten Mal aktiviert. Seit jener Zeit sind viele von uns ermächtigt worden. Lange schon, seit wir auf die Erde kamen, überwacht der Erzengel Michael unser Erwachen und unsere Entwicklung.

Die jetzt auf der Erde verkörperten Kommandanten seiner Legionen werden bereits zusammengezogen, um diesen großen Quantensprung der Menschheit vorzubereiten. Der Aufruf schallt durch Himmel und Erde, um alle, die in seinem riesigen Heer des Lichts dienen, aufzuwecken, zu aktivieren und zu ermächtigen. Die Zeit, auf die wir so lange gewartet haben, ist tatsächlich gekommen. Wir brauchen jeden von euch in seiner vollständigen Gegenwart, denn wir müssen uns als Ein Wesen zusammenschließen, um unsere Göttliche Mission zu erfüllen und die Spanne unseres Dienstes auf Erden zu vollenden.

Gegenwärtig werden die Massen aktiviert.
Hiermit wird Alarmstufe 1 ausgerufen!

Michael konzentriert sich auf die Ermächtigung. Macht war lange die am meisten mißverstandene und gefürchtete Energie auf der Erde. Viele haben durch Machtmißbrauch in früheren Leben große Schuld auf sich geladen. Danach hielten wir uns für zu unwürdig und nicht rein genug, um unser Göttliches Geburtsrecht und Erbe zurückfordern zu dürfen.

Wir spürten, daß wir Strafe und Leid erfahren mußten; deshalb hielten wir uns klein, indem wir unseren Schmerz beständig fütterten. Jetzt ist die Zeit gekommen, all dies loszulassen. Laßt uns alle Illusion fortwerfen und uns im Lichte der Größeren Wirklichkeit betrachten. Wir wollen uns zuerst in den Rat der Sterne begeben, denn dort versammelten wir uns, um unseren ersten Abstieg in die Materie vorzubereiten. Vielleicht erinnerst du dich jetzt an den wunderschönen runden Sternentempel, wo wir Reihe an Reihe, wie in einem Amphitheater, zusammensaßen.

In der Mitte des Bodens befand sich eine Öffnung, durch die wir die unzähligen dimensionalen Universen beobachten konnten. Dort saßen wir in unseren großen Sternenkörpern aus Licht, voller Aufregung über das bevorstehende Abenteuer in der Welt der Form. Staunend blickten wir auf den kleinen Planeten Erde, der als winzige blauweiße Kugel unter uns sichtbar wurde. Damals erhielten wir die Gelegenheit, den ganzen Zyklus unserer irdischen Verkörperungen auszuwählen. Wir glichen einer Schauspieltruppe, die Stücke für die nächste Spielsaison sucht. Und wir wählten sorgfältig und entschieden uns für zahlreiche ganz unterschiedliche Inkarnationen, um das volle Spektrum menschlichen Lebens zu erfahren, denn wir wollten nichts verpassen!

Zu jener Zeit hatten wir keine Angst, uns Verkörperungen herauszusuchen, in denen wir unsere Macht mißbrauchen oder Opfer von Machtmißbrauch werden würden. Wir saßen damals als vollkommene Wesen im Rat der Sterne und sahen, daß unsere Erfahrungen auf der Erde nur die Spiele eines Kindes in dem Illusionsdrama der Dualität sein würden. Dennoch wußten wir, daß wir mit unserem Abstieg in die Dichte einem Höheren Ziel dienten: der Verwandlung der Materie.

Was geschieht, wenn du in einem Theaterstück mitgespielt hast und die Vorstellung beendet ist? Du ziehst dein Kostüm aus, schminkst dich ab und kehrst in dein alltägliches Leben zurück. Wir sind nicht schuldig, nur weil wir in dem Stück den Bösewicht spielten. Warum haben wir uns das auf der

Erde erlaubt? Warum verurteilen wir uns, *schlecht* und unwürdig zu sein, nur weil wir unterschiedliche Rollen gespielt haben?

Wir sollten uns stets daran erinnern, daß sich nur ein kleiner Teil unseres wahren Selbstes überhaupt verkörpert. Jetzt ist die Zeit gekommen, unsere alten Kostüme und Verkleidungen abzulegen, um uns daran zu erinnern, wer wir wirklich sind und immer waren. Als jene voll ermächtigten Wesen wollen wir offen hervortreten.

Es ist interessant, wie sich der Kreislauf des Machtmißbrauchs auf der Erde manifestiert. Dieser Zyklus ist eigentlich recht kurz, doch in unserer Erinnerung pflegt er uns lange zu begleiten. Es beginnt ganz allmählich, bis wir uns schließlich in ein wirklich schwieriges Leben manövrieren. Zuerst sind wir nur kleinlich und gemein, vielleicht als selbstsüchtiger Kaufmann oder Wirt, der seine Gäste betrügt. Nachdem wir Geschmack an dieser verzerrten Macht gewonnen haben, sind wir auf dem Weg.

Wir mißbrauchen unsere Macht in immer größerem Ausmaß, bis wir zu unserer wirklich schlimmen Inkarnation kommen. In dieser Verkörperung sind wir der grausame Herrscher, der seinem Volk großes Leid beschert, oder die böse Hexe, die die Menschen mit ihrer Zauberkunst manipuliert und kontrolliert. Vielleicht ziehen wir dramatischere Szenerien vor, löschen ganze Zivilisationen aus oder sprengen Planeten in die Luft.

Das Gute an der Sache ist, daß wir nach unserem größten Machtmißbrauch gewöhnlich den Irrtum erkennen und aufrichtig geloben, diesen Fehler nie wieder zu machen. Wir tun unser Möglichstes, um gehobene Positionen ganz zu vermeiden, und versuchen, unsere Stärken und Fähigkeiten zu verbergen. Denn vor allem wollen wir keine Aufmerksamkeit auf uns lenken. Wir wollen klein bleiben, damit wir harmlos werden können. Zu diesem Zeitpunkt nehmen wir gewöhnlich das Schwert der Ermächtigung, welches uns der Erzengel Michael damals im Rat der Sterne gab, und stoßen es irgendwo in unseren Körper, damit uns der ständige Schmerz an die Gefahren der Macht erinnert.

Dann folgt das Leben mit dem Schicksalsschlag, der uns gewöhnlich am schlimmsten verletzt. Es könnte etwa so aussehen: Du bist in eine regierende Familie hineingeboren, doch du fühlst dich sicher, weil du der Jüngste bist. Alle älteren Familienmitglieder fallen aus irgendwelchen Gründen aus, und rate, wer zuletzt die Macht übernehmen muß? Oder vielleicht bist du ein kleiner Offizier, der in der Hitze des Gefechts dankbar für die Anonymität seiner niedrigen Stellung ist. Alle höheren Offiziere werden getötet, und plötzlich bist du verantwortlich. Verstehst du, was ich meine?

Jetzt wird es wirklich ironisch. Diesmal bist du ohne dein Wollen in eine Machtstellung geraten und tust dein Möglichstes, um weise zu dienen, ein guter Herrscher zu sein und deinem Volk zu helfen. Doch trotz deines ehrlichen Bemühens wirst du verbannt und oft genug ermordet. Du versuchtest, deine Macht weise zu gebrauchen, und es funktionierte trotzdem nicht! Das ist der Zeitpunkt, wo du schwörst, nie wieder etwas mit Macht oder Autorität zu tun haben zu wollen.

Jetzt folgt die nächste Phase, die der Kreislauf der Buße genannt wird. Hier bist du bereitwillig Opfer, damit dich die Macht nie wieder in Versuchung führt. Der Kreislauf der Buße dauert sehr lange, denn Mengen von Opfern werden als Futter für die Machtbesessenen benötigt. Viele von uns entsteigen jenem Kreislauf erst jetzt.

Denke daran: Macht ist nur eine Energieform.

Der Eine stellt uns unaufhörlich Macht zur Verfügung. Wahre Macht muß man nicht fürchten, sie kann weder gehortet noch manipuliert werden. Sie ist einfach ... Manchmal wird mir schwer ums Herz, wenn ich höre, wie Menschen in Seminaren lernen, *ihre* persönliche Macht zurückzufordern und diese zur Befriedigung der eigenen Bedürfnisse zu manipulieren. Zuweilen geht es so weit, daß sie dazu angeleitet

Die Aktivierung von 11:11 / 47

werden, Macht von anderen zu rauben! Früher oder später werden solche Menschen lernen, daß die kraftvollste Macht die Nicht-Macht ist, das vollkommene Fehlen jeglicher Macht durch das Loslassen all der persönlichen Macht, die du dir so hart erkämpft hast.

Lebst du die Nicht-Macht ganz offen, dann findest du vollkommenen Schutz, völlige Reinheit und unbegrenzten Nachschub an sauberer Macht. Wenn wir mit weit geöffneten Herzen unmittelbar im Strahl unseres Sterns stehen, dann werden wir wirklich ermächtigt! Dadurch erhalten wir direkten Zugang zu einem unbegrenzten Vorrat an Liebe, Weisheit und Macht, Elemente, die in uns vollkommen ausgewogen verschmelzen müssen. Kein Bestandteil dieser heiligen Trinität kann von irgend jemandem besessen oder festgehalten werden. Versuchen wir es trotzdem, stellen sie sich verzerrt dar, verlieren ihre Kraft und verschwinden schließlich ganz. Doch warum sollten wir so etwas überhaupt wollen, steht doch dieser unbegrenzte Vorrat an Liebe, Weisheit und Macht einem jedem offen.

Heute ist es für die Erde verzweifelt wichtig, daß es Menschen gibt, die als reine Instrumente der Macht dienen, Wesen, die in sich das heilige Dreieck von Liebe, Weisheit und Macht vereinigt haben. Nur dann werden wir fähig sein, unsere Göttliche Mission zu erfüllen und unsere Reise durch das Tor 11:11 abzuschließen.

Ein Gedanke ist jedoch erheiternd: Nachdem wir uns so angestrengt haben, die Legionen Michaels vollständig zu aktivieren, damit wir als ein vereintes Heer des Lichts über die Erde schreiten können, nähert sich diese Facette unseres Schicksals bereits wieder ihrem Ende. Am 31. Dezember 2011, wenn sich das Tor 11:11 schließen wird, werden sich die Legionen Michaels auflösen. Unsere Arbeit hier wird vollendet sein.

Michael arbeitet in erster Linie daran, unsere Probleme mit der Macht zu heilen und uns bei unserer vollständigen Ermächtigung zu helfen. In der Schablone der Einheit erhält jeder von uns, Michael mit eingeschlossen, ein neues Szepter der Verantwortung. Im Zusammenhang mit 11:11 könnte die Göttliche Mission des Erzengels Michaels folgenderweise beschrieben werden:

Er hilft bei der Verwandlung der alten Dualitätsmuster in die neuen Muster der Einheit. Michael ist der Hüter unserer Verwandlung von dreidimensionalen Menschenwesen in Sternenwesen. Er sammelt die kleinen weißen Vögel (*uns als erwachte Sterngeborene*) zum Muster des Vogelsterns, aktiviert so die Massen und verhilft allen zum Potential des Einen.

Die Anordnung Melchisedeks

Am 11. November 1991 wurde die Anordnung Melchisedeks aktiviert, ein Ereignis, auf das wir lange gewartet haben. Melchisedek beaufsichtigt die Herren der Weisheit, die Hüter des alten Geheimwissens. Was in den Hallen der Aufzeichnungen verborgen und in versiegelten Höhlen versteckt worden war, Wissen, das nur wenigen Eingeweihten flüsternd weitergegeben wurde, all dies fällt unter die Anordnung Melchisedeks. Die alten Stämme, die die Höhere Weisheit in aller Stille am Leben erhielten, die australischen Ureinwohner, die Dogon aus Mali, die Mayas und die Hopis, stehen in Verbindung mit Melchisedek.

Die Aktivierung Melchisedeks war außerordentlich wichtig, denn seitdem wird in verstärktem Maße all das zugänglich gemacht, was lange verborgen war. Man wird einige Hallen der Aufzeichnungen finden und öffnen. Endlich wird das Geheimnis der Rollen vom Toten Meer offenbart. Außerdem wird die Hierarchie hervortreten, was bedeutet, daß sich viele Meister, die im Verborgenen wirkten, jetzt zeigen werden. Wir reden hier nicht nur über jene Meister, über deren Aufenthalt in versteckten Geheimhöhlen im Himalaya man schon lange munkelt, obwohl sicher auch einige von ihnen ihre Gegenwart spürbar machen werden.

Darüber hinaus leben über den ganzen Planeten verstreut unerkannte Meister, die jetzt mit ihrem Überfluß an Liebe, Weisheit und Macht hervortreten werden. Und rate, wer diese verborgenen Meister sind? Richtig! Wir sind es, die erwachten Sterngeborenen. Wir sind die geheimen Meister. Wir sind die ganze Zeit da gewesen, doch jetzt ist die Zeit gekommen, uns der Menschheit zu offenbaren.

Die neuen Szepter

Wie wir zuvor erwähnten, werden Szepter weitergegeben, die Szepter der Verantwortung, die wir von Anfang an zurückbringen wollten. Jetzt, da wir unseren langen Zyklus in den Mustern der Dualität vollenden, sind wir frei, diese alten Szepter abzugeben und neue zu empfangen, die wir in der Schablone der Einheit führen werden.

Auch Melchisedek trägt ein neues Szepter, das man Szepter der Macht nennen könnte. Vom Zeitpunkt der Aktivierung seiner Anordnung am 11.November 1991 bis zum Ende des Jahres 1995 wird dieses Szepter Lichtblitze aussenden, deren Energie unsere inneren Szepter der Macht stimulieren wird. Dies wird die Szepter der Neuen Schablone in der Erde verankern und unsere zellulären Gedächtnisbänke weiter aktivieren. Mit seinem Szepter der Macht wird Melchisedek die Bildung des Vogelsterns beschleunigen und die Vielen in den vollständig manifestierten Einen verwandeln.

Vorbereitende Einweihungen: Teil 1

Im Jahre 1991 wurde ich in viele verschiedene Teile der Welt gesandt. Zwei Monate des Jahres verbrachte ich auf der südlichen Halbkugel, zuerst in Australien und Neuseeland, später in Brasilien. Teil meiner Aufgabe war, unsere Sternenfamilie aufzuwecken. Ich traf wunderbare Menschen, von denen einige liebe Freunde wurden. Wo ich auch hinkam gab es überwältigende Reaktionen auf die Botschaft von den Sterngeborenen und 11:11.

Während meiner Reisen nahm ich an einer Reihe von Aktivierungen und Einweihungen teil. Einige waren ganz persönlicher Natur, während andere dazu dienten, den Planeten auf die Öffnung der Durchgangspforte vorzubereiten. Die Schablone der Einheit wurde in einigen Schlüsselwirbeln der Erde verankert. Diese Arbeit wurde von Mitgliedern unserer Sternenfamilie unterstützt, die immer dann auftauchten, wenn wir sie brauchten. Ich bin ihnen zutiefst dankbar, denn ohne ihre Hilfe und Unterstützung hätten wir es nicht geschafft. Ein paar Erlebnisse will ich mit dir teilen:

Hawaii

Im Frühling 1991 unternahm ich ausgedehnte Reisen durch Australien und Neuseeland, um die Sterngeborenen dort zu aktivieren. Meine Reise zurück ins Herz Lemuriens begann in Hawaii, wo ich Vulkane und Regenwälder auf der Insel Hawaii besuchte und in Honolulu einen Vortrag hielt. Bei Sonnenuntergang ging ich neben strömender Lava und beobachtete, wie sie wie frisch geschmolzenes, wirbelndes Gold in den Ozean floß. Ich traf meine Freunde Makua und Reta AnRa, wir tauschten Erinnerungen an himmlische Navigation aus und fanden heraus, daß wir vom selben Stern stammten. Makua sprach von den vier Säulen, die die Grenzen dieses dimensionalen Universums markierten. Die meiste Zeit neigten sie sich der Mitte zu und verschlossen so die Pforte. Jetzt ließen sie für jene, die für die Reise bereit wären, eine Öffnung frei. Wenn sie aufrecht stünden, bildeten die vier Säulen das Symbol 11:11.

An meinem ersten Morgen in Honolulu blickte ich auf die fernen, sanftgrünen Berge und auf das Vogelheiligtum, das ich so sehr liebe. Ich dachte an meine Wanderungen durch die Lavaröhren und an die Begegnung mit dem Zwergenvolk, das mich an lang zurückliegende Einweihungen erinnerte. Plötzlich wurde mir bewußt, daß ich die ganze Zeit über ein sanftes, fernes Singen vernahm, das mich von da an überallhin begleitete. Makua, dem ich Worte des Liedes wiederholte, wußte, daß sie der alten Sprache Hawaiis angehörten. Wenn wir nach Hause zurückkehren wollten, sagte er, müßten wir zuerst zu unserem Anfang zurück, und aus diesem Grund wolle ich jetzt nach Lemurien pilgern. An meinem letzten Abend hielt ich einen wunderbaren Vortrag in Honolulu. Die Menschen schmückten mich mit Blumengirlanden, und bei meiner Abreise nach Australien fühlte ich mich tatsächlich wie eine lemurische Prinzessin.

Australien

Die Reaktionen in Australien auf die Botschaft von den Sterngeborenen waren phänomenal. Obwohl mich bei meiner Ankunft kaum jemand kannte, war unsere Sternenfamilie in

Australien einfach *bereit*, aktiviert zu werden. Und was für eine liebe, treue Familie wir in Australien haben! Ich hielt dreizehn Vorträge und sechs Workshops im ganzen Land, und alle waren gut besucht.

Der Höhepunkt der Reise war ein Treffen während der Osterferien am Uluru (*Ayers Rocks*) in Zentralaustralien. Zweiundzwanzig Menschen aus ganz Australien versammelten sich dort fünf Tage lang, um die Schablone der Einheit in diesem heiligen Kraftort zu verankern. Auch für meinen eigenen Einweihungszyklus war dies ein wichtiger Schritt, hatte doch Altazar, der geliebte Hohe König Lemuriens, am Uluru seine vollständige Erinnerung wiedergewonnen, und so kam auch für mich etwas zur Vollendung.

Nach meiner Ankunft am Uluru ging ich sofort nach Mutujulu Springs und bat um ein Zeichen. Ich brauchte eine Bestätigung dafür, daß ich die neue Schablone verankern und die Prophezeiung erfüllen sollte, Uluru in der Schablone der Einheit zu aktivieren. Wenn dies alles so zutraf, wollte ich augenblicklich eine Feder finden. Ich hielt inne und schaute vor meine Füße. Weit und breit war keine Feder zu sehen. (*Prima, dachte ich erleichtert, ein Job weniger!*)

Dann schaute ich nach rechts in ein ausgetrocknetes Flußbett. (*Seit dreizehn Monaten hatte es am Uluru nicht geregnet.*) Und dort in diesem Flußbett lagen Hunderte von kleinen weißen Federn! Ich hörte eine Stimme: „Sind dies genug Federn oder brauchst du mehr?" Ich fühlte mich plötzlich ganz klein und von Ehrfurcht ergriffen. Dann wies mich die Stimme an, einen kleinen halbrunden Stein aufzuheben und die Feder, die ich darunter finden würde, mit nach Hause zu nehmen. Natürlich fand ich wirklich eine schöne lange weiße Feder.

In dieser Nacht kam der Regen und füllte alle Wasserlöcher. Zwei Tage lang strömten unzählige Wasserfälle über die großartigen roten Felsen des Uluru. Am dritten Tag umwanderte unsere Gruppe die Felsen, um diesen erstaunlich machtvollen Wirbelpunkt besser kennenzulernen. Uluru wird entweder das Herz oder das Sonnengeflecht des Planeten genannt. Beides scheint zu stimmen, da dieser Ort eine so machtvolle Liebe ausstrahlt.

Ostern war außerordentlich intensiv. Die Energien waren so stark, daß einige Mitglieder unserer Gruppe ihr Gleichgewicht verloren, woraus ein gewisses Durcheinander entstand. Es war für alle eine große Herausforderung; viele hatten ihren Durchbruch, versiegelte Order sprangen auf, und Schleier hoben sich. Wir agierten unsere verschiedenen Rollen aus, und schließlich war die Schablone der Einheit verankert.

Am nächsten Morgen fuhren ein paar von uns zum Abschied nach Mutujulu Springs. Wir wollten außerdem nachschauen, ob sich die Energien von Uluru verändert hatten. Noch nie hatte der Felsen so gestrahlt. Er leuchtete im Lichte der Erinnerung. Die Energie war unglaublich viel stärker und klarer geworden. Selbst für unsere physischen Augen wurde sichtbar, welch eine große Verwandlung stattgefunden hatten.

Neuseeland

Zwei Wochen, bevor ich in Neuseeland ankommen sollte, schlug mir mein Organisator vor, die Reise abzublasen. Es gab einfach nicht genug Interessenten für einen Workshop. Doch ich fühlte mich wirklich aufgerufen, die Sterngeborenen in Neuseeland zu aktivieren, weshalb ich ihn bat, mit der Organisation der Vorträge und des Workshops fortzufahren. Ich wußte, daß die richtigen Leute kommen würden. *(Dies ist nicht ungewöhnlich, denn ich werde gewöhnlich an Orte geschickt, wo ich unbekannt bin.)*

Kurz darauf geschah ein Wunder. Mein Workshop sollte im Tauhara Zentrum, einem wunderschönen Lichtzentrum am Tauposee, mitten auf der nördlichen Insel stattfinden. *(Der Tauposee wird das Herzzentrum von Neuseeland genannt, und das ist er wirklich!)* Folgendes geschah: Eines Nachts blieben alle Uhren im Tauhara Zentrum um 11.11 Uhr stehen. Plötzlich merkten die Leute, daß etwas Besonderes geschehen würde und schrieben sich für den Workshop ein. Wir kamen auf 120 Teilnehmer! Mehrere Maoris nahmen teil und erzählten uns ihre Legenden über die Rückkehr des neuen Sternenstammes, der aus der ganzen Welt in Einheit zusammenfinden würde.

Wenige Tage später setzten vier von unserer Gruppe auf die südliche Insel über, um den neuen Meistergitterwirbel zu finden und zu aktivieren. Plötzlich erkannte unsere kleine Gruppe unerschrockener Abenteurer, daß wir uns alle weiß kleiden sollten. Also gingen wir los, um allen die gleichen weißen Kleidungsstücke zu kaufen, gekrönt von einem weißen Hut aus Te Anau. (*Von wegen, möglichst unauffällig bleiben!*) Dann kam die verwirrende Aufgabe, den neuen Wirbel zu finden. Nachts studierten wir topographische Karten, tagsüber fuhren wir kreuz und quer über die Insel, bis wir am Milford Sound ankamen.

Die Verankerung des Wirbels am Milford Sound

Merkwürdigerweise kamen uns auf unserer Fahrt zum Sund ungefähr dreißig Reisebusse voller Touristen entgegen. Als wir *ohne eine Zimmerreservierung* im einzigen Hotel Milfords ankamen, entdeckten wir, daß das Hotel in dieser Nacht praktisch leer war. Am frühen Morgen unternahmen wir in nebligem Regenwetter eine Bootsfahrt durch die Bucht. Das Boot war fast leer, und wir standen als einzige an

56 / Die Aktivierung von 11:11

Deck. (*Alle anderen hielten sich im warmen, trockenen Zwischendeck auf.*) Wir dagegen wurden immer nasser, doch eins war uns klar: Obschon wir nicht sagen konnten, daß dies der eigentliche Wirbelpunkt *war*, sollten wir ihn doch hier verankern.

Plötzlich schaltete der Kapitän die Maschinen ab und verkündete, daß wir uns an einem besonderen Ort befänden. Wir vier auf dem Oberdeck begannen augenblicklich mit der Arbeit. Wir griffen durch die Pforte 11:11 nach einem schillernden Faden von der anderen Seite und verankerten ihn hier auf der Erde. Der Seemann wartete geduldig, bis wir fertig waren. Die anderen Passagiere blieben unten. Die Zeit stand still, als wir uns in den ewigen Augenblick der Nicht-Zeit begaben, und mit größter Leichtigkeit war die Aufgabe erfüllt. Als wir zum Hotel zurückkamen, fanden wir Horden von Menschen vor, die aus Reisebussen schwärmten. Irgendwie waren die Touristen für eine Nacht ferngehalten worden, damit wir unsere Arbeit ungestört verrichten konnten. Vollkommen, nicht wahr?

Solara macht ihr Mudra am Tauposee in Neuseeland

Die Aktivierung von 11:11 / 57

Zum Abschluß der Reise wurden mir drei Tage Stille in einer der Einsiedlerhütten des Tauhara Zentrums geschenkt. Neugewonnene Freunde wechselten sich ab, mir die leckersten, nahrhaftesten Mahlzeiten zu bringen. (*Tauhara ist berühmt für sein Essen*) Sie lächelten mir zu, machten ihr Mudra und verschwanden. Hier schlief ich mich gründlich aus (*ich hatte während der Reisen in den letzten beiden Monaten nur vier freie Tage gehabt*), trank durstig von der klaren Stille, begab mich in unaussprechlich subtile, schillernde Bereiche und beendete schließlich mein Buch EL*AN*RA.

Die erste und die zweite Welle

Als wir vor unserem ersten Abstieg in die Materie im Rat der Sterne unser Schicksalsmuster bestimmten, verbanden wir uns entweder mit dem Muster der ersten oder dem der zweiten Welle.

Die Wesen der ersten Welle kamen auf die Erde, um das Neue unwiderruflich zu verankern. Diese Menschen verbrachten zahllose Leben auf diesem Planeten, waren die Bewahrer des alten Wissens, Führer, Propheten und Visionäre. Sie haben alles gesehen und erlebt und sind auf die Ziffer elf ausgerichtet. Da sie schon so lange hier sind, fühlen sich die meisten unendlich müde und sehnen sich nach Hause zurück. Es ist schwierig, sie für irgend etwas Irdisches zu begeistern. Sie leben nur für die Aufgabe, ihre Mission zu erfüllen, um weiterzukommen.

Die zweite Welle dagegen hat die Bestimmung, auf dem Neuen aufzubauen, sobald es fest verankert ist. Diese Menschen sind mit der Ziffer zweiundzwanzig verbunden und haben viel weniger Erderfahrung. Das bedeutet nicht, daß sie weniger weit entwickelt sind; sie haben einfach mehr Zeit außerhalb des Planeten als auf ihm verbracht. Die Menschen der zweiten Welle sind die zukünftigen Führer, die Künstler, die heiligen Architekten, diejenigen, die neue Formen des Heilens, der Musik, der schöpferischen Arbeit und der Gemeinschaft erfinden. Da sie unbedingt manifestieren wollen, plagt sie schöpferische Ungeduld.

Unter der ersten Welle gibt es Menschen, die sich schon seit Jahren in Stille und Abgeschiedenheit zurückgezogen haben. Sie spüren, daß sie ihr Bestes bereits in vergangenen Zeiten gegeben haben und daß ihnen einfach nicht mehr genug Energie zum Dienen geblieben ist. Viele andere hingegen sind immer noch tätig. Sie sind *bestimmt ebenso erschöpft*, doch stellen sie immer noch sicher, daß das Neue verankert wird.

Seit der Aktivierung von 11:11 offenbaren sich viele Menschen der ersten Welle, um mit all ihrer Kraft bei der Öffnung der Durchgangspforte zu helfen und ihren Sternenbrüdern bei der Vorbereitung auf die Neue Oktave der Einheit beizustehen. Dies ist der Aufruf, nach Hause zurückzukehren. Sie haben ihn erwartet und schließlich selbst ausgelöst!

Wir möchten behaupten, daß viele Menschen der ersten Welle ein tiefes Verständnis für die Bedeutung dieses Spiralwechsels haben. Sie erinnern sich noch immer an die letzte Pforte vor Äonen, als viele den Planeten verließen. Sie denken an die Hingabe und die Begeisterung, die sie damals für die Erschaffung des Neuen fühlten, und verstehen, was die Menschen der zweiten Welle jetzt spüren.

Viele von ihnen sind bereit, den Sprung ins Neue zu wagen. Natürlich stehen sie vor der schwierigen Aufgabe, die unzähligen Lagen von Chaos, Enttäuschung, Trauer und Müdigkeit aufzuarbeiten, die sie während ihrer vielen Leben ansammelten. Diese Menschen erkennen erst jetzt, wieviel Illusionsmüll sie während ihrer Erdenreise aufhäuften. Und wenn wir uns dann schließlich gefunden haben, *müssen wir bereit sein, alles wieder loszulassen,* unsere lange Erdengeschichte, die Horte voller Erinnerungen und Wissen, alle veralteten engen Gewohnheiten und Muster, ja selbst unsere heiligsten Altäre. Bereitwillig und liebevoll müssen wir alles innen und außen aufgeben, was uns in den Parametern der Dualität gefangen halten könnte. Und dies allein schon hat sich für uns von der ersten Welle als eine enorme Aufgabe erwiesen.

Die Menschen der zweiten Welle haben es schon deshalb leichter, weil sie auf ihrer Reise weniger Gepäck mitschleppen. Deshalb wirst du oft bemerken, daß sie das Schneckentempo, mit dem die von der ersten Welle ihre alten Muster aufgeben, ungeduldig werden läßt. Doch mit den Augen des Menschen der ersten Welle gesehen, muß er schnell, oft *brutal* schnell loslassen. Für ihn fühlt es sich häufig so an, als ob er einen verlängerten Todesprozeß durchlebte.

Doch es gibt noch mehr Gebiete, auf denen sich die Wahrnehmung der Vertreter beider Wellen unterscheidet Die Mitglieder der zweiten Welle glauben, daß die von der ersten Welle über faszinierende Informationen und Erfahrungen verfügen, doch, offen gesagt, nicht viel Spaß im Leben haben. Das hat den Grund, daß die von der ersten Welle wirklich nur dann handeln, wenn ein wichtiger Grund dafür vorliegt. Ihre seltene Freizeit verbringen sie zum Beispiel damit, zu Hause zu sitzen und die Lichtblitze zu beobachten, die das Sonnenlicht auf die Wände malt, oder indem sie zusehen, wie ein Bächlein über die Kiesel seines Bettes hüpft. Sie haben bereits alle Bücher gelesen, haben alle Musik gehört und finden alles langweilig ähnlich. Vielleicht, wenn es etwas wirklich Neues gäbe, etwas, das aus einer neuen Energiequelle stammte ...

Die Menschen der ersten Welle fühlen sich oft wie die müden Großeltern der zweiten Welle. Gedankenverloren beobachten sie die endlosen Aktivitäten und Gespräche der zweiten Welle. Sie lauschen geduldig deren schöpferischen Visionen, ermutigen sie und sind doch zutiefst dankbar, daß andere diese Aufgabe lösen sollen.

Menschen der zweiten Welle langweilen sich rasch, wenn sie untätig sind. Sie erforschen liebend gerne neue Horizonte, bewegen sich, machen Erfahrungen, lernen und können die

Müdigkeit und die Kämpfe der ersten Welle kaum nachvollziehen. Das Leben auf der Erde ist doch ein herrliches Abenteuer!

Nicht alle Mitglieder der ersten Welle lieben die Stille. Das lange Eintauchen in die dreidimensionale Welt hat viele derartig abgestumpft, daß sie beständig äußere Anregungen brauchen, um sich lebendig zu fühlen. Du findest diesen Typus vor allem in unseren größten Weltstädten, dort, wo ihnen das Zusammenspiel von Lärm, Aktivität und Verwirrung hilft, ihre eigene Taubheit zu überdecken. Durch die Überentwicklung ihres Intellektes haben sie die Schönheit des Natürlichen und Einfachen längst vergessen. Sie haben die Verbindung mit ihrem reinen Sein verloren und sich dafür eine dicke Schicht von Zynismus zugelegt, die die leere Verzweiflung ihrer Seelen kaum zu verbergen vermag.

Deshalb sind sie schwer zu aktivieren. Manchmal kannst du sie für kurze Zeit tief berühren, doch oft sind sie unfähig, das neue erhöhte Gefühl von Leichtigkeit, Unschuld und Freiheit aufrechtzuerhalten. Sie haben Angst zu glauben, daß die lang erwartete Zeit wirklich gekommen ist. Traurig müssen wir mitansehen, wie sie in den Sumpf ihrer alten Gewohnheiten zurücksinken.

Ich habe oft erlebt, daß sich diese strahlenden Wesen erinnerten, ihre wahre Größe zurückeroberten und danach wieder einschliefen. Traurig mußte ich lernen, meine Erwartungen immer wieder loszulassen und jedem einzelnen zu erlauben, seine eigene freie Wahl zu treffen. Zuweilen ist es fast wie an der Front. Ich versuche, dicht am Goldenen Strahl zu bleiben und inmitten von ungeheuren Gemetzeln mein Bestes zu geben, und muß mitansehen, wie jene, die ich liebgewonnen habe, in einen Zustand dumpfer Amnesie zurückfallen. Danach können wir nichts mehr tun, um sie aufzuwecken. Es gibt weder Worte noch Taten, um ihre Erinnerung anzuregen. Indem sie vergessen, wer sie sind, vergessen sie ebenfalls, wer wir sind. Wir können sie nur liebevoll auf den von ihnen gewählten Schicksalspfad entlassen und selbst weitermachen.

Alles dient der Vollkommenheit des Göttlichen Plans, ob wir es nun verstehen oder nicht.

Ein weiteres interessantes Phänomen ist das der Anfänger, jener Menschen, die ganz frisch erwacht sind. Einer meiner Freunde nennt sie *Pilze*, weil sie wie Waldpilze nach einem Regen aus dem Boden schießen. Es sind die Menschen, die sich ständig dafür entschuldigen, daß sie neu in der spirituellen Welt sind, daß sie noch nicht viele Bücher gelesen und noch keine spirituellen Wege ausprobiert haben. Ich sage ihnen stets, daß sie mich nicht täuschen können, da ich weiß, wie fortgeschritten sie wirklich sind.

Damals im Rat der Sterne, vor unserem ersten Abstieg in die Materie, waren diese *Anfänger* klug genug zu entscheiden, erst zur Zeit des Großen Erwachens aufzuwachen. Dadurch ersparten sie sich all die Illusionsschichten, aus denen sich der Rest von uns immer noch zu befreien sucht. Wenn du dich also für einen *Anfänger* auf dem spirituellen Weg hältst, kannst du dir jetzt zu deiner weisen Entscheidung gratulieren. Ich habe persönlich erfahren, daß diese Anfänger nicht nur fast kein altes Gepäck mit sich herumschleppen; nach ihrem Erwachen sind sie bereit, sich der Erfüllung ihrer Göttlichen Mission mit Stärke, unendlichem Mut und völliger Hingabe zu widmen.

Allgemein kann man sagen, daß es die Mitglieder der zweiten Welle wesentlich leichter auf der Erde haben als die der ersten. Natürlich warten sie ungeduldig darauf, das Neue endlich aufzubauen und ihre Schöpfungen zu manifestieren. Doch während sie warten, erleben sie diesen Planeten als einen faszinierenden Aufenthaltsort.

Doch erst vor kurzem haben die Menschen der zweiten Welle begriffen, daß das Neue nicht in den Mustern der alten Dimension geschaffen werden kann. Es wird sich auf der anderen Seite der Durchgangspforte 11:11 auf Oktave Sieben manifestieren, die man das Paradies der zweiten Welle nennen könnte. Der Versuch, das Neue in der Schablone der Dualität zu schaffen, gleicht dem Versuch, eine Murmel in ein viereckiges Loch zu stecken. Wenn jedoch immer mehr von uns die Schablone der Einheit bewußt in unseren Wesen verankern, werden wir die andere Seite der Pforte *hier* in die physische Welt bringen, und die von der zweiten Welle werden immer weniger Schwierigkeiten haben.

Jetzt gibt es sicher einige unter euch, die sich noch nicht sicher sind, zu welcher Welle sie gehören. Vielleicht fühlst du ein bißchen von beidem? Dann gehörst du wahrscheinlich zur ersten Welle und hast dich entschlossen, auf Oktave Sieben zu bleiben, um mit der zweiten Welle das Neue zu erschaffen. Wenn die erste Welle 11:11 passiert hat, hat sie ihre Verträge erfüllt. Sie ist frei. Jeder von ihnen hat die Wahl, ob er zusammen mit der zweiten Welle und den Sternenkindern auf Oktave Sieben bleiben oder weiter nach Oktave Elf und darüber hinaus reisen will.

Die erste und die zweite Welle machen einander große Geschenke: Erfahrung und Weisheit kombiniert mit Energie und Begeisterung. Wir alle brauchen die Eigenschaften, die die andere Welle zu unserer Vereinten Gegenwart beisteuert. Und jetzt ist es äußerst wichtig, daß wir uns konzentriert in der Absicht zusammenfinden, durch die Pforte in den neuen Göttlichen Plan zu wandern.

Sternenkinder

Immer häufiger verkörpern sich erleuchtete, reine Wesen von den Sternen auf diesem Planeten. Wir nennen sie Sternenkinder. Die ersten Sternenkinder trafen vor etwa fünfundzwanzig Jahren ein, vor ungefähr fünfzehn Jahren stieg ihre Anzahl beträchtlich, und seit den letzten Jahren kommen wirklich viele.

Diese schon erwachten Wesen stammen von der anderen Seite des Tores 11:11. Sie kommen mit intakter Erinnerung auf die Erde und strahlen eine machtvolle innere Reinheit aus. Sternenkinder sind für diesen Planeten wie frische Truppen: leuchtende, klare Mitglieder unserer größeren Sternenfamilie, die gekommen sind, um uns durch das Tor zu helfen. Jedes Sternenkind besitzt bereits seine Rückfahrkarte nach Hause.

Sternenkinder verkörpern sich unter völlig anderen Mustern als wir. Sie sind nicht durch die Mühle gegangen, wie die erschöpften Mitglieder der ersten Welle, und sie sollen auch nicht in erster Linie Erfahrungen sammeln, was bis vor kurzem die Aufgabe der Mitglieder der zweiten Welle war.

Sie sind auf der Erde, um die Schwingung der Schablone der Einheit so lange für uns alle aufrechtzuerhalten, bis wir ebenfalls mit der Größeren Wirklichkeit schwingen können. Deshalb darf man ruhig behaupten, daß die Sternenkinder eine andere Schwingungsrate haben als die meisten von uns. Sie handeln bereits aus einer neuen inneren Gittermatrix heraus, in die sich die neu erwachten Sterngeborenen jetzt gerade erst begeben. Diese Gittermatrix schwingt wesentlich höher. Die Sternenkinder werden unsere Himmelsnavigatoren sein, wenn wir durch 11:11 in die Neue Oktave reisen. *(Deshalb sind sie auch so gut in blitzschnellen Videospielen. Sie üben, um in Form zu bleiben.)*

Wenn wir auf Oktave Sieben ankommen, werden die Sternenkinder die Führung übernehmen und mit der zweiten Welle zusammenarbeiten. Sie sind die Visionäre der neuen Schablone, denn in ihnen lebt das Hologramm der Neuen Oktave.

Natürlich müssen Sternenkinder anders behandelt werden als *normale* Kinder. Ich habe dieses Thema bereits in meinem Buch *An die Sterngeborenen* behandelt. Sie brauchen und *verdienen* unsere Achtung, was aber nicht bedeutet, daß wir sie auf kleine Seidenkissen setzen und bedienen sollen. *Sternenkinder brauchen Grenzen.* Ich betone aber ausdrücklich den Unterschied zwischen Grenze und Einschränkung. Wir dürfen den Geist dieser Kinder in keiner Weise einschränken oder stören, doch ist es höchst wichtig, daß wir ihnen erleuchtete Maßstäbe geben. Sie müssen wissen, wie sie sich verhalten sollen, sonst ziehen wir verdorbene, verwöhnte Kinder heran.

Es ist sehr hilfreich, wenn wir ihnen den Unterschied zwischen einem Leben in der dritten Dimension und einem in der Größeren Wirklichkeit erklären. Sternenkinder müssen ihre Verantwortung sowohl gegenüber der Welt der Dualität als auch gegenüber ihrem Sternenselbst kennen. Wenn sie jedes System klar durchschauen, wird es ihnen besser gelingen, ihre Integrität und ihr Gleichgewicht zu behalten.

Sternenkinder brauchen die Stille, obwohl viele von ihnen sie nicht freiwillig suchen. Es ist günstig, wenn sie Zeit mit sich allein verbringen. Dadurch laden sie ihre Energien nach dem Ansturm der Welt der Dualität wieder auf. Oft verlieren sie sich in Ablenkungen – vom Fernsehen bis zu unzähligen Aktivitäten – und vergessen, Zeit für sich einzuplanen. Dann kannst du ihnen als erleuchtetes Elternteil helfen. Setze ihnen

Grenzen, damit sie genügend Ruhe und Zeit haben, um ihre Energien zu erden.

Sternenkinder haben es in der Pubertät besonders schwer. Es fällt ihnen nicht leicht, die Seifenopernwelt der Schule mit ihrem tiefen Wissen zu vereinbaren. Sie sind dort mit unzähligen weniger erleuchteten Wesen zusammen und müssen sich nicht nur im Kampf um Beliebtheit und Noten behaupten, sondern sind auch noch dem sozialen Druck von Sex, Drogen und Alkohol ausgesetzt. Viele von ihnen sind viel reifer als die älteren Schüler oder die Lehrer, und doch sind sie Jugendliche mit überschießenden Energien, wild gewordenen Hormonen und dem Bedürfnis, alle Grenzen zu durchbrechen.

Es wäre außerordentlich wichtig, Schulen für unsere Sternenkinder zu schaffen, damit sie nicht mit den Illusionen der Dualität bombardiert werden. Sie brauchen Orte der Anregung, wo sie achtsam behandelt werden und wo ihnen nicht nur das Grundwissen, sondern auch der allem zugrundeliegende Sinn hinter der Welt der Dualität vermittelt wird. Sie brauchen die Möglichkeit, sich ihre eigene Vision zu schaffen. Wenn wir unsere Inseln des Lichts gegründet haben werden, wird es hoffentlich auch solche Schulen geben.

Das wichtigste, was wir unseren Sternenkindern geben können, ist, daß wir ihnen unser Wahres Selbst zeigen. Sie müssen wirklich nicht in dreidimensionale Denkmuster eintauchen. Sie brauchen uns in unserer vollständig ermächtigten, erwachten Gegenwart, um mit uns als Sternenwesen zu kommunizieren. Wir können uns gegenseitig als Brücke zwischen den Höheren Reichen und der Welt der Materie dienen. Und dann werden wir den wunderbaren Segen genießen, den uns die Sternenkinder bringen: Freude, frische Energie und Einsicht in die Neue Oktave!

Schwangerschaft

Da die Sternenkinder aus einer feineren Schwingung stammen, als wir sie auf der Erde haben, kann dies die Schwangerschaft zuweilen schwierig machen. Die Probleme beginnen, wenn das Sternenkind seine Schwingungen in der Mutter verankert. Es ist wie eine Verbindung zweier Schablonen. Wenn die Mutter ihr eigenes Sternenüberselbst noch nicht vollständig verankert hat und das Baby von einer sehr hohen Sternenschablone stammt – *was immer häufiger vorkommt*-, dann besteht zuweilen die Möglichkeit einer Fehlgeburt. Doch die Situation kann ganz einfach vermieden und verwandelt werden. Die Mutter muß ihre eigene innere Schablone und ihr Gittermuster von der Schablone der Dualität zu der der Einheit ausweiten.

Sie erreicht dies, indem sie mehr von ihrem Höheren Selbst, ihrer Engelgegenwart oder ihrem Sternenüberselbst – all dies sind verschiedene Ebenen derselben Essenz – verankert und verkörpert. Es ist ebenso wichtig, daß du dein Größeres Herz aktivierst, damit du dich mit deinem Kind in dem Einen Herz verbindest. Ich habe erlebt, wie sich problematische Schwangerschaften in kürzester Zeit zu vollkommen unproblematischen verwandelten. Die Schablone der Einheit kann sich nicht in der Schablone der Dualität verankern, wenn sich die Dualität nicht in Einheit verwandelt hat. Wenn dies geschehen ist, wird die Schwangerschaft keine Mühe mehr bereiten. Wenn du also mit einem Sternenkind schwanger bist, ist dies eine ausgezeichnete Möglichkeit für dich, mehr du selbst zu werden. Denk daran: Unterhalte dich mit deinem Sternenbaby nicht nur wie eine Mutter mit ihrem Kind, sondern als Sternenwesen zu Sternenwesen. Achte dieses neue Mitglied unserer Sternenfamilie.

Partnerschaft

Wenn das Tor 11:11 geöffnet ist, wird sich die Form unserer Partnerschaften gewaltig verändern. Menschen, die sich entschieden haben, ihr Sein in der Neuen Oktave der Größeren Wirklichkeit zu verankern, werden die alte Form dreidimensionaler Partnerschaft zwischen zwei unvollkommenen Teilen nicht mehr leben können. Viele von uns haben dieses alte Beziehungsmuster bereits als unbefriedigend, ja, als nicht einmal einen Versuch wert erkannt. Wenn du mit deiner vollen Gegenwart verschmolzen bist, dann ist es unmöglich, dich auf einer intimen Ebene mit einem Menschen zu verbinden, der noch in der Dualität verankert ist. Deshalb haben viele Sterngeborene die letzten Jahre ohne Liebesbeziehung verbracht

Diese Periode der Einsamkeit war sehr nützlich für uns. Wir lernten, was wir von einer Beziehung wollten und was nicht. Wir hatten Zeit, die wirkliche Beziehung zu entdecken. *(Lebten wir dann mit einem Partner, pflegten wir all unsere großen Offenbarungen auszuprobieren.)* Das Alleinsein gab uns außerdem die Möglichkeit, uns vollkommen auf den Prozeß unseres Erwachens zu konzentrieren. Wir entdeckten, wer wir wirklich sind, und stellten uns auf unseren eigenen inneren Rhythmus ein. Wir lernten, allein zu leben, und freundeten uns mit der Stille an, konnten nachts zu den verrücktesten Zeiten aufstehen, schreiben, meditieren oder einfach die Ruhe genießen. Wir hatten genügend Zeit, die höheren Frequenzen ungehindert zu integrieren, liebten unseren Schatten in die Einheit, vereinten unsere Gegensätze, reinigten uns von alten Gewohnheiten und Mustern, kurz, die Zeit der Einsamkeit war wirklich ein Segen.

Andere hatten nicht so viel Glück und vergruben sich weiter in unerfüllten Beziehungen. Du weißt schon, welche Art von Partnerschaft ich meine, Beziehungen, die uns weniger als das sein lassen, was wir wirklich sind. Sie definieren sich über die Regeln und Moralvorstellungen des allgemein akzeptierten dreidimensionalen Verhaltens. Viele dieser Beziehungen wurden ganz unschuldig zu einem Zeitpunkt geschlossen, als wir einfach noch nicht wußten, wer wir wirklich waren. Doch oft blieben wir aus Angst, wirklich wir selbst zu sein, in solch einengenden Partnerschaften und versteckten uns vor unserer eigenen Größe.

Teilweise tun wir das, weil wir uns daran erinnern, wie wir in früheren Leben unsere Macht mißbrauchten. Wären wir wirklich frei, so befürchten wir, könnten wir vielleicht wieder Amok laufen. Es scheint uns einfach sicherer, in den ungefährlichen, bekannten Grenzen einer unvollkommenen Gemeinschaft zu verharren. So fühlen wir uns geborgen und fähig, unser Leben im dreidimensionalen Rahmen aufzubauen.

Doch in diesen unterdrückenden, überlebten Beziehungen entstand tief in uns das Gefühl, Opfer zu sein, und leider machten wir unseren Partner oft genug für unsere eigene Feigheit verantwortlich. „Natürlich würde ich gern mein Möglichstes tun, um mein Höheres Ziel zu erfüllen, doch ich muß an meine Ehe denken!" Solltest du dich hier wiedererkennen, dann wird dich diese Einsicht vielleicht aufrütteln, endlich Verantwortung für dein eigenes Leben zu übernehmen. Keiner außer dir hält dich davon ab, deine Göttliche Mission zu erfüllen! Keiner außer dir hindert dich daran, deine volle Gegenwart zu verkörpern! Ob du es glaubst oder nicht: deine eigene Entscheidung hält dich klein.

Unglücklicherweise haben sich viele große Seelen in dieser Weise eingeschränkt, obwohl es uns wahrlich nie gedient hat.

Während der kompromißreichen Jahre hattest du keine Möglichkeit, mit deinen versteckten alten Mustern und Gewohnheiten aufzuräumen. Außerdem mußtest du dein Ego ständig stärken, um die Unwahrheit deiner täglichen Wirklichkeit zu rechtfertigen: „das ist *mein* Leben, und ich werde es auf *meine* Weise führen!" Dies scheinbare Selbstbewußtsein übertüncht gerade eben deine tiefe Unzufriedenheit. Besonders berührt es mich, wenn Mitglieder der ersten Welle so reden, denn sie könnten die Gelegenheit verpassen, weiterzugehen.

Glücklicherweise wird der Ruf unserer Vereinten Gegenwart mit jedem Tag stärker, und es wird immer schwieriger, ihn zu überhören. Viele, die ihre Ohren jahrelang verschlossen hielten, vernehmen *trotzdem* den Ruf und reagieren darauf. Es ist unmöglich, das Große Erwachen zu ignorieren. Gleichzeitig beginnt die Festigkeit der dreidimensionalen Muster zu verblassen. Was bleibt uns anderes übrig, als der Stimme unseres Größeren Herzens zu folgen und uns statt für die Angst für Liebe und wahre spirituelle Einheit zu entscheiden?

Die Szepter werden weitergegeben. Die Übergabe ist vorbereitet. Für alles, was stirbt, wird etwas Neues geboren. Für jedes Loslassen, für jede Kapitulation erhältst du ein Geschenk. Jeder von uns muß von Zeit zu Zeit den Becher seines Seins vollständig ausleeren, damit er neu gefüllt werden kann. Um es einfach auszudrücken: Wenn du die Waffen strecken mußt, dann strecke sie vollständig. Laß wirklich alles los. Fürchte keinen Verlust, denn was wirklich dir gehört, was mit der *Höchsten Wahrheit* deines Seins schwingt, wird bei dir bleiben. Warum willst du dich mit weniger zufriedengeben?

Dies trifft vor allem auf den Bereich der Partnerschaften zu, denn hier wird es ungeheure Umwälzungen geben. Viele Menschen werden endlich den Mut finden, aus unangemessenen dreidimensionalen Beziehungen auszubrechen. Es ist einfach die Entscheidung für das Größere und gegen das Geringere und damit Teil unserer Befreiung aus der Dualität. Es gibt praktisch keine Partnerschaft, die von den gewaltigen Veränderungen unberührt bliebe. Selbst *erfolgreiche* Beziehungen werden die Notwendigkeit spüren, ihre Verbindung auf höhere Bewußtseinsebenen zu heben, um gemeinsam weiterzuwachsen.

Von verwandten Seelen zu Zwillingsflammen

Die Veränderungen rühren daher, daß die Schablone der Wahren Liebe in das Gewebe der Größeren Wirklichkeit eingeflochten ist. Damit kündigt sich eine neue Beziehungsform an, die viele von uns bereits sehnsüchtig erwarten ... die Verbindung zwischen dir und deiner Wahren Liebe auf der physischen Ebene.

Ich weiß, daß viel über verwandte Seelen, Zwillingsflammen und innere Polaritäten geredet worden ist, und jetzt führe ich auch noch den Begriff der Wahren Liebe ein. Was unterscheidet diese verschiedenen Formen voneinander? Verwandte Seelen sind jene Menschen, zu denen wir eine tiefe innere Verbindung spüren. Wir wußten immer, daß es auf dem Planeten viele verwandte Seelen gibt, ohne jedoch zu erkennen, daß wir alle einander verwandt sind. Je mehr wir unsere individuelle Essenz mit der Einheit verbinden und je mehr wir uns der Neuen Oktave nähern, desto klarer wird uns, daß die uns angeborene Einheit eine Tatsache ist.

Zwillingsflammen sind der Teil unserer Selbst, der auf der anderen Seite der Pforte 11:11 in Oktave Sieben oder Elf lebt. Dieser Teil steigt selten in die Materie hinab, und wenn er es tut, dann erleben wir gewöhnlich eine dauerhafte romantische Liebesbeziehung. Oft sind die Energien für ein gemeinsames Leben jedoch zu intensiv. Gewöhnlich verbringen die Zwillingsflammen die meiste Zeit ihres Erdendaseins damit, uns zu höheren Ebenen des Erwachens zu führen. Danach verschwinden sie auf geheimnisvolle Weise wieder aus unserem Leben. Mir selbst ist so etwas vor vielen Jahren passiert. Hier ist meine Geschichte:

∆ ∆ ∆

Es geschah während der Sommersonnenwende 1968 in London, mitten in der großartigen, herrlichen Hippizeit, einer magischen, mit unzähligen Illusionen verbrämten Zeit, die einen Vorgeschmack auf die Einheit der Zukunft gab. An jenem Abend standen mehrere Veranstaltungen und Konzerte zur Auswahl auf dem Programm. Alle meine Freunde gingen in die Royal Albert Hall, doch aus einem mir unbekannten Grund spürte ich, daß ich ein anderes Konzert besuchen sollte. Für mich war es eher ungewöhnlich, allein loszuziehen, doch irgend etwas in mir drängte mich.

Meine Großmutter hatte mir zwei große facettenreiche Amethystanhänger vermacht. Aus einem mir unerfindlichen Grund befestigte ich an jenem Abend einen dieser Anhänger an einer Perlenkette und legte mir diesen Schmuck um den Hals. Ich fuhr zu dem Konzert und wußte wirklich nicht, warum ich überhaupt hinging. Bald tat es mir leid, nicht mit meinen Freunden gegangen zu sein. Ich kannte niemanden und verbrachte die nächsten Stunden damit, scheu und verlegen herumzustehen.

Planlos und ziemlich verwirrt, betrachtete ich die Lichtershow auf der Bühne. Plötzlich traf mich von hinten eine ungeheuer machtvolle Energie. Diese Energie war so stark, daß sie mich beinahe umwarf. Ich fühlte mich wie in einem Windkanal! Ich drehte mich um und suchte nach der Quelle des Phänomens. Hinter mir stand ein gutaussehender, schwarzhaariger Mann, dessen wilde Augen in die Tiefen meiner Seele blickten. Die Energie wurde noch stärker. Schließlich brachte ich die Frage: „Wer bist du?" heraus. „Ich bin Tah-na", antwortete er mit kraftvoller, beruhigender Stimme. Er sprach mit einem geheimnisvoll fremden Akzent. Als ich diese Stimme vernahm, fühlte ich mich so sicher wie noch nie zuvor. Die Energie wurde stärker.

„Woher kenne ich dich?" fragte er eindringlich. „Aus einer anderen Zeit", antwortete ich, ohne zu zögern, und staunte gleich darauf über meine Antwort. „Ach ja, natürlich!" rief er und zog mich in seine Arme. Die Energie, die jetzt floß, kann ich beim besten Willen nicht beschreiben. Wir verschmolzen in einem Maße, wie ich es nie für möglich gehalten hätte. Dann lösten wir uns langsam wieder voneinander, doch eine Unterhaltung wollte nicht so recht in Gang kommen. (*Immerhin fand ich heraus, daß er aus der Türkei kam, wo sein Name „der Mann, der in die Morgendämmerung geht" bedeutet.*) Irgendwie waren die Einzelheiten unseres Lebens in der dritten Dimension unwirklich geworden; sie spielten einfach keine Rolle mehr. Unsere Verbindung war - wie immer sie sich gestalten mochte - absolut zeitlos. Dann näherte sich eine Frau, die er als seine Begleiterin vorstellte. Ich stand immer noch unter Schock, vermochte kaum, eine höfliche Konversation zu führen, und entschuldigte mich.

Eine Stunde später saß ich in betäubtem Schweigen in der hintersten, dunkelsten Ecke der Halle. Was sollte das bedeuten? Wer war dieser Mann? Ich dachte nach. Offensichtlich war er der Grund meines Hierseins. Plötzlich unterbrach mich eine Stimme. „Jetzt hab ich dich doch gefunden! Ich hab überall nach dir gesucht!" Da war er wieder. Er stand vor mir. Tah-na sagte, er habe seine Begleiterin nach Hause gebracht. Er habe ihr erklärt, daß er dringend mit mir sprechen müsse. So war alles in Ordnung.

Ich gab mich diesem Mann sofort vollkommen hin. Unsere Verbindung entsprang einer Größeren Wirklichkeit und übertraf alles, was ich bisher erlebt hatte. Ich wäre ihm, wenn nötig, bis ans Ende der Welt gefolgt. Er war der einzige mir bekannte Mensch, den ich verehrte. Ohne auch nur einen Augenblick zu zögern, hätte ich glücklich mein Leben für ihn gegeben.

Wir verließen die Halle und wanderten stundenlang durch die verlassenen Straßen Londons, immer ungefähr in Richtung meiner Wohnung auf der anderen Seite der Stadt. Unsere Schritte paßten vollkommen zusammen, so als seien wir ein Wesen. Seine scharfgeschnittenen Gesichtszüge und sein fließendes schwarzes Haar ließen ihn königlich, ja, kaiserlich aussehen. (*Ist das nicht wirklich umwerfend! Oder wie viele Män-*

ner außer Sean Connery kennst du, die königlich aussehen, ganz zu schweigen von kaiserlich?) Wir sprachen nicht viel, es schien nicht nötig. Wir liefen einfach nebeneinanderher wie zwei Menschen, die endlich wieder Eins geworden waren. Es war unglaublich.

In meiner Wohnung setzten wir uns an die Wohnzimmerwand und hielten einander stundenlang an den Händen. Wir fühlten kein Bedürfnis zu sprechen, uns zu küssen oder irgend etwas anderes zu tun, was den Zauber unserer vollkommenen Einheit gebrochen hätte. Die Freude, einander gefunden zu haben, genügte. Ich war nie zuvor so erfüllt gewesen.

Kurz vor Morgengrauen gingen wir in einen kleinen Park an der Themse. Als wir durch die Eingangspforte schritten, geschah etwas Unglaubliches: die Tore der Erinnerung öffneten sich! Ich sah, daß wir zu Zeiten der Inkas zusammen auf diesem Planeten gelebt hatten. Als ich ihn heiratete, war ich noch ein ganz junges Mädchen. Damals war er unendlich weiser als ich. Während wir weitergingen, schien es mir, als ob wir mit jedem Schritt älter wurden und ich mich immer mehr zu seiner gleichberechtigten Partnerin und Königin entwickelte.

Schließlich setzten wir uns auf eine Bank und erkannten beide, daß wir in diesem Leben nicht zusammenleben würden, da jeder von uns seine Aufgabe allein lösen müsse. Er sagte, daß es eine Möglichkeit für uns gäbe, für immer zusammen zu sein. Wenn wir in großer Reinheit und Hingabe für unser Höheres Ziel lebten, würden wir unsere Mission auf der Erde vollenden und nicht mehr zurückkehren müssen. Augenblicklich traf ich eine tiefe, unerschütterliche Entscheidung und fühlte gleichzeitig, wie sich tief in meinem Innern etwas veränderte. Ich löste den Amethyst von meiner Kette, gab ihm den Stein und sagte, daß ich den anderen tragen würde. Dann verabschiedeten wir uns.

Ich weiß, dies wäre ein guter Schluß für die Geschichte, doch sie war noch nicht zu Ende. Nach zwei glücklichen Wochen versank ich in einer verzweifelten Depression. Ich konnte es nicht ertragen, ohne meine Große Liebe auf der Erde zu sein. Wenige Wochen später trafen wir uns plötzlich bei einem Empfang. Er sagte mir, daß seine Gefährtin nach Frankreich zurückgekehrt war und er für den Rest des Jahres in London arbeiten würde. Wir wußten beide, daß zwischen uns keine Liebesbeziehung entstehen würde, doch gab es für uns trotzdem etwas zu tun.

Dieser erstaunliche Mann war spirituell hochentwickelt. Er schien immer einige Schritte weiter zu sein als ich. Dies spornte mich an, selbst rasch zu erwachen, um mit ihm auf gleicher Stufe zu stehen. Ich verzehrte mich in dem brennenden Wunsch, alles so schnell wie möglich zu lernen, und verbrachte meine ganze Zeit damit, alle spirituellen Wissensbereiche, derer ich habhaft werden konnte, zu erforschen. Ich ging nicht durch neue Pforten, ich schoß wie eine Rakete hindurch!

Wir riefen uns nicht an und verbrachten auch nicht viel Zeit miteinander. Folgendes geschah: Alle paar Wochen, wenn ich zufällig in einem jeweils anderen Teil Londons zu tun hatte, kam er plötzlich strahlend auf mich zu, so als ob er mich erwartet hätte. Immer schloß er mich in die Arme und versicherte mir, daß alles in Ordnung sei. Und plötzlich war alles in Ordnung. Oft tranken wir dann zusammen eine Tasse Tee. Ich war begierig, ihm zu zeigen, welche Fortschritte ich in der Zwischenzeit gemacht hatte. Ich war fast bis an den Punkt gelangt, an dem er bei unserem letzten Treffen gewesen war. Doch jedes Mal war er mir weit voraus. Er sagte mir viele Dinge, die ich zu jener Zeit nicht verstand, an die ich mich heute aber zu gern erinnern würde.

Schließlich war das Jahr zu Ende. Zum erstenmal besuchte ich ihn in seiner Wohnung. Wir wußten beide, daß wir uns nie wiedersehen würden. Ich weinte hemmungslos. Obwohl ich einsah, daß alles so richtig war, konnte ich einfach nicht loslassen. Nach der letzten Umarmung stieg ich in die U-Bahn und fuhr über eine Stunde zu meiner Wohnung. Ich stieg die Treppe zu meinem Apartment hinauf und warf mich weinend aufs Bett. Plötzlich fiel der Amethyst, den ich immer um den Hals trug, aus der Fassung.

Auf der physischen Ebene sah ich Tah-na nie wieder, doch seine Essenz war mit der meinen verschmolzen. Ich wußte, indem er mir bei meinem Erwachen half, hatte er mir einen großen Dienst erwiesen. Unsere Geschichte ist jedoch immer noch nicht ganz zu Ende. Im Jahre 1982 wurde ich an den Patzcuaro-See in Mexiko geschickt, um dort ein persönliches Ritual für die Verbindung bestimmter Planeten auszuführen. Erstaunlicherweise spürte ich stark die Gegenwart Tah-nas. Dies war ungewöhnlich, da ich seit mehreren Jahren nicht mehr an ihn gedacht hatte. Dann träumte ich:

Tah-na war ein großer spiritueller Meister, der New York besuchte. Ich verbrachte die meiste Zeit damit, ihn zu suchen. Kam ich irgendwo an, wurde mir gesagt, er sei gerade wieder abgereist. Schließlich trafen wir am selben Ort zusammen, doch trennte uns eine verschlossene Tür. Er sprach durch diese Tür mit mir und bat mich, ihn von seinem Versprechen zu entbinden, nach Vollendung seines Lebens bei mir zu bleiben. Mir war, als würde mir der Boden unter den Füßen weggezogen. Bis zu diesem Augenblick hatte ich gar nicht gemerkt, wieviel Kraft ich aus jenem Versprechen gezogen hatte. Ich konnte nicht zustimmen, obwohl ich wußte, daß ich sollte. „Steh mir persönlich gegenüber, und dann frag mich!" beharrte ich stur.

Wenige Monate später erwachte ich mitten in der Nacht, holte mir einen Bleistift und schrieb ein Gedicht, indem ich ihn von seinem Versprechen entband. Jetzt sind wir vollkommen frei und wieder auf uns selbst gestellt. So können sich Zwillingsflammen in unserem Leben manifestieren.

Von Zwillingsflammen zu Wahrer Liebe

Wie du aus meiner Geschichte ersehen kannst, können uns Zwillingsflammen als kosmische Köder dienen. Ob sie persönlich in unserem Leben auftauchen oder uns von der anderen Seite der Pforte aus rufen, sie helfen uns, eine höhere Bewußtseinsebene zu erreichen. Sie sind unsere heiligen Liebsten, die fehlenden Teile unseres Seins, die uns anspornen, Vollkommenheit und Einheit zu erlangen.

Unsere innere Polarität ist wieder etwas anderes. Jeder von uns hat einen männlichen und einen weiblichen Teil, die beiden Pole unseres inneren Seins. Auf den höheren Ebenen sind wir androgyn. Dort haben wir unsere inneren Gegensätze zusammengebracht. Die Heilung unseres inneren Mannes und unserer inneren Frau und deren vollständige Verschmelzung ist ein wichtiger Teil unseres Vollendungsprozesses. Mein Buch *An die Sterngeborenen* behandelt dieses Thema ausführlicher. (*Ich habe außerdem eine Kassette mit dem Titel „Vereine deine Pole" besprochen, mit deren Hilfe du eine Meditation lernen kannst, um jene Teile in ausgewogene Einheit zu bringen.*)

Was ist also eine Wahre Liebe? Eine Wahre Liebe ist ein anderes physisches Wesen, mit dem du dich auf allen Ebenen in bewußter Einheit verbinden kannst. Dies Wesen ist nicht deine Zwillingsflamme, doch es wird von deiner Zwillingsflamme belebt, damit es dir als Wahre Liebe dienen kann. Du hast nur zu einer Wahren Liebe eine feste Beziehung. Bis diese jedoch fest in deinem Leben verankert ist, gibt es viele Wesen auf diesem Planeten, die diesen Platz potentiell einnehmen könnten. Wenn solch ein Wesen von deiner Zwillingsflamme aktiviert worden ist, wird es zu deiner Wahren Liebe. Natürlich wirst du von der Zwillingsflamme des anderen Wesens ebenfalls aktiviert, damit auch du als Wahre Liebe dienen kannst.

Es ist absolut faszinierend, daß sich viele Wahren Lieben in den Jahren 1992 und 1993 in unserem Leben manifestieren werden. Dies ist ein weiterer guter Grund, die alten, in der Dualität verankerten Beziehungen liebevoll loszulassen, denn sie schenken den daran Beteiligten weder Liebe noch Weite noch Freude. Denk daran: Wenn du an einer Beziehung klebst, die eigentlich beendet ist, hinderst du nicht nur dich selbst, sondern auch deinen Partner, seine Wahre Liebe zu finden. In der Schablone der Einheit gibt es weder Verlierer noch Gewinner; es gibt nur Gewinner.

Da viele Sterngeborene voller Hingabe am Prozeß des Erwachens mitwirken, werden wir innerlich immer heiler und vollkommener. Diese Ebene müssen wir erreicht haben, bevor wir uns mit unserer Wahren Liebe vereinen können. Unsere tägliche Wirklichkeit bietet keinen Raum mehr für Kompromisse. Wir sehnen uns nach einer freien, vollkommenen Vereinigung auf allen Seinsebenen. Und dies gibt die Verankerung der Schablone der Wahren Liebe allen, die Einheit statt Dualität gewählt haben.

Zwei vollkommene Wesen vereinen sich in Liebe, Vertrauen, Offenheit und Achtung. Sobald wir uns verbunden haben, werden wir entdecken, daß wir eine Einheit bilden. Wir geben uns dabei nicht auf wie in den dreidimensionalen Beziehungen, sondern leben in vollendeter Einheit mit dem gemeinsamem Ziel, als Ein Wesen zu leben und zu dienen. Unsere Einheit wird so stark und unerschütterlich sein, daß wir der Menschheit, ohne uns ablenken zu lassen, mit unserer vollen Gegenwart dienen können. Wir sind wie zwei Pferde, die nur das eine Ziel kennen: gemeinsam den Wagen der Erfüllung ihrer Göttlichen Mission zu ziehen. Es geschieht ganz einfach, ohne Anstrengung, macht Spaß und nährt uns. Und die Liebe zwischen uns kennt keine Grenzen.

Die Erde

Damit du nicht denkst, daß wir uns nur mit den Sternen beschäftigen und diesen Planeten hier vergessen, wenden wir unsere Aufmerksamkeit nun der Erde zu. Was geschieht mit ihr, während wir uns darauf vorbereiten, das Tor 11:11 zu passieren? Werden wir sie aufgeben? Natürlich nicht, denn die Erde ist wie wir an diesem Prozeß beteiligt. Sie unterzieht sich derselben Verwandlung und bereitet sich auf ihren Aufstieg vor.

Die Erde ist auch ein Sternenwesen. Sie fordert ihr Göttliches Geburtsrecht und Erbe zurück, legt ihr Lichtkleid an und verwandelt sich in einen Stern. Im Herzen unseres Vogelsterns wird sie durch das Tor 11:11 reisen.

Du könntest fragen: „Doch was ist mit der furchtbaren Umweltverschmutzung? Wie soll die Erde je geheilt werden?" Sie befindet sich bereits mitten im Heilungsprozeß. Wieder müssen wir unsere alte Vorliebe aufgeben, uns nur auf das Physische zu konzentrieren. So wie unser physischer Körper nur einen kleinen Teil unserer Ganzheit darstellt, so ist der physische Körper der Erde nur ein winziges Teilchen ihrer ungeheuren Größe. Wenn du dir erlaubst, dich mit dem Sternenüberselbst der Erde zu verbinden, wirst du erkennen, daß sie reiner ist als damals, als sie neu geschaffen wurde. *In der Größeren Wirklichkeit ist das ihre wahre Gestalt!* Wir müssen uns nicht erst darum bemühen, es ist bereits. Wenn wir uns erlauben, das größere Ganze zu sehen und einen Blick in das Unsichtbare werfen, werden wir die wahre Form der Erde wahrnehmen.

Genau wie wir in unserer wahren Natur ist auch die Erde ganz und vollkommen. Wenn du den Planeten wirklich heilen willst, dann erweitere deinen Blickwinkel und erkenne, daß alle Vergiftung und Verdorbenheit nur Illusion ist. Die Erde ist bereits makellos und unverdorben. Ihre wahre Natur wohnt jenseits von Zeit und Raum und ist ewig. Wenn wir unsere Höchste Wahrheit verkörpern, in der Nicht-Zeit leben und uns durch 11:11 in eine Größere Wirklichkeit begeben, dienen wir unserem Planeten als Hebammen bei seiner Wiedergeburt. So werden wir zu den allerbesten Umweltschützern.

Das Abwerfen der Haut

Kurz bevor sich das Tor 11:11 am 31. Dezember 2011 schließen wird, dann, wenn sich die Schablone der Dualität und die Schablone der Einheit voneinander lösen, werden wir eine mächtige Spaltung erleben. Die beiden Entwicklungsspiralen werden sich wieder trennen. Wenn dies geschieht, wird die Erde ihre Haut abstreifen, ganz ähnlich, als wenn die Schale eines Apfels mit einer einzigen spiralförmigen, fließenden Bewegung abgeschält würde. Alles, was in der Schablone der Dualität verankert ist, wird entfernt. Dies schließt nicht nur die Umweltverschmutzung mit ein, sondern auch den Teil der Menschheit, der sich für die Dualität entschieden hat. All dies wird in einem einzigen Augenblick völlig schmerzlos geschehen.

Die alte Haut der Erde wird sich um einen anderen Planeten legen, der seine Dienste bereits angeboten hat. Das Leben in der Dualität wird weitergehen, als wenn nichts geschehen wäre. Ich gebe dir ein Beispiel:Du hast dich für das Verbleiben in der Dualität entschieden und lebst in New York City. Eines Nachts wirft der Planet, während du schläfst, seine

Haut ab. Du erwachst am Morgen und lebst ganz gewöhnlich weiter. New York hat sich überhaupt nicht verändert. Die Dualität entwickelt sich normal weiter, jedoch fehlt die erhöhte Energie der letzten Jahre. Der einzige Unterschied ist, daß einige von uns fehlen. Dies ist nicht so schrecklich, wie es sich anhört. Die Erinnerung an unsere Existenz wird augenblicklich verblassen, so daß du niemanden vermißt.

Tatsächlich trennen sich die Menschen, die sich für die Dualität entscheiden, ganz allmählich von jenen, die die Einheit wählen. Der Prozeß hat schon begonnen. Diejenigen, die das Tor 11:11 betreten, haben ihre Reise in die Reiche des Unsichtbaren bereits angetreten. Obwohl es zwanzig Jahre dauert, bis wir alle elf Tore in der Durchgangspassage passiert haben, bewegen wir uns schon in den feinen Strömungen des Unsichtbaren.

Das bedeutet, daß Menschen, die sich in der einen oder anderen Schablone verankert haben, immer unsichtbarer für einander werden. Beispielsweise hat sich bei einem Ehepaar ein Partner für die Einheit, der andere für die Dualität entschieden. Allmählich, ganz subtil, wird einer für den anderen unsichtbar. Schließlich wacht der Mann eines Morgens allein auf. Zum gleichen Zeitpunkt wacht auch die Frau allein auf. Die beiden Schablonen haben sich mühelos voneinander gelöst.

Hast du dich für die Dualität entschieden, dann ist es höchst wichtig, dich daran zu erinnern, daß deine Wahl in Ordnung ist. Du bist nicht verdammt! Es wird immer neue Aufstiegsmöglichkeiten geben. Auf dem Spielplatz der Dualität ist in der Zwischenzeit noch genug zu lernen und zu erfahren. Einige hochentwickelte, strahlende Wesen haben sich *bewußt* für das Bleiben und den Dienst in der Dualität entschieden. Als damals, vor langer Zeit, das Tor geöffnet wurde, handelten wir ebenso. Es ist der Weg des Bodhisattva, hierzubleiben und zu helfen, obwohl er die Gelegenheit hat, zu einer höheren Bewußtseinsebene aufzusteigen. Denk daran: Dies ist kein Urteil, sondern nur eine Frage der Wahl. Alle Entwicklungsstufen brauchen Wesen, die dienen.

Kinder

Viele Eltern fragen mich nach ihren Kindern. Haben auch sie die Möglichkeit, durch die Pforte zu gehen? Die Sternenkinder besitzen natürlich bereits ihre Rückfahrkarte. Da sie von der anderen Seite des Tores stammen und sich zu dem Zweck verkörperten, uns an unseren Sternenursprung zu erinnern, können sie mühelos zur Neuen Oktave zurückkehren.

Was die anderen Kinder betrifft, solltest du dich daran erinnern, daß ihre Seelen, obwohl sie sich gegenwärtig in Kindern inkarniert haben, zeitlos und reif sind. Auf der Seelenebene entscheiden sie selbst, ob sie sich über die Dualität erheben wollen oder nicht. Demzufolge suchen sie sich Lebenssituationen aus, in denen sie ihr Ziel auch erreichen. Wenn ein Kind die Einheit wünscht, wird es Eltern wählen, die denselben Pfad einschlagen. Denk daran: In diesem Prozeß gibt es keine unschuldigen Opfer. Jeder Mensch auf diesem Planeten muß bewußt wählen, wo er sich verankern will. Bitte wähle weise, denn die Folgen dieser Entscheidung werden uns lange begleiten.

Getreidekreise

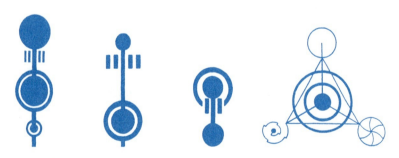

Seit einigen Jahren erscheinen nicht nur in England geheimnisvolle flachgedrückte Kreise in den Feldern. Obwohl die Wissenschaftler versuchten, logische Erklärungen für dieses Phänomen zu finden - zufällig entstandene Wirbelwinde zum Beispiel - blieb das Geheimnis ungeklärt. Es ist bekannt, daß die Bauern oft in Nächten, in denen die Kreise entstehen, tiefe summende Geräusche hören. Eine weitere interessante Tatsache ist, daß sich die Molekularstruktur des Getreides innerhalb des Kreises tiefgreifend verändert hat.

Seit dem ersten Auftauchen im Mai 1990 hat sich das Muster jener Kreise drastisch verändert. Die Formen wurden künstlerischer. Oft sind es viele Kreise, von denen schlüsselartige Gebilde ausgehen. Einige dieser neuen Getreidekreise haben einen Durchmesser von über 1000 Metern. Wenn man hineintritt, kann man erhöhte Energien spüren.

Es ist faszinierend, daß viele der neuen Getreidekreise die Form einer Hantel haben. Auf beiden Seiten der Linie, die die beiden Kreise verbindet, stehen riesengroß die Ziffern elf, so daß sich 11:11 ergibt. Dieser Entwurf kam direkt von oben auf unseren Planeten und zeigt unsere beiden Spiralsysteme oder Zentralsonnensysteme, die durch das Tor 11:11 verbunden sind.

Wie bei vielen *unerklärlichen* Geheimnissen versuchte die Regierung auch hier, das Phänomen zu vertuschen. Plötzlich traten dubiose Gestalten auf und behaupteten, sie hätten all die Getreidekreise gemacht. Obwohl dies schon rein physisch nicht möglich ist - die Getreidekreise tauchen ja nicht nur in England, sondern in vielen Ländern auf - haben die Medien ausführlich über diesen Schwindel berichtet. Hoffentlich werden die Regierungen der Welt eines Tages begreifen, daß man die Menschheit vor der Existenz geheimnisvoller Phänomene nicht schützen muß. Viele von uns kennen die unzähligen Manifestationen des Unbekannten. Und in den kommenden Zeiten werden wir immer öfter mit dem Unerklärlichen konfrontiert werden.

Ich persönlich halte die meisten dieser Getreidekreise wirklich für Manifestationen von Oben. Ihre Symbolik löst die Aktivierung unserer zellulären Gedächtnisbänke aus. Und selbst wenn sie alle von Menschen geschaffen worden wären, müßte ich trotzdem sagen, daß, wer immer sie geschaffen hat, mit Sicherheit von Höheren Bewußtseinsebenen inspiriert worden ist.

Tiere

Was geschieht mit den Tieren, wenn wir durch das Tor 11:11 gehen? Werden sie uns begleiten? Tiere repräsentieren, ähnlich wie Menschen, eine Vielzahl von Entwicklungsstufen. Wir sind jetzt genügend erwacht, um das überholte metaphysische Konzept aufzugeben, daß Tiere im Vergleich zu Menschen untergeordnete Rassen sind, die begierig danach streben, sich zu Menschen zu entwickeln. Dies mag für einige individuelle Tierseelen zutreffen. Es gibt ja auch Menschen, die in ihrem nächsten Leben Pferde oder Löwen sein wollen. Wenn du jedoch die Tiere mit deinem höheren Bewußtseinsgrad anschaust, wirst du erkennen, daß viele von ihnen hochentwickelte Sternenwesen sind, die sich ihre gegenwärtige physische Rasse nur deshalb ausgesucht haben, weil sie dort am meisten lernen und dienen können.

Nimm zum Beispiel die gewöhnlichen Hauskatzen, die sich ja viele von uns in ihren Wohnungen halten. Trotz der Tatsache, daß sie Mäuse fressen (*auch wir essen die seltsamsten Dinge*), wirst du bemerken, daß viele Katzen besondere Wesen sind. Es sind Sternenwesen, die auf die Erde gekommen sind, um uns bei der Verwandlung der Materie zu helfen. Wahrscheinlich sind sie höher entwickelt als viele von uns. Wie schlau von ihnen, sich als Katzen zu inkarnieren! Sie müssen nicht arbeiten, um sich ihren Lebensunterhalt zu verdienen, müssen nicht mit der materiellen Welt ringen und haben jede Menge Zeit zum Meditieren und für die Arbeit auf den inneren Ebenen. Sie haben uns beigebracht, für ihre Nahrung und ihren Schutz aufzukommen, und erfreuen sich einer gewissen Unabhängigkeit, die viele von uns erst noch verwirklichen müssen. Immer, wenn sie danach verlangen, erhalten sie Liebe und Zuneigung, doch sind sie nicht darauf angewiesen, ihren Selbstwert damit zu beweisen.

Katzen können uns bei der Arbeit auf den feinen Ebenen besonders geschickt helfen. Ich habe zwei spezielle Katzen, die sich tief auf meine Arbeit eingestimmt haben. Wenn ich mit beschleunigten Energien arbeite, setzen sie sich so neben mich, daß unsere Körper ein Dreieck bilden und verankern so die Energie. Außerdem sind Katzen große Heiler. Wenn wir Heilung brauchen, dann wissen sie genau, auf welchen Körperteil sie sich legen müssen, damit sich die Energien heilend verwandeln können. Ich glaube, daß viele, wenn nicht alle Tiere genau verstehen, was wir sagen.

Auch Hunde können hochentwickelte Sternenwesen sein, obwohl sie eher auf den Ebenen des Schutzes und der Kameradschaft mit uns zusammenarbeiten. Sie sind ungeheuer treue Wächter. Und wenn du dir deinen Hund genauer anschaust, wirst du entdecken, daß auch er Flügel hat.

Haustiere arbeiten sehr vertraut mit uns zusammen. Ihr Dienst ist genauso wichtig wie der unsere, und es ist äußerst angebracht, ihnen die Achtung zu zollen, die ihnen zusteht. Wenn wir uns bewußter mit ihrem Dienst verbinden, können wir kraftvoller zusammenwirken.

Jede Spezies - der Säugetiere, der Vögel, Reptilien, Insekten usw. - hat hochentwickelte Sternenwesen unter sich, die als Führer dienen. Jede Art macht der Menschheit und dem Planeten ein großes Geschenk. (*Denk an die Mühe der gefleckten Eule, uns bei der Rettung unserer alten Wälder zu helfen.*) Einige Arten erreichen jedoch jetzt die Zeit ihrer Vollendung auf der Erde, und es ist richtig, sie liebevoll zu entlassen, damit sie aufsteigen können.

Ein ausgezeichnetes Beispiel dafür ist das Rhinozeros. Dieses außerordentlich alte Tier kam, wie du dir wohl denken kannst, mit der ersten Welle. Du mußt nur seinen alten, schweren physischen Körper anschauen. Die Rhinozerosse haben ihre Göttliche Mission auf dem Planeten vollendet, und es ist Zeit für sie, weiterzugehen. Das bedeutet nicht, daß wir jetzt alle verbleibenden Rhinozerosse abschießen sollen, doch es stellt die künstliche Besamung in den Zoos zur Rettung der Art in Frage. Schau nach innen und suche den Heimatplaneten der Rhinozerosse in einem fernen Eck der Galaxie im Sternensystem des Monoceros. Dort, im Paradies der Rhinozerosse, werfen sie ihre müden alten Körper ab, legen ihre Lichtkörper an und tanzen den Tanz der Freiheit und der Vollendung..

Delphine und Wale

Delphine und Wale sind eine Klasse für sich. Sie sind große Meister, die von Anfang an auf der Erde lebten, um die Erfüllung des Göttlichen Plans zu überwachen. Wale sind eher mit der Energie der ersten Welle verbunden, stammen vom Sternensystem Canopus und sind über den Sirius auf die Erde herabgestiegen. Sie sind die Herren der Aufzeichnungen und gleichen riesigen schwimmenden Bibliotheken. Es ist interessant, daß das immense Wissen der Wale schlummernd in ihren zellulären Gedächtnisbänken liegt und seine Aktivierung erwartet. Gegenwärtig haben sie keine Ahnung davon, wieviel sie wissen. Vielleicht ist das der Grund, warum sie zuweilen stranden. Könnte dies nicht ihre Art sein, unsere Aufmerksamkeit zu wecken?

Wale werden auf unserer Reise nach Hause eine wichtige Rolle spielen. Es ist äußerst wichtig, daß ihr Wissen aktiviert wird, und wir sind dafür verantwortlich. Sie werden ihre Göttliche Mission nicht erfüllen können, wenn sie nicht bald aktiviert werden. Die Wale spielen außerdem eine wichtige Rolle bei der Vollendung der Legende von Isis und Osiris, welche die Schablone der Wahren Liebe weiter aktivieren wird.

Delphine stammen vom Sirius und handeln wie die Zweite Welle, denn sie bringen das Neue. Wale und Delphine könnte man wie AN und ON als zwei Linien sehen, die aus derselben Quelle stammen. Während AN und ON in der Energie Metatrons verschmelzen, vereinen sich Wale und Delphine in der Sternengegenwart von A-Qua-La A-Wa-La.

In den Ozeanen unserer Meere leben weniger Wale und Delphine als früher, doch viele Delphine verkörpern sich als Menschen, um uns bei unserem Aufstieg zu helfen. In der Geschichte der Erde gab es schon immer ein paar Delphine, die sich in menschlicher Form verkörperten, doch jetzt inkarnieren sich immer mehr. Diese Delphinmenschen sind ganz einzigartig. Sie haben ein höchst ungewöhnliches Energiemuster und können uns deshalb als große Heiler helfen, unsere physischen Körper mit unseren Sternenkörpern zu verbinden. Voller Energie, verspielt und hochsensibel, vermitteln sie allen Menschen ein Gefühl überschießender Freude.

Wenn du dich mit Delphinen verbunden fühlst, möchtest du dich vielleicht nach Innen richten und mit dem König der Delphine auf dem Sirius Kontakt aufnehmen. Er ist ein sehr zugängliches Wesen und teilt seine Einsichten ganz offen. Er wird dich, aufrecht auf der Spitze seines Schwanzes stehend, begrüßen. Ein breites Willkommenslächeln leuchtet auf seinem Gesicht. Über seinem Kopf schwebt ein kleiner Kreis wirklicher Sterne. Obwohl es in den Zeiten von Atlantis sehr mächtige Delphintempel auf der Erde gab, haben diese doch ihre Reinheit eingebüßt, so daß du dich besser direkt an den Sternenkönig der Delphine oder an A-Qua-La A-Wa-La wendest.

Und was ist mit den sogenannten mythischen Geschöpfen, den Einhörnern, Drachen und geflügelten Löwen? Sie existieren wirklich, doch auf einer höheren Wirklichkeitsebene. Wenn wir die Fähigkeit entwickeln, in das Unsichtbare zu schauen, werden wir ihre Gegenwart wahrnehmen können. Auch sie sind von Anfang an auf der Erde gewesen. Viele von uns haben die ganze Zeit eng mit ihnen zusammengearbeitet.

Die Aktivierung von 11:11 / 89

Sie sind mit dem Energiemuster der ersten Welle verbunden und werden bald die Zeit ihrer Vollendung erreichen.

Inseln des Lichts

Einige Teile des Planeten werden während der letzen Trennung von Dualität und Einheit nicht abgeschält. Diese Flekken werden *Inseln des Lichts* genannt. Dort leben jene Menschen, die ihr Sein in der Schablone der Einheit verankert haben. Ein paar Inseln des Lichts existieren vielleicht schon. Bald jedoch werden viele neue geschaffen und rasch aufblühen. Dort entsteht eine neue Form von Gemeinschaftsleben, das sich auf die Größere Wirklichkeit gründet.

Die meisten Inseln des Lichts werden in einsamen Gegenden des Planeten eingerichtet. Sie haben die Aufgabe, die Schablone der Einheit zu verankern und Inseln für die Energie zu werden, die mit der Nicht-Zeit verbunden ist. *Sie werden unsere Stützpunkte für zukünftige Unternehmungen sein.* Jede Insel des Lichts ist selbst für sich verantwortlich, doch werden alle Zentren miteinander in Verbindung stehen und ein Mandalamuster über den ganzen Planeten spannen. Dieses Mandala ist die Blaupause für das neue Sterngitter.

Wenn wir uns durch das Tor 11:11 begeben, werden wir uns zu jenen hingezogen fühlen, die sich ebenfalls in das Kleid des Einen hüllen, denn wir bewegen uns gemeinsam in den feinen Strömungen des Unsichtbaren. Sobald die Dualität nicht mehr länger unsere Wirklichkeit bestimmt, werden wir das Bedürfnis verspüren, in einem neuen Frequenzbereich zu leben, in der Energie, die aus der Neuen

Oktave entspringt. Wir fühlen bereits, daß wir immer dringender dazu aufgefordert werden.

Viele von uns haben noch keine Ahnung, wo sich ihre Insel des Lichts befinden wird, denn sie kann überall auf diesem Planeten sein. Doch ich weiß, die Zeit rückt näher, in der wir unsere Insel finden werden. Es geht hier allerdings nicht um persönliche Vorlieben, sondern ausschließlich um die harmonische Schwingung, die uns zusammenruft. Ich weiß, daß es überall auf der Erde Menschen gibt, die große Ländereien erstanden haben und diese bewußt verwalten, bis die Zeit kommen wird, Inseln des Lichts daraus zu machen. Dann wird jeder zu dem zu ihm passenden Ort geführt werden.

Inzwischen gibt es viel zu tun. Nutze die Zeit, um alles loszulassen, was nicht länger mehr deiner Seele singt und nicht mehr mit der Wahrheit deines Seins schwingt. Brauchst du wirklich all die alten Möbel, die Bücher, Platten, die Schulurkunden, kurz, das ganze Durcheinander? Wenn nicht, dann räum auf, verkaufe es und schaffe Raum für das Neue. Laßt uns leicht, klar und bereit für unsere Inseln des Lichts werden.

Das Leben in unseren Inseln des Lichts gibt uns die Möglichkeit, uns den feinen Schwingungen der Neuen Oktave vollkommen hinzugeben. Obwohl einige von uns, besonders die Mitglieder der zweiten Welle, als Vermittler zwischen den Inseln des Lichts und der Dualität dienen wollen, werden sich andere vollständig der Verkörperung des Neuen hingeben. Wir werden den Übergang vom Tun ins Sein vollziehen.

Da die Inseln des Lichts in einem anderen Frequenzbereich existieren als der Rest der Welt, werden wir nicht mehr so anfällig für die Strömungen der Dualität sein. Dort werden wir, umgeben von den Mitgliedern unserer Sternenfamilie, die sich auf ähnlichen Bewußtseinsebenen befinden, mühelos durch die elf Türen innerhalb der Durchgangspforte 11:11 gelangen. Es ist wichtig, daß diese Inseln des Lichts in einem Zustand äußerster Reinheit geschaffen werden. Dort ist kein Platz für Kompromisse. Sie fordern statt dessen, daß wir vollständig das verkörpern, was wir sind. Sie werden einfach sein, voller Licht und neu! In gewisser Weise ähneln sie Einsiedeleien, in denen jeder seinen privaten Raum bewohnt und doch unlösbar mit dem kollektiven Ganzen verbunden ist, licht, weiß, transparent, sternenhaft - und vollkommen in dem Einen Herzen verankert.

Vorbereitende Einweihungen Teil 2

Hawaii

Im August kehrte ich für zwei Wochen nach Hawaii zurück, hielt Vorträge in Honolulu und Kauai und einen Workshop in Honolulu. Ich wußte, daß ich unbedingt den Haleakala Krater auf Maui besuchen mußte, und hatte mich mit meinen lieben Freunden Makua und Reta AnRa verabredet. Was wir nicht erwartet hatten, war der Wirbelsturm vor der Küste Hawaiis.

(Das ist jedoch nicht ungewöhnlich für meine Reisen. Vor ein paar Jahren fuhr ich durch Florida, als ein Wirbelsturm und ein tropischer Sturm sich gleichzeitig von beiden Küsten her näherten. Zwei Wochen zuvor hatte ein abtrünniger Sternenkommandant alle Menschen in Florida vor einer größeren Flutkatastrophe gewarnt und eine Evakuierung empfohlen. Oder damals, als ich durch Las Vegas, Nevada, fuhr, und eine Fabrik für Raketentreibstoff in die Luft flog und zwölf Gebäude in Schutt und Asche legte. Wie durch ein Wunder kamen kaum Menschen zu Schaden. Wie viele andere Lichtarbeiter des Planeten werde auch ich oft dazu gebraucht, Energien zu verwandeln, so daß Katastrophen vermieden werden. Ehrlich gesagt, gehört das nicht zu meinen Lieblingsbeschäftigungen!)

Als wir also die kurvenreiche Straße nach Haleakala hochfuhren, wurde unser kleines Mietauto von Windböen geschüttelt, die an die 100 km/h schnell sein mochten. Die Parkwächter rieten uns, umzukehren, doch Makua und ich schauten uns an und entschieden, weiterzufahren. Auf dem Weg zum Krater empfing ich die Vision vom Ersten Licht in Haleakala, worauf ich später in diesem Buch noch eingehen werde. Die Straße verwandelte sich in einen Sturzbach, doch schließlich erreichten wir den Parkplatz am Gipfel. Wenigstens waren wir allein. (*Dies ist auch eine Möglichkeit, Touristenmassen zu vermeiden!*)

Als wir das Auto verließen, waren wir augenblicklich durchnäßt. Der Sturm war so stark, daß wir fast nicht gehen konnten. Mich erfrischte das machtvolle Prana, das uns umwehte. Während die anderen schnell zum Auto zurückliefen, fühlte ich mich zu einem kleinen Pfad gezogen, der sich am Rande des Kraters entlangschlängelte. Ich wußte, daß ich hier etwas tun sollte, und bat darum, die richtige Stelle zu finden. Ich hatte meine Schuhe ausgezogen und lief barfuß über das Lavagestein. Plötzlich wurde ich vom Pfad hinunter zu einem kleinen Steinkreis geführt. Hier machte ich mein Mudra und andere heilige Bewegungen. Dann wurde mir gesagt, ich solle auf dem Boden nach einem Geschenk suchen. Ich antwortete, daß ich kein Geschenk brauche. Jetzt hier zu sein sei für mich Geschenk genug. „Suche unter dem Stein zu deinen Füßen", beharrte die Stimme. Eine kleine weiße Feder schaute unter dem Stein hervor, die ich dankbar annahm.

Am nächsten Tag besuchten wir das schöne Iao Tal, die Begräbnisstätte vieler hawaiianischer Könige und Königinnen. Das Tal war mir so vertraut, daß ich für immer dort hätte bleiben können. Dann führte uns Makua zu einigen versteckt liegenden Meereshöhlen. Das Wasser war *eiskalt*, doch Makua sprang hinein und rief uns zu, ihm zu folgen. Wir schwammen hinter ihm in die Höhle, und plötzlich war er verschwunden! Wir entdeckten, daß wir unter der Rückwand der Höhle hindurchtauchen konnten und so in eine versteckte Kammer gelangten. Hier war das Wasser unbeschreiblich blaugrün. Ich genoß die köstliche, alles umfangende Stille. Makua zeigte mir einen steinernen Sitz im Wasser und sagte, daß dies der Ort sei, wo man um alles bitten könne. Dann ließ er mich allein. Was für ein herrlicher Ort für eine Einweihung!

Auf Kauai entdeckten meine Tochter Nova und ich den Ort, wo wir diesen Planeten zum ersten Mal betreten hatten. Wir standen am Rande eines tiefen Abgrunds, zerzaust vom erbarmungslosen Wind, und fühlten uns unbeschreiblich erfrischt. Die Zeit stand still, und wir spürten, daß wir zum Anfang zurückgekehrt waren. Ein Blick auf die Landkarte hatte uns hergezogen. Der Ort hatte uns gerufen. An diesem Tag vollendete sich irgend etwas Mächtiges in uns.

Danach reisten wir zur Großen Insel von Hawaii, besuchten Pele am Kilauea Krater und meine Lieblingslavaröhren. Dann wurde es Zeit für die hawaiianische Zeremonie Ho'oku'ikahi, eine Vereinigungszeremonie, die auf die Rückkehr zu den Sternen vorbereiten sollte. Bei dieser Zeremonie wurde das historische Aufeinandertreffen zweier rivalisierender hawaiianischer Könige in herrlichen Kostümen nachgespielt. Doch diesmal endete es anders, wodurch die alten Muster der Dualität geheilt und allen die Einheit gebracht wurde.

Brasilien

Im September reise ich nach Brasilien, eine weitere Vorbereitung für 11:11. Ich verbrachte die meiste Zeit in Sao Paulo, der größten Stadt des Planeten. Diese Stadt ist einfach unbeschreiblich! *(Stell dir vor, New York City, so weit das Auge reicht!)* Ich klemmte mir gleich einen Nerv im Rücken ein, was zur Folge hatte, daß ich die meiste freie Zeit im Hotel auf meinem Bett verbrachte und endlich einmal zum Nachdenken kam.

Brasilien vertiefte mein Mitgefühl. Ich schlug mich mit der Frage herum, was mit jenen geschehen mochte, die in der Dualität zurückblieben. Mußten wir wirklich durch die Pforte 11:11 (*wir müssen!*), und welches Geschenk konnten wir den anderen zurücklassen, um deren Weg zu klären? Es war eine kraftvolle Zeit der Heilung, der Offenbarung und der Einweihung. Ich war tief berührt von der starken Liebe, der Hingabe und der Schönheit unserer Sternenfamilie in Brasilien. Noch nie zuvor hatte ich Vorträge und Workshops mit Hilfe eines Übersetzers gehalten, doch es ging mühelos. Die Verschiedenheit der Sprache ist kein Hindernis, wenn man die Sprache des Herzens spricht!

Die Lektionen Orions

Bei unserer heiligen Suche nach der vollständigen Erinnerung spielt das Sternbild Orion eine wichtige Rolle, da es die Meisterschablone der Dualität für dieses dimensionale Universum ist. Wir unterlagen seit unserem ersten Abstieg in die Materie den Gesetzen der Dualität, und so machten wir bis heute fast all unsere Erfahrungen innerhalb der dualen Parameter. Nur dann, wenn wir uns in der Nicht-Zeit der Größeren Wirklichkeit befanden oder mit unserer Engelgegenwart oder unserem Sternenüberselbst verschmolzen, konnten wir uns aus diesen Grenzen befreien.

Die Karte von Orion ist gleichzeitig auch die Karte der Antarion Konversion. Diese Karte stellt nicht nur die Grenzen unserer dualen Erfahrungsmöglichkeiten dar, sondern enthält auch den Schlüssel zur Vollendung der Dualität. Außerdem weist sie den Weg zur bewußten Einheit in der Neuen Oktave der Größeren Wirklichkeit.

Das Sternbild Orion ist in drei Zonen unterteilt. Die obere Zone wird vom Stern Beteigeuze regiert. Hier befinden sich die Konzile des Lichts. Die untere Zone wird vom Stern Riegl kontrolliert und ist das Zuhause der Dunklen Herren. Im mittleren Teil des Orion befindet sich eine Überschneidungszone, die den Gürtel EL*AN*RA enthält. Man könnte dieses Gebiet „das Große Licht" nennen, da es die heilige alchemische Vereinigung von Licht und Dunkel - zu einem Sein verschmolzen - repräsentiert. In der Zone der Überschneidung dienen Lord Metatron und der Rat der Elohim.

Es ist außerordentlich wichtig, den Orion richtig zu verstehen. Deshalb habe ich diesem Thema ein ganzes Buch gewidmet (*EL*AN*RA - die Heilung des Orion*). Aus diesem Grunde will ich mich hier nicht groß damit aufhalten, dieselben Informationen zu wiederholen. Jeder von uns sollte erkennen, daß er sich sowohl auf diesem Planeten als auch innerhalb des größeren Spielfeldes, das ich Intergalaxis nenne, sehr häufig verkörpert hat. All diese Inkarnationen unterlagen den Strömungen der Dualität. Viele wurden als parallele Wirklichkeiten erlebt, was bedeutet, daß während ein Teil meiner selbst in Sternenschiffen herumflitzte und an großen intergalaktischen Kriegen teilnahm, ein anderer Teil gleichzeitig ein Leben auf der Erde verbrachte. Wenn du jetzt die Fassung verlierst, versuch es damit:*Keines dieser Leben war besonders wichtig, weil alle in der Illusion verankert waren!* Außerdem geschahen sie nur einem kleinen Teil deines wahren Seins.

Die Antarion-Konversion

Du kannst allerdings sicher sein, daß sich jeder von uns sowohl in den intergalaktischen Reichen als auch hier auf der Erde als Herr des Lichts *und* als Herr der Dunkelheit verkörperte. Denk daran, wir inkarnierten uns, um das ganze Spektrum menschlicher Erfahrungen durchzuspielen. Das bedeutet, daß jeder von uns alles war, und das nicht nur einmal! Wie in einem gut bestückten Repertoiretheater spielten wir jede Rolle. Wir legten dunkle Roben an und trugen sie voller Überzeugung, um sie dann gegen Gewänder aus Licht zu tauschen. Zwischen diesen beiden Fronten wechselten wir so lange, bis alles ineinander floß. Da wachten wir auf und erkannten, daß wir niemals nur Licht oder nur Dunkel gewesen waren. Innerhalb der Höchsten Wahrheit stammen wir alle von dem Einen, dem Größeren Licht, in welchem Licht und Dunkel in heiliger alchemischer Vereinigung verschmelzen.

Die erste Lektion Orions: Er ermöglichte uns, alle Extreme der Schablone der Dualität zu erfahren.

Die nicht annehmbare Wirklichkeit

Wenn du die Karte der Antarion Konversion studierst, kannst die zweite Lektion des Orion wahrnehmen. In der Mitte findest du die diamantförmige Zone der Überschneidung. Hier verschmelzen alle Gegensätze in der bewußten Einheit. Dies zeigt uns, was wir tun müssen, um über die Dualität hinauszuwachsen. Wir können uns entscheiden, unser Sein in der Schablone der Einheit zu verankern, und so die Fesseln der Dualität lockern. Sie beginnen zu verblassen, sobald wir erkennen, daß sie sowieso die ganze Zeit über nur Illusion gewesen sind.

Damit gelangen wir auf den Weg der wahren Freiheit. Wenn wir der Illusion der Dualität die Nahrung entziehen, indem wir sie nicht länger mehr für wahr halten, beginnt deren Lebenskraft zu schwinden. Dieser Schritt in die Meisterschaft ist für jeden von uns die Voraussetzung, um die Reise durch die Pforte 11:11 beginnen zu können.

Hier ist eine simple Geschichte, die ich bereits in zahlreichen Vorträgen auf der ganzen Welt erzählt habe, um diesen Punkt zu verdeutlichen:

Δ Δ Δ

Vor ein paar Jahren bereitete ich mein Buch *An die Sterngeborenen, Erinnerung für die Erwachten* für die Veröffentlichung vor. Etwa zur selben Zeit schickte mir eine Freundin ihre Visitenkarte, deren farbiger Foliendruck mir sehr gefiel. Mir war augenblicklich klar, daß solch ein Foliendruck das vollkommene Cover für mein Buch sein würde. Ich telefonierte mit mehreren Druckern in der Umgebung, doch niemand war imstande, diese Technik auszuführen. Dann rief ich meine Freundin an und fragte, wo sie ihre Karte hatte drucken lassen. „O", antwortete sie, „da lebte ich noch in Santa Fe. An den Namen des Druckers kann ich mich aber nicht mehr erinnern." Keine besonders ermutigende Nachricht!

„Gibt es keine Möglichkeit, ihn doch noch aufzutreiben?" fragte ich, da ich in wenigen Wochen durch Santa Fe kommen würde. „Die gibt es", antwortete sie. „Geh zu einem bestimmten Naturkostladen und stell dich vor die Eingangstür. Hebe deinen rechten Arm und geh genau in diese Richtung. Überquere die Straße und geh bis hinter alle Häuser, die du vom Laden aus sehen kannst. Dort ist die kleine Druckerei." Ich schrieb diese ungewöhnliche Wegbeschreibung nieder und glaubte fest, daß ich den versteckten Laden schon finden würde.

Als ich in Santa Fe ankam, begab ich mich auf schnellstem Wege zu dem Naturkostladen. Ich hatte nur wenige Stunden Zeit, deshalb wollte ich nichts falsch machen und hob vor der Eingangstür den rechten Arm. Ich überquerte die Straße und ging an allen Häusern vorbei, die ich von dort hatte sehen können. Wunderbarerweise fand ich wirklich eine kleine Druckerei. Ich war hocherfreut. Meine lange Suche war vorüber! Nicht ganz vorüber, wie sich gleich herausstellen sollte ...

Ich entdeckte nämlich, daß die Eingangstür des Ladens verschlossen war. Auf einem Schild stand in dicken unwiderruflichen Lettern: „Mittwochs geschlossen". Vielleicht kannst du dir denken, welchen Wochentag wir hatten! Was diese Geschichte interessant macht und warum ich sie überhaupt erzähle, ist meine Reaktion auf diese Entdeckung. In der Vergangenheit hätte es für mich drei Reaktionsweisen gegeben. Erstens, das Opfer: „Ach, ich Arme, jetzt bin ich den ganzen Weg gefahren, um diesen grausamen Schicksalsschlag zu erleiden. Warum ist das Leben so gemein zu mir?" Kennst du das vielleicht auch von dir?

Zweitens, der Zornteufel: „Wie können sie es wagen, am Mittwoch zu schließen! Was für ein Geschäft ist das denn eigentlich?" Wahrscheinlich hätte ich meinen Ärger mit einigen Fußtritten vor die Tür betont. Kommt dir das etwa bekannt vor? Und drittens eine Reaktion, die zugegebenermaßen etwas persönliche Kraft braucht. Du baust dich vor der Tür auf, beide Füße fest auf dem Boden, schickst eine starke Willensenergie aus Sonnengeflecht und Drittem Auge und befiehlst: „Tür, öffne dich!"

Um die Sache abzukürzen verrate ich dir, daß ich auf keine der drei Weisen reagierte. Ohne nachzudenken und ohne darüber zu meditieren, stand ich einfach ruhig da und las das Schild, wobei ich genau wußte, daß wir Mittwoch hatten. Ganz emotionslos, ohne auch nur die kleinste Energie hineinzugeben (*Achtung, dies ist das Wichtigste!*), sagte ich mir ganz ruhig, **daß dies keine annehmbare Wirklichkeit für mich wäre.** Dabei fiel mein Blick auf ein Fenster, welches einen Spalt offenstand. Ich spähte hindurch, sah Licht, und rief: „Entschuldigung, ist dort jemand? Ich weiß, es ist Mittwoch, doch ich bin von weither gekommen. Könnten Sie mich bitte hereinlassen?" Und sie taten es!

Nichts von alledem wäre geschehen, wenn ich mich der alten Dualität entsprechend verhalten hätte. Ich entdeckte, daß ich einen Hauptschlüssel gefunden hatte, um mich aus ihr zu befreien. Seitdem habe nicht nur ich dieses Mittel unzählige Male angewandt. Und weißt du was? Es funktioniert! Wenn die Dualität also das nächste Mal versucht, dich einzufangen und dich davon überzeugen will, daß sie wirklich ist, dann zwinge sie dazu, Farbe zu bekennen, indem du denkst: „*Diese Wirklichkeit kann ich für mich nicht annehmen!*" und dann schau, was geschieht! Du kannst zugucken, wie sie vor deinen Augen verblaßt ... Probiere dies bei allen so realistisch erscheinenden Hindernissen in deinem Leben aus und schau zu, wie sie sich in Nichts auflösen. „Diese Wirklichkeit kann ich für mich nicht annehmen." Natürlich mußt du dich in der Schablone der Einheit verankert haben, damit es klappt.

Die zweite Lektion Orions: Die Dualität ist eine nicht annehmbare Wirklichkeit.

Die neue Ausrichtung der Sterne

Die drei Sterne im Gürtel des Orion, die wir EL*AN*RA nennen (*in der traditionellen Astronomie werden sie Mintaka, Al Nilam und Al Nitak genannt*), sind die Hauptkontrollpunkte, die unser dimensionales Universum in Position halten. Zusammen mit Polaris, dem Polarstern, der unseren Planeten mit seiner Rotationsachse verbindet, indem er ihn auf den Goldenen Strahl fixiert, sind diese drei Sterne Schlüsselgebiete, die wir während unserer bevorstehenden Reise durch 11:11 im Auge behalten müssen.

Schon als kleines Mädchen suchte ich, wenn ich abends das Haus verließ, immer zuerst am Himmel nach EL*AN*RA. Wenn ich den Gürtel des Orion gefunden habe, kann ich mich entspannen, denn ich weiß, daß mein Durchgang nach Hause noch existiert. Während der letzten Jahre traf ich viele Menschen, denen es genauso geht.

Dies ist unmittelbar an die Neue Ausrichtung der Sterne gekoppelt, die im Jahre 1988 erkennbar wurde. Es gibt bereits jetzt Berichte von Astronomen, die in zuvor leeren Raumsektoren Sterne entdecken. Die Himmel selbst wandeln sich und richten sich, genau wie wir, neu aus. Bevor sich die Pforte 11:11 am 31. Dezember 2011 schließt, wird die Erde die Neigung ihrer Achse verändern. Sie wird sich nicht länger mehr auf den Polarstern ausrichten, sondern sich

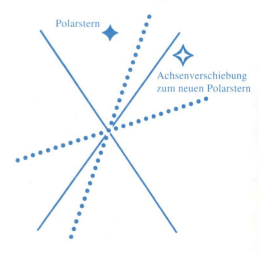

Polarstern

Achsenverschiebung zum neuen Polarstern

auf einer neuen Achse im Größeren Zentralen Sonnensystem der Neuen Oktave verankern. Wegen des gegenwärtigen planetarischen Bebens lockert sich der Unterbau der alten Achse bereits merklich.

Wahrscheinliche Realität

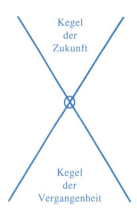

In der Quantenphysik gibt es den Begriff „wahrscheinliche Realität". Er umschreibt die Parameter dessen, was wir in unserem gegenwärtigen Dimensionsmuster erfahren können. Um alle Erfahrungsmöglichkeiten innerhalb der wahrscheinlichen Realität aufzuzeigen, wurde ein Diagramm erstellt, in dem diese Möglichkeiten entweder dem Kegel der Vergangenheit oder dem der Zukunft zugeordnet wurden. Mit anderen Worten: um für uns erfahrbar oder *überhaupt wahrnehmbar* zu werden, muß sich die Erfahrung entweder im Kegel der Vergangenheit oder dem der Zukunft befinden. Es ist wichtig, daran zu denken, daß sich diese Kegel nur auf die Schablone der Dualität beziehen.

Ich dachte lange Jahre darüber nach, was *jenseits* der Parameter unserer wahrscheinlichen Realität in den Reichen des Unbekannten oder Unsichtbaren existierte. Dies sind die neuen Gebiete, in die wir bei unserer Reise durch die Pforte 11:11 reisen werden.

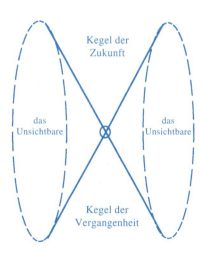

Ich weiß, daß außerhalb unserer wahrscheinlichen Realität ein neuer Polarstern existiert. Er ist natürlich nicht wirklich neu, da er bereits besteht, doch für uns *ist* er neu. Wenn wir irgendwann vor dem Jahre 2011 den Polsprung erleben, werden wir uns auf diesen neuen Polarstern ausrichten. Er wird unsere neue Position festigen.

Damit dies geschehen kann, können wir mit einer Lockerung der drei Sterne EL AN RA rechnen. Auch dieser Prozeß fängt bereits an. Viele haben bemerkt, daß sie sich nicht mehr in gerader Linie befinden: der mittlere Stern rutscht nach oben. Zum Schluß werden sie ein Dreieck bilden und damit anzeigen, daß die Dualität vollendet ist. (*Spät in der Nacht während unserer 11:11 Zeremonie in Ägypten sprach ein mir unbekannter ägyptischer Astrologe meine Freundin Kumari an. Er sagte, er habe gehört, daß auch sie Astrologie betreibe. Dieser geheimnisvolle Mann berichtete, die Ägypter warteten seit Jahrhunderten darauf, daß die drei Sterne im Gürtel des Orion ein Dreieck bildeten und daß er sehr glücklich über unsere Zeremonie sei! Nachdem er dies gesagt hatte, verschwand er wieder.*)

Die dritte Lektion des Orion: Der Orion ist die Karte unserer wahrscheinlichen Realität innerhalb der Schablone der Dualität.

Der Orion ist eine große Antarion-Konversion. Innerhalb seiner Zone der Überschneidung sind alle Gegensätze verschmolzen. Gegenwärtig stehen wir vor der schwierigen Aufgabe, diese Zone der Überschneidung in uns selbst zu schaffen, bis wir unwiderruflich in der Einheit verankert sind. Wenn wir es bis in diese Zone geschafft haben, sind wird bereit, durch 11:11 zu reisen, denn dort ist der Eingang.

Unser Weg nach Hause führt uns durch den mittleren Stern im Gürtel des Orion, AN oder Al Nilam. In diesem Stern befindet sich das allsehende Auge ANs. Er ist der Eingang zur Pforte 11:11. J.J.Hurtaks erstaunliches Buch „*Die Schlüssel des Enoch*" beschreibt die Verbindung des Horusauges mit dem allsehenden Auge Gottes in der Spitze der großen Pyramide. (*Schlüssel 205*). Damit beschreibt er denselben Prozeß: die Verbindung des allsehenden Auges ANs mit dem Auge des Einen. Wenn sich diese Augen in unserer Innen- und Außenwelt überschneiden, ist die Durchgangspforte geöffnet. Die Große Pyramide wird zur Antarion-Konversion, die Zone der Überschneidung ist aktiviert, und unsere große Reise beginnt...

Metatron

Metatron ist der Wächter der Zone der Überschneidung, jenem Ort verschmolzener Essenz, der sich inmitten der Antarion Konversion im Sternbild Orion befindet. Das bedeutet nicht, daß Metatron vom Orion stammt, sondern nur, daß dort die Zone der Überschneidung ist. Hier verankert Metatron die Schablone der Einheit mit der Spirale der Dualität.

Indem er die Einheit verkörpert, zeigt uns Metatron den Weg, die Dualität zu meistern, denn er ist der Meister der Dualität. Seine wahre Form ist ein gewaltig großer, unüberwindlicher Lichtstrahl, der aus dem Stern des Einen entspringt. Damit verkörpert er die Achse, die das Neue stabilisiert.

Man könnte Metatron den Hüter der Schwelle nennen. Bevor das Tor 11:11 geöffnet wurde, bestimmte er, wer in die neue Schablone eingelassen wurde. Metatron steht im Zentrum der Konversions/Inversions Zone, mitten in dem großen X. Er regelt die ein- und ausströmenden Energien und wacht über die Wesenheiten, die in dieses dimensionale Universum hinein und wieder hinaus wollen. Als Hüter der Schwelle wird Metatron dafür verantwortlich sein, die Pforte am 31. Dezember 2011 um Mitternacht wieder zu schließen. Er wird die Schablone der Dualität als letzter verlassen.

Außerdem hat er die Aufgabe, dem Konzil der Elohim vorzustehen. In Gestalt unserer Engelgegenwart haben wir alle einen Sitz in diesem Rat. Metatron hilft uns, unsere Engelgegenwart vollständig auf der Erde zu verankern. Der Rat der Elohim bereitet sich gegenwärtig darauf vor, sich zum ersten Mal in der Zone der Überschneidung zu verankern und kündet damit die Vollendung der Dualität an. Metatron ist auch das irdische Oberhaupt der Familie ANs. In ihm vereinen sich alle Gegensätze zu vollkommen reiner Einheit. Aus ihm entspringen die Zwillingsstrahlen des Leuchtturms von AN: ON und AN.

Die Aktivierung drei M

In jedem von uns ist ein heiliges Dreieck, welches aktiviert werden muß, bevor wir durch die Pforte 11:11 gehen dürfen. Die drei Scheitelpunkte dieses Dreiecks sind Liebe, Weisheit und Macht. Der Erzengel Michael hält die Stellung der Macht, was der Materie entspricht. Melchisedek ist der Hüter der Weisheit, des Mentalen, und Metatron verkörpert die Liebe und damit das Emotionale. Jeder Aspekt des heiligen Dreiecks ist auch in uns. Wir müssen die Einweihungen der drei Aspekte Michael, Melchisedek und Metatron nacheinander erhalten, um Liebe, Weisheit und Macht vollständig in unserem Sein aktivieren zu können.

In der Einweihung Michaels stehen wir fest verankert im Strahl und erlangen so wahre Ermächtigung. Das führt uns zur Einweihung Melchisedeks: die Ermächtigung öffnet uns die Pforte zur verborgenen Weisheit und gibt uns vollständigen Zugang zum Einen. Dann folgt die Einweihung Metatrons: durch die Verkörperung unserer vollen Gegenwart werden wir der Eine. Wenn dies vollbracht ist, sind wir bereit, die Aktivierung der drei Ms zu erfahren.

Die 3-M-Aktivierung kann man sich als drei Ms vorstellen, die sich einander so nähern, daß sie ein Dreieck bilden, welches die Zone der Überschneidung aufschließt. *(Diagramm 1)*

Dadurch entstehen drei Durchgänge für die Familien EL AN RAs, die sich letztendlich über die Schablone der Dualität erheben können. *(Diagramm 2)*

Während dieser Einweihung verschmelzen die drei Aspekte Liebe, Weisheit und Macht zu unlösbarer Einheit. Wir werden machtvoll liebend und machtvoll weise. Dann legen wir die Kleidung unseres Sternenüberselbstes an und sind bereit, unsere Göttliche Mission in der Unermeßlichkeit unseres wahren Seins zu erfüllen. Es ist Zeit, die unbekannte Reise in die Größere Wirklichkeit anzutreten.

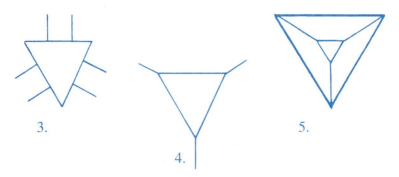

Die Familie ANs

Alle, die entschieden haben, sich in der Schablone der Einheit zu verankern, gehören zur Familie ANs. AN *(im Amerikanischen ON gesprochen)* kann unterschiedlich geschrieben werden „AN" oder „ON". Diese verschiedenen Schreibweisen bezeichnen zwei unterschiedliche Wege, auf denen das Sternenüberselbst ganz zu Anfang in die irdisch menschliche Form transformiert wurde. Die AN-Familie tauchte durch die Himmlischen Reiche hinab. Deshalb finden wir hier die Engel. Wenn du dich also mit der Schreibweise „AN" identifizierst, hast du dich lange Zeit in die Engelfrequenzen versenkt.

Die Schreibweise „ON" deutet mehr auf intergalaktische Verbindungen hin. Hier finden wir die verschiedenen Sternenkommandanten und Himmelsnavigatoren und jene, die wie zum Beispiel die Trons, mit der Intergalaktischen Konföderation verbunden sind.

Beide Linien, AN wie ON, entstammen der Energiequelle, die als Metatron in der Zone der Überschneidung im Gürtel des Orion verankert ist. Sie gehören alle dem Rat der Elohim an. Wenn du dich auch zu einer der beiden Abstammungen mehr hingezogen fühlen solltest, so bedenke, daß wir in Wahrheit beide Straßen benutzt haben. Jeder von uns ist alles gewesen!

AN bedeutet die Vereinigung von Sonne und Mond. Der Tempel AN in ANU, später Heliopolis genannt, war das älteste Einweihungszentrum im alten Ägypten. Der ägyptische Gott AN, der bei der Gründung Ägyptens eine wichtige Rolle spielte, vereinte Sonne und Mond in seinem Sein. In der Geschichte der Erde übte die AN-Familie einen tiefen Einfluß auf die Zivilisationen der Ägypter, der Assyrer, der Druiden und der Inkas aus. Willst du den Einfluß ANs in alten Zeiten ausfindig machen, dann suche nach Völkern, bei denen Sonne und Mond gleichermaßen angebetet wurden und wo Bruder und Schwester Mann und Frau wurden und als König und Königin regierten. *(In meinem Buch „El*AN*RA" stellt die Heirat des Sternenkommandan-ten AAladar mit dem Engel Kurala die Vereinigung ONs und ANs dar.)*

Dann brach auf der Erde eine Zeit an, in der die AN-Familie unsichtbar wurde. Die meisten äußeren Zeichen ihrer Existenz verblaßten einfach. All ihre großen Zivilisationen erreichten ihre Vollendung oder verschmolzen mit der Essenz. Die Leuchtfeuer ANs erloschen, und die Erinnerung an die Größe ANs schlief in den Herzen der Menschheit, so, als ob sie unter einer dicken Decke des totalen Vergessens begraben läge. Auf der Höhe dieser Amnesie begannen die Annuttara langsam, ihr Gedächtnis wiederzuerlangen.

Die höchsten Eingeweihten der Sternenbruderschaft der Og-Min, die Annuttara, sind die Wächter oder Ältesten der Familie ANs. Viele Annuttara, die sich gegenwärtig verkörpert haben, stellen ihr Leben in den Dienst der Familie ANs, indem sie die Mitglieder aufwecken. Die Aktivierung ANs hat bereits begonnen. Da die Annuttara die Schablone der Dualität bald schon verlassen, versuchen sie, die restliche Familie zu wecken, damit auch sie die Gelegenheit hat, in die Neue Oktave aufzusteigen.

Im Hinblick auf die drei Sterne im Gürtel Orions liegt der Stern ANs (*Emotion, Vereinigung und Liebe*) in der Mitte, um die gegensätzlichen Energien von EL (*Geist und Weisheit*)

Die Aktivierung von 11:11 / 111

und RA (*Materie und Macht*) in der Form des Dreiecks zu verschmelzen. AN ist das Haupttor. Hier beginnt der Durchgang 11:11 und unsere Reise in die Neue Oktave. Dies wird durch die Verbindung des Allsehenden Auges ANs mit dem Allsehenden Auge Gottes möglich, wodurch die Große Zentrale Säule, der Leuchtturm ANs, sichtbar wird.

Wenn wir unser Sein fest in der Großen Zentralen Säule unseres Sterns verankern, wird der Leuchtturm ANs aktiviert. Dies öffnet unseren Reisekanal. Sieh ihn vor dir: Schwingend, schimmernd, offen und bereit, wartet er darauf, daß wir eintreten.

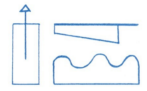

Ägyptische Hieroglyphe für den Leuchtturm ANs

Anaho

Dies ist ein Teil meiner Erinnerung an jene Zeit, als wir den neu geschaffenen Planeten besiedelten.

Vor der Zeit, die wir *Kolonisierung der Erde* nennen, stiegen mehrere Gruppen gottähnlicher, riesenhafter Wesen auf den Planeten hinab und ließen sich an verschiedenen, weit auseinander liegenden Orten nieder. Sie hatten die Aufgabe, große Zeremonientempel zu schaffen, die als Leuchttürme ANs und als Transformatorstationen für die herabsteigenden Sterngeborenen dienen sollten. Solch ein Platz ist unser geliebtes Anaho. (*Anaho ist der alte Name für Pyramid Lake in Nevada.*)

Auf der Insel Anaho wurde eine große Stufenpyramide errichtet, in der sich verschiedene Kammern befanden. Später wurde sie eine große Mysterienschule, in der die Eingeweihten der Sterngeborenen über die Techniken und Hilfsmittel unterrichtet wurden, die sie für die Erfüllung des Göttlichen Plans auf der Erde brauchten. Diese Pyramide wurde natürlich nicht mit den heute bekannten technischen Möglichkeiten erbaut. Sie wurde durch Lichtstrahlen und hoch spezialisierte Tonschwingungen geschaffen.

Bevor er auf den Planeten kam, versenkte sich jeder Sterngeborene an einem Ort des Wissens, der ihm bei der Erfüllung seines Teils im Göttlichen Plan half. In seine Zellstruktur wurden verschlüsselte Muster gepflanzt, die zu einem viel späteren Zeitpunkt wieder aktivert werden sollten. Dieses Einpflanzen geschah – wie wir es heute nennen würden – ganzheitlich durch Lichtimpulse und Klangströme. Zur Verschlüsselung wurden Frequenzimpulse ausgesandt, die den inneren Schaltkreis jedes einzelnen zu einem einzigartigen Mandala formten.

Diese hochschwingende Angleichung wurde in eine verzögerte Schwingungssequenz gebettet. Das bedeutet, daß bestimmte Schwingungsfrequenzen so programmiert wurden, daß sie nur in einer ganz bestimmten Zeit aktiviert werden konnten. Das ganzheitliche Muster würde so lange ruhen, bis es in ferner Zukunft genau die vorbestimmten Bedingungen für seine Aktivierung antreffen würde. Diese Bedingungen beinhalteten unter anderem eine gewisse Schwingungserhöhung des Planeten sowie ein erhöhtes Bewußtsein und größere Hingabe der beteiligten Menschen.

Wir wollen zum Zeremonientempel Anaho zurückkehren. Als die gottgleichen Wesen ihre Vorbereitungen abgeschlossen hatten, entschieden sich viele von ihnen, diesen Planeten zu verlassen und in ihre Ursprungsreiche zurückzukehren. Einige wenige blieben, um den Ort zu aktivieren und seine Bestimmung zu erfüllen.

Die Sterngeborenen hatten sich freiwillig gemeldet und sich auf ihren Abstieg zur Erde vorbereitet. Die Namensliste der Teilnehmer war hochrangig. Es täte uns wirklich gut, wenn wir uns erinnerten, daß die Erde nicht vom Abschaum der Menschheit, sondern von den besten und reinsten Wesen unzähliger dimensionaler Universen besiedelt wurde, die sich unter dem Banner der Liebe und des treuen Dienstes für den Einen zusammengefunden hatten.

Die Söhne des Arcturus, die Töchter Andromedas, die Schwestern der Plejaden, Sanat Kumara und Mitglieder seiner engsten Familie – die königlichen Kumaras von Shamballa und Venus – waren dabei. Es gab zahlreiche Wesen aus fernen Universen, die selten so weit gereist waren. Niemals zuvor hatte sich eine so außergewöhnliche Mischung zusammengefunden.

Die Sterngeborenen kamen freiwillig. Sie wußten, welchen Wert ihre irdische Erfahrung haben würde, und gaben bereitwillig ihre natürliche Form auf: die geflügelten Lichtkörper, die transparenten Körper aus flüssigen Sternenstrahlen, Körper, die Säugetieren, Reptilien, Fischen und Vögeln ähnelten, rein geometrische Körper und alle Formen von Klang. Alle kleideten sich in einen menschlichen Körper aus physischem Fleisch.

Man könnte sagen, daß sie wirklich ein großes Opfer brachten, und das stimmt auch. Obwohl jeder einzelne sich entschieden hatte, bei dem großen Abenteuer der Besiedlung der Erde mitzumachen, gaben sie doch viel dafür auf. Sie opferten nicht nur ihre wahre Form und verließen ihre Heimat für eine unbestimmt lange Zeit, sie gaben ihre Grenzenlosigkeit auf, ihr zeitloses Gefühl für Freiheit und Einheit.

Als die vorbestimmte himmlische Verbindung näherrückte, unterzogen sich die Freiwilligen intensiver Prozesse, um ihre Molekularstruktur so zu verändern, daß sie einen physischen Körper annehmen konnten. Die neuen menschlichen Körper hatten zwei Größen: Einige waren größer als das, was man heute als normal empfindet (*zwischen zweieinhalb bis drei Metern groß*) und andere viel kleiner (*zwischen fünf bis sechzig Zentimetern.*)

Die Sterngeborenen zogen sich lange helmartige Gebilde über die Köpfe. Dies sollte ihnen helfen, während ihrer Reise die verschiedenen Zusammensetzungen der Atmosphären zu verkraften. Die Helme überwachten die einströmende Luft, regelten den Zufluß bestimmter Elemente und veränderten allmählich die Zusammensetzung, bis sie zur Erdatmosphäre paßte.

Als die Helme richtig saßen, wurde jeder Freiwillige vorsichtig in einen hülsenartigen Behälter gelegt. Diese Hülsen glichen Eiern: große, weiße, hohle Ovale aus kristallener Materie. Danach fielen die Sterngeborenen in eine Art Scheintod. Der oberflächliche Beobachter mag diesen Zustand für

Schlaf halten, doch tatsächlich war es eher eine Art von erhöhtem Bewußtsein, ein so vollkommen in der Gegenwart gegründetes Sein, daß Bewegung unnötig wurde. So waren sie bereit, sich auf den Weg zu machen.

Als sich die richtige Verbindung himmlischer Muster zeigte, war alles fertig. Auf dem ganzen Planeten waren die Leuchtfeuer in den Pyramiden aktiviert und sandten ein ähnlich hohes Frequenzsignal durch die Lagen dimensionaler Universen.

Im gleichen Augenblick, in dem sich die Hülsen aus den fernen Himmeln auf den Weg machten, wurden die wichtigsten Zeremonienplätze auf der Erde, die Pyramiden, aktiviert. Die Hülsen senkten sich kreiselnd in freiem Fall die spiralförmigen Sternenwellen der Himmlischen Meere hinab. Die Zentrifugalkräfte verbanden sich mit der kristallenen Struktur der Hülsen und schufen so herrliche Mandalamuster, die nach außen strahlten. Diese Mandalas kann man auch heute noch in den abgeworfenen Hülsenteilen in Anaho erkennen.

Die Frequenzen der Pyramidenleuchttürme wurden hochtransformiert und nach weit oben ausgerichtet, wodurch sie die Hülsen langsam in das Gravitationsfeld der Erde lotsten. An verschiedenen ausgewählten Orten füllte sich der Himmel mit zahlreichen herabregnenden Hülsen, wie zum Beispiel in Anaho.

Hier und an anderen Orten (*wie am Titicacasee und am Victoriasee*) wurde der Aufprall der Hülsen durch das Wasser abgemildert. Sie tanzten und schaukelten auf dem nun dampfenden Wasser, bis sie sich genug abgekühlt hatten, um von den riesenhaften Wesen herausgefischt werden zu können. Trauriger weise verfehlten einige Hülsen ihr Ziel, zerschmetterten auf dem Boden und hinterließen verschieden große Krater. Ihre lange Reise war umsonst gewesen.

Die abgekühlten Hülsen lagen wie Dutzende weiße Eier an den Ufern der Seen, bis die Sonne sie langsam wieder erwärmte. Als sie sich genug erwärmt hatten, bekamen sie Risse, und bald war die Luft von Krachen und Knacken erfüllt, bis sich alle Hülsen geöffnet hatten.

Darinnen lag an seinen Sitz geschnallt der Sternreisende, den Helm über den Kopf gestülpt. Tief aus der Stufenpyramide der Insel Anaho wurde eine hohe Frequenz ausgesandt, welche von den Helmen empfangen und verstärkt wurde. Endlich, ganz langsam, begannen sich Hände zu bewegen, steife Finger lösten die Sicherheitsgurte und streiften die Helme ab. Mühsam kletterten die Sterngeborenen aus ihren Hülsen und legten sich geschwächt in die warme Sonne. Feucht klebten Haare und Kleidung am Körper, und bald fielen sie in tiefen Schlaf.

Als sie erwachten, hatte sich viel verändert. Die Riesen hatten die Hülsen in den Hügeln aufgeschichtet und die Helme unter einem Haufen Steine vergraben, kurz, sie hatten alle Spuren des ungewöhnlichen Ereignisses verwischt. (*Wenn du dich jedoch sorgfältig umschaust, wirst du den Hügel der Helme in Anaho auch heute noch finden.*)

Danach wurden die Neuankömmlinge auf eine flache Barke geführt, zur Insel Anaho übergesetzt, willkommen geheißen und in die Stufenpyramide gebeten. Ihre irdische Einweihung hatte begonnen...

*Wenn die Schleier der Dualität
vor dem herrlich neuen Morgen endlich fallen,
wenn ich meine letzten Schritte
durch die Korridore des Einweihungstempels lenke,*

*halte ich inne, warte auf ein Zeichen,
damit ich keinen Fehler mache,
damit ich nicht vom Weg abkomme,
damit ich auch die letzte Prüfung gut bestehe.*

*Langsam, aber beständig,
gebe ich die Ganzheit meines Seins
in das heilige Feuer
und warte auf das Zeichen der Erneuerung.*

*Äonenlang gab ich alles,
versah gehorsam meinen Dienst,
doch eine neue Herausforderung steht vor mir.
Ich reinige mein Inneres, Schicht um Schicht,
bis auf den tiefsten Kern,
der nackt, weit offen, schutzlos und verletzlich
vor mir liegt.*

*Ich heiße diese letzte Zerstörung willkommen,
denn sie befreit mich von den Illusionen.
Wie Phönix aus der Asche will ich mich erheben,
neu geboren ... unbehindert ... frei!*

Die Zeit der Vollendung

Wir stecken mitten in der Zeit der Vollendung, einer Zeit, in der sich zwei Schablonen überlappen und eine Übergangszone schaffen. *Hier beginnt ein neuer Entwicklungszyklus, während der alte gleichzeitig zu Ende geht.*

Die Reise durch diese Übergangszone steckt voll ungeheurer Herausforderungen. Sie stellt sich als Leben in zwei völlig unterschiedlichen Welten mit verschiedenen Grenzen dar. Vielleicht machst du die Erfahrung, daß du versuchst, mit zwei entgegengesetzten Wirklichkeiten klarzukommen, die beide nichts miteinander zu tun haben. Zum Beispiel könntest du erleben, daß du an ein- und demselben Tag in der Schablone der Dualität unangenehme Dinge erlebst, während du in der Schablone der Einheit nur liebevolle Leichtigkeit erfährst. Dies ist nicht nur verwirrend, sondern außerdem eine gewaltige Herausforderung an uns, unser Gleichgewicht in der Mitte der beiden getrennten Wirklichkeitssysteme zu bewahren. Jene Tatsache spiegelt sich auch in unserem Wetter: herrlicher Sonnenschein wird plötzlich von heftigen Regenschauern unterbrochen. Das Wetter wird immer weniger vorhersehbar und veranschaulicht ausgezeichnet die sich um uns verändernden Energien.

Diese Übergangsphase macht viele Leute verrückt. Selbst jene von uns, die wissen, was geschieht, finden es ziemlich schwierig, ihr Gleichgewicht zu wahren und das Ziel nicht aus den Augen zu verlieren. Wahrscheinlich werden wir erleben, daß sich viele Menschen entscheiden, ihren Übergang über den Tod zu machen. Einige tun das, weil sie vollendet haben, weswegen sie gekommen sind, während andere lieber ihren physischen Körper verlassen als diesen Prozeß zu durchleben. Während der intensiveren Perioden fühlen wir uns wie auf einem Schlachtfeld.

Es ist eine mächtige, herausfordernde Zeit, eben eine Zeit der Vollendung. Sie ist mit den Wehen zu vergleichen, die einer Geburt vorausgehen. Unser Leid ist notwendig, um das Neue zu gebären. Es ist keine leichte Zeit und darum entscheidend wichtig, daß wir vollkommen bereit sind und uns auf unser Ziel konzentrieren, denn dies wird uns hindurchhelfen.

Die ausströmende Flut

Wir wissen alle, daß die Dualität im Sterben liegt und ihre unzähligen Illusionen bloßgestellt werden. Jeden Tag sind die Zeitungen voller schockierender Enthüllungen über Korruption, Betrug, Dekadenz und Neid. Machtmißbrauch läßt sich nicht mehr verheimlichen. Alles, was auf dem Fundament der Illusion errichtet wurde, zerbröckelt. Unsere heiligsten Institutionen, ob Regierung, Kirche, Bildungswesen, Medizin oder Wirtschaft werden in ihren Grundfesten erschüttert. Die Weltwirtschaft ist außerordentlich störungsanfällig, die Umwelt wird immer noch vergewaltigt und ausgebeutet, die Reichen versklaven weiterhin die Armen, und Krankheiten geraten außer Kontrolle. Gewalt beherrscht nicht nur die verschiedenen Kriegsgebiete, sondern auch unsere Großstädte. Täglich gelangen diese Nachrichten über das Fernsehen, über Zeitungen und Filme in unsere Häuser, bis wir der Tatsache gegenüber, daß Gewalt keine annehmbare Wirklichkeit ist, hoffnungslos abstumpfen.

Doch dies sind alles nur Zeichen für die Zeit der Vollendung. Wir – und die Erde – haben lange mit diesen geheimen Krankheiten gelebt. Wenigstens kommen sie, wie Blasen oder Pickel, jetzt endlich an die Oberfläche, damit sie gereinigt und geheilt werden können. Dies spiegelt uns außerdem unseren eigenen Reinigungsprozeß. Der Mißbrauch von Kindern bedeutet, daß Teile der Menschheit sich an ihrem inneren Kind vergreifen. Daß Männer oder Frauen nicht gleichberechtigt sind, ist ein Zeichen dafür, daß sich unsere eigenen Gegensätze nicht im Gleichgewicht befinden.

Nach der Auflösung der Sowiet-Union begannen die verschiedenen Volksgruppen, ihre eigene Nationalität fanatisch zu betonen. Wir sollten diese Tendenz jedoch nicht als Entfernung von der Einheit verstehen. Wie das I Ging so treffend feststellt: „Wir müssen uns trennen, um uns zu vereinen." Zuerst muß man erkennen, wer man ist und im eigenen Ermächtigungsstrahl stehen, bevor man sich mit anderen in Einheit zusammenfinden kann. Schließlich wird auch dies geschehen.

Es hilft in diesen schwierigen Zeiten sehr, den Überblick zu behalten. Ein einfache Möglichkeit ist, daß du dich in dein Sternenüberselbst erhebst und den Planeten von oben betrachtest. Schau dir die Menschheitsgeschichte in der Schablone der Dualität wie einen Kinofilm an. (*Und vergiß dein Popcorn nicht!*) Beobachte die Mißtöne, die Anstrengungen, das ganze heißblütige Drama dort unten. Sieh, wie Reiche sich erheben und fallen, große Dynastien geboren werden und sterben, wie wir uns verlieben und trennen und jedes Mal denken: „Das ist es endlich!", während wir so leicht und gedankenlos in und aus den Verkörperungen schlüpfen, als ob wir die Kleider wechselten.

Wenn du genug gesehen hast, um das Bild, *das große Bild* zu verstehen, dann hab es nicht so eilig, dich wieder klein zu machen, um im Bild der Dualität zu verschwinden. Vielleicht hast du genug gesehen, um zu erkennen, daß du gar nicht in das kleine Bild zurückkehren möchtest. Doch brauchst du auch nicht schreiend aus dem Kino zu stürzen. Möglicherweise bist du bereit, etwas anderes auszuprobieren, etwas Dauerhaftes und Wirkliches, wie die Dinge, die in der Einheit gründen.

An dieser Stelle kannst du dich entscheiden, ob du nicht lieber im großen als im kleinen Bild leben willst, was bedeuten würde, daß du *dein Sein in der Einheit verankerst.* Es ist möglich, so ein Leben auf der Erde zu leben. Tatsächlich ist es nicht nur möglich, sondern höchst empfehlenswert, weil danach alles viel mehr Sinn machen wird! Vor allem aber ist es eine Frage der Meisterschaft, ja, des Überlebens! Es bedeutet Aufstieg, den Aufstieg über all das Chaos, die Verrücktheit, die Unsicherheit und Illusion der Dualität.

Wenn du dein Sein in der Einheit verankert hast, wird alles leichter werden. Die Schwierigkeiten bleiben jedoch so lange bestehen, bis wir in unseren Inseln des Lichts in unserem eigenen Energiefeld leben. Wir sind immer noch dabei, alle Restbestände der Dualität in uns loszulassen. Sie steigen ständig an die Oberfläche, damit wir uns mit ihnen befassen können. Es ist nicht der angenehmste Teil unserer Reise, doch höchst notwendig, damit wir fortfahren können.

Wir sind außerdem ständig herausgefordert, das Neue zu intergrieren und es in unserer physischen Wirklichkeit zu verankern. Alles muß vollständig vom Körper aufgenommen und verarbeitet werden. Die höheren Frequenzen unseres Lichtkörpers müssen sich so mit unserem physischen Körper verbinden, daß zwischen beiden keine Trennung mehr besteht. Wir sollten lernen, uns Zeit zu nehmen, um unsere Erfahrungen zu integrieren. Und dann müssen wir mit der alten hundertprozentigen Hingabe weitermachen und uns auf das konzentrieren, was bestehen bleibt.

Die letzten Tage

Wir befinden uns jetzt in den letzten Tagen der Zeit der Vollendung, einer Periode, die vom Anfang des Jahres 1992 bis zum Ende des Jahres 2011 dauert. In diesem Zeitraum werden wir eine ungeheure, fast nicht vorstellbare Erfüllung erleben. Denk einfach einen Augenblick darüber nach. Bis zum Jahre 2012 werden wir folgendes erreicht haben:

Wir verlassen das System unserer Großen Zentralen Sonne und damit die Schablone der Dualität. Wir werden die Landkarte der Antarion-Konversion meistern und den Orion von innen nach außen kehren. Die drei großen Sternfamilien EL, AN und RA werden ihren Dienst auf Erden beenden. Die Legionen des Erzengels Michael werden sich auflösen. Die Order Melchisedeks wird ihre geheimen Mysterien enthüllen und in die Himmelshöhlen der Og-Min zurückkehren. Die Annuttara werden sich nicht länger in menschlichen Körpern inkarnieren. Wir werden uns mit unserer wahren Liebe vereinen. Feen, Gnome und Elfen werden in ihre Heimat in den Nebeln der Magellanwolke zurückkehren. Die erste Welle hat ihren Vertrag erfüllt und wird frei sein, bis zu Oktave Elf zu reisen. Die zweite Welle wird auf Oktave Sieben das Neue verwirklichen. Die Erde wird wieder unbefleckt und rein sein. Die aufgestiegenen Meister werden von ihrem Dienst an der Welt der Form befreit. Wir werden die nächsten aufgestiegenen Meister.

Die Vollendung der Mythen

Es ist faszinierend, daß sich in diesem Zeitraum auch die Mythen vollenden werden. Die verborgenen, noch nicht vollendeten Teile unserer weltlichen Mythologie werden jetzt beendet. Zum Beispiel vollenden sich im Jahr 1992 Elemente der Legende von Isis und Osiris. (*Darüber werde ich in meinem nächsten Buch berichten.*) Viele alte Völker der Erde haben Mythen und Prophezeiungen, die unsere bevorstehende Rückkehr zu den Sternen beschreiben. Die Zeichen manifestieren sich bereits und verkünden, daß die Zeit gekommen ist. Die großen Mysterien von Atlantis und Lemurien werden endlich vollständig offenbart.

Die Vollendung der Mythen während dieser letzten Tage bringt den Kreislauf zurück an den Ort seines Beginns. Unser erster Zyklus auf der Erde findet sein Ende. Wenn der Ouroboros das letzte Stückchen seines Schwanzes abbeißt, wird der irdische Einweihungszyklus unwiderruflich mit dem Zyklus der Sterneneinweihung verbunden. Wenn dies geschieht, werden wir erkennen, daß das Ziel aller irdischen Einweihungen unsere Rückkehr zu den Sternen und zu unserer vollständigen Erinnerung war, unsere Rückkehr zu dem Einen!

Vorbereitende Einweihungen: Teil 3

Im Oktober 1991 unternahm ich eine weitere Reise, die den Weg für die Öffnung der Pforte 11:11 klären sollte. Was ich nicht erwartet hatte, war, daß ich mich selbst dabei so tiefgreifend verändern würde. Der Wandel war vollständig und überwältigend und kam vollkommen überraschend. Ich kann wirklich sagen, daß ich nach jenen drei Wochen als ein anderer Mensch nach Hause kam.

Unser erstes Ziel war London. In England sollte ich vier Vorträge und ein Seminar halten. London fühlte sich wunderbar an, vertraut und belebend, fast wie zu Hause, denn ich hatte vor zwanzig Jahren immerhin fünf Jahre in dieser Stadt gelebt. Meine Vorträge in Edinburgh, London und Portsmouth waren erfolgreich, und wir trafen viele helle Sternenwesen, alle im Dienste des Einen.

Stonehenge

Dann kam die Fahrt nach Glastonbury ... Da wir an Stonehenge vorbeikamen, beschlossen wir, dort eine kurze Rast einzulegen und an einer Erfrischungsbude Tee zu trinken. Ich interessierte mich nicht für Stonehenge, da ich schon oft dagewesen und außerdem ganz sicher war, daß die Energien dort alt und leblos geworden waren. Selten habe ich mich so geirrt!

Unschuldig näherte ich mich dem Seil, das die riesigen Monolithe umgibt, und staunte: Die Steine waren bereits in der Schablone der Einheit verankert! Ich konnte es ganz deutlich spüren. Stonehenge war bereit, durch die Pforte zu gehen! Es gab nicht den kleinsten Hinweis auf alte, abgestandene Energien. Alles strahlte in schillerndem Licht.

Für mich völlig unerwartet, war meine eigene starke Reaktion auf diese lieben, alten Steine. Ich erkannte in ihnen einen Teil meiner Familie ANs. Es war erstaunlich: Jeder Stein glich einem geliebten Familienmitglied. Ihre Namen und ihre Charaktere waren mir vollkommen vertraut. Überwältigt von Liebe und Zärtlichkeit begann ich, gleichzeitig weinend und lachend, zu ihnen zu sprechen. Sie hießen mich sanft willkommen, waren glücklich, mich wiederzusehen, und baten mich, von meinen Erfahrungen draußen in der Welt zu erzählen. Es war wie eine Familienzusammenführung. Die Königin selbst, ein großer, dünner, feiner, flacher Stein ließ mich ihr zartes schönes Gesicht sehen und schenkte mir ihre Liebe.

Ich erkannte plötzlich, daß ich vor langer, langer Zeit eine von ihnen gewesen war. Vielleicht war ich einer der fehlenden Steine. Ich berichtete ihnen über das Tor 11:11 und half ihnen, sich auf den Heimweg vorzubereiten.

Glastonbury

Wir kamen am späten Nachmittag in der Stadt an und begaben uns gleich zum Glastonbury-Tor. Da Glastonbury einer der mächtigsten Wirbelpunkte des Planeten war, diente er auch der Dualität als wichtiges Schlachtfeld. Während ich die Serpentinen zum Gipfel des Hügels emporstieg, prüfte ich sorgfältig die Energien und kam zu dem Schluß, daß sie noch nicht genügend gereinigt waren. Oben angekommen, setzte ich mich, um zu spüren, ob der Hügel sich immer noch hohl anfühlte. Genauso war es; ich konnte seinen Atem unter mir wahrnehmen.

Bei Glastonbury-Tor habe ich stets das Gefühl von Hohlheit, als ob er aus einem Stück gespannter Leinwand bestünde, die, um das Ganze natürlich aussehen zu lassen, mit Erde und Gras bedeckt ist. Er ist kein normaler Hügel; er ist innerlich hohl und lebendig. Wie bei meinem letzten Besuch vor über zwanzig Jahren begab ich mich in die Steinkammern tief in seinem Innern. Es gab dort leuchtendblau gekachelte Becken, in denen Springbrunnen sprudelten, die von klarstem Quellwasser gespeist wurden.

Ein Gefühl müder Trauer überflutete mein Inneres wie eine Welle abgestandenen Nebels. Armes altes Glastonbury von der Ersten Welle! Es ist so erschöpft, und doch versieht es immer noch seinen Dienst, erduldet immer noch den Mißbrauch seiner Energien und läßt sich von der Dualität bombardieren. Ich versprach, alles zu tun, um ihm zu helfen.

An diesem Wochenende hielten wir in Glastonbury einen sehr schwungvollen Workshop. Die Teilnehmer kamen aus ganz England, einschließlich einer größeren Gruppe aus Schottland. Es waren sogar zwei Australier dabei, die Anfang des Jahres mein Seminar in Melbourne mitgemacht hatten, und Freunde aus Amerika. Die Gruppe war außerordentlich fortgeschritten und kam in konzentrierter Absicht zusammen. Unsere Einheit war so groß, daß wir die Bewußtseinsebene erreichten, die man „Konzil des Einen" nennt.

Wir riefen gemeinsam die Schablone der Einheit herunter und verankerten sie tief im Tor. Das bedeutet natürlich nicht, daß Glastonbury-Tor jetzt vollkommen rein geworden ist; das wird noch eine Weile dauern, da so viele Menschen mit so unterschiedlichen Energieebenen dorthin gehen. Doch ich weiß, daß ein harter Knoten schwarzer Magie für immer gelöst wurde. Obwohl die äußere Form bestehen bleiben mag, ist die Wurzel entfernt, so daß die äußeren Ausdrucksformen immer transparenter werden, bis sie sich in die vollkommene Einheit auflösen.

Beim Abendessen nach dem Seminar geschah etwas Merkwürdiges. Ich saß mit einem Begleiter in einem italienischen

Restaurant. Plötzlich kam ein Kellner, der an einem ganz anderen Tisch bediente, und sprach mich auf Spanisch an! Ich hatte keine Ahnung, woher er wußte, daß ich etwas Spanisch sprach, da selbst mein Begleiter nichts davon wußte. Der Kellner erzählte mir von einem ganz besonderen Stein, den er in den letzten fünfunddreißig Jahren immer bei sich getragen hatte. Er sagte, dieser Stein sei das Wertvollste, was er besitze.

Sein Stein habe ihm gesagt, daß er von mir gesehen werden wolle. Der Kellner legte einen großen glatten Stein in meine Hand, und meine Finger schlossen sich um ihn. Dann eilte der Mann zu seinen Gästen. Ohne den Stein angeschaut zu haben, schloß ich meine Augen. Ja, ich konnte spüren, daß er etwas Besonderes war, denn Energiewellen durchfluteten meinen Körper. Der Stein war sanft und weich und strahlte etwas aus, das ich am ehesten mit „ermächtigter Liebe" umschreiben würde. Schließlich öffnete ich die Augen und sah, daß der Stein ungewöhnlich konisch geformt war. Seine Farbe spielte von Blaßorange über Gelb ins Weiß. Wahrscheinlich war es Alabaster oder ein ähnlich weicher Stein, ganz anders als alles, was ich je gesehen hatte.

Als der Ober zurückkam, fragte ich ihn auf Spanisch, wo er diesen wunderschönen Stein gefunden habe. „In Ägypten", antwortete er, „in einem Haufen Kiesel nahe der Großen Pyramide, als ich fünfzehn Jahre alt war." Noch Stunden später konnte ich die Veränderungen spüren, die der Stein in meinem Körper verursacht hatte, und wußte, daß dies eine Vorbereitung auf meine kommende Ägyptenreise war.

Schweden und Norwegen

Wir reisten nach Stockholm, um dort zwei Vorträge zu halten. Bei unserer Ankunft sagte uns der Veranstalter, daß wir nicht im Hotel einquartiert, sondern statt dessen Gäste eines einzigartigen Hauses, eines Lichtzentrums ungefähr eine Autostunde nördlich von Stockholm an der Schärenküste, seien. Zuerst war ich nicht sehr begeistert. Auf meinen Reisen habe ich an den seltsamsten Orten übernachtet und ziehe jetzt die ruhige Anonymität eines modernen Hotels vor. Doch ich entschloß mich, das Angebot zu prüfen.

Von außen war das Anwesen einfach und schmucklos, nur eine lange Mauer mit Toren. Als wir jedoch durch das Eingangstor in den inneren Hof fuhren, begann ich, die dort herrschende Ebene feinschwingender Energien zu spüren. Völlig überrascht, erkannte ich einen buddhistischen Steingarten, ich sah Wasserfälle, Springbrunnen, große, sich drehende Spiegelpaneele, Apfelbäume, lebensgroße Ibisstatuen und viele weiße Tauben. Es war überwältigend!

Die Innengestaltung des Hauses war noch erstaunlicher. Es gab große Glaspyramiden; in den Badezimmern waren alle Wände und Decken mit Spiegeln verkleidet; hier und da standen große Engelstatuen; überall gab es Spiegel. Ich fühlte, wie meine Energie immer höher schwang, um sich an die Frequenz dieses Hauses anzugleichen. „Wir haben soeben einen Einweihungstempel der Sterne betreten", dachte ich.

Dieser herrliche Tempel stand unmittelbar am Meer und war von wunderbar gestalteter Landschaft umgeben. Hoch über dem Wasser stand eine große, auf einer Röhre stehende silberne Kugel, die sich drehte, wenn man sich hineinsetzte, was ich tat. Ich schloß die Augen, und als ich sie wieder öffnete, entdeckte ich, daß ich über das Wasser flog. Zwischen Felsen und Bäumen versteckt, stand eine Pyramide aus Glas und Spiegeln, die man durch Berührung eines Spiegelpanels öffnen konnte. Drinnen befand sich eine Treppe, die zu einem höher gelegenen Raum führte. Ich glaubte, im Himmel zu sein, oder besser gesagt, daß der Himmel endlich herabgestiegen war.

Der ganze Ort war mir lieb und vertraut, so, als ob ich in den Sternenreichen viel Zeit an einem ähnlichen Platz zugebracht hätte. Stell dir vor, du gehst morgens, die Zahnbürste in der Hand, ins Badezimmer, schaltest das Licht an und findest dich bis ins Unendliche vervielfältigt. Einige Äonen später kehrst du zurück und wunderst dich über das merkwürdige Ding in deinen Händen.

Am liebsten war ich im Meditationsraum. Wenn man die Spiegel und die Lichter in der achteckigen Decke klug kombinierte und Glaspyramiden auf den achteckigen Spiegel in der Mitte des Raumes stellte, war die Wirkung ganz einzigartig, das vollkomene Duplikat des Lichtturms von AN. Durch einen Turm Weißen Lichts konnte man nach oben und nach unten in die Ewigkeit schauen. Es war wirklich überwältigend! Ich erkannte, daß jeder diese Wirkung erzielen konnte, denn die Realisierung kostete nicht viel Geld. Du brauchst natürlich die Bewußtseinsebene, um dir so etwas überhaupt vorstellen zu können.

Der Besitzer dieses Hauses war ein ungeheuer tiefer, demütiger Mann, der sich ausschließlich von Früchten ernährte, die er in einer großen Glaspyramide im Wohnzimmer aufbewahrte. Wir meditierten einige Male zusammen und genossen die kraftvolle Stärke der Energien. Er schien entzückt zu sein, die erstaunlichen Schwingungen seines Hauses mit uns teilen zu können, und erklärte, daß dies ein geheimer Ort der Heilung und der Einweihung für die spirituellen Führer des Planeten sei, was genau meinem Gefühl entsprach.

Die zwei magischen Tage, die wir dort verbrachten, waren ein großartiges Geschenk. Die Energien glichen denen meines eigenen Hauses, das ganz weiß, durchsichtig, hochschwingend und sternenhaft ist, nur, daß die Frequenz dort noch viel höher schwingt. Es gab mir ungeheure Einblicke in neue Formen der Architektur und der inneren Gestaltung unserer Inseln des Lichts, Formen, die uns erlauben, die Sternentempel auf die Erde zu bringen. Und es gab mir die Hoffnung, daß wir so lange einen Körper behalten können, wie wir imstande sind, die Schwingungen der Materie unserem fortwährenden Aufstieg in die neuen Reiche des Lichts anzugleichen.

Danach fuhren wir nach Oslo in Norwegen, das mir sehr gut gefiel. Ich hielt einen langen Vortrag und danach ein

Wochenendseminar, das von einer großen Gruppe Menschen aus ganz Skandinavien besucht wurde. Wir hatten viel Freude an Oslo und unseren neuen Freunden, genau das, was wir brauchten, bevor wir uns nach Ägypten aufmachten.

Ägypten

Wir kamen mitten in der Nacht in Ägypten an. Ich hatte weder Vorträge noch Seminare zu halten. So lagen fünf freie Tage vor uns, um uns alle innerlich und äußerlich auf das Öffnen der Pforte 11:11 in drei Monaten vorzubereiten. Als wir durch die verlassenen Straßen Kairos fuhren, überwältigte mich die Ähnlichkeit der Seitenstraßen dieser Stadt mit Ra-Matah, der Hauptstadt des Planeten Rigel, die ich in *EL*AN*RA* genau beschrieben habe.

Unser Hotel in Gizeh war prachtvoll wie ein arabischer Palast. Betäubt saßen wir während des Eincheckens in der Hotellobby und dachten daran, daß wir am Morgen noch in Oslo gewesen waren. Welch ein Unterschied!

Am späten Vormittag traten wir hinaus auf den Balkon, und da waren sie! Die Cheops- und die Chephrenpyramide lagen überwältigend machtvoll und majestätisch im Sonnenlicht. Jetzt wußte ich, warum dies ein Meistergitter-Wirbel war! Ich bin wirklich an Kraftorte gewöhnt, doch dies war mit Sicherheit die stärkste Energie, die ich je angetroffen hatte.

Nachdem das Zimmer gemacht worden war, legte ich mich wieder hin, um meine Energie anzugleichen. Sobald ich auf dem Bett lag, begann ich Dinge zu sehen: Farben, Lichtblitze, das gewöhnliche Zeug. Doch dann geschah etwas Interessantes: Mein Körper hob sich in die Lüfte und flog direkt zur Großen Pyramide. Ohne zu verlangsamen, durchdrang er die Wände der Pyramide (*am Eingang vorbei, denn für bestimmte Erfahrungen brauchst du keine Eintrittskarte*), und ich landete sanft im Sarkophag der Königskammer.

Hoch über mir schwebte eine weiße Lichtkugel; als ich mich darauf konzentrierte, fühlte ich mich durch das Weiße

Licht in die Kugel gehoben. Ich lag jetzt oben auf dem Licht und ruhte wie auf einer Wolke. Eine blaßgoldgelb getäfelte zierliche Kristallkuppel, die in der klaren Reinheit der Essenz schimmerte, umgab mich. Plötzlich begann sie sich zu öffnen...

Ich schwebte immer höher und sah über mir wunderschön schimmernde Wolken. Einige dieser Wolkenfetzen öffneten sich und gaben den Blick auf eine unaussprechlich strahlende Sonne frei, deren unermeßliche Größe jeder Vorstellung spottet. Ehrfürchtig erkannte ich die Größere Zentrale Sonne. Kraft meines Willens stieg ich noch höher und versuchte, die Sonne zu erreichen, doch obwohl ich immer höher schwebte, gelang es mir nicht. (*Später war ich sehr dankbar dafür, denn ich hätte meinen Körper wahrscheinlich verloren, wenn ich es damals geschafft hätte!*)

Als ich erkannte, daß ich nicht weiterkam, bat ich um den Schlüssel für die nächste Sterneneinweihung. Mit diesem Schlüssel wollte ich zurück zur Erde, um den anderen bei ihrem Gang durch die Pforte 11:11 zu helfen. Augenblicklich senkte sich eine große, rechteckige, durchsichtige Tafel von der Sonne herab, drang in meinen Kopf und füllte meinen gesamten Körper aus. Mein physischer Körper, der auf dem Bett lag, machte eine wilde, ruckartige Bewegung, als sich die Tafel in meinen Leib senkte. Dann schwebte ich langsam wieder in die Kristallkuppel zurück, um den ganzen nächsten Monat dort zu verbringen ...

Ganz früh am folgenden Morgen, bevor die Pyramide für den Publikumsverkehr geöffnet wurde, verbrachten drei Mitglieder unserer Gruppe eine Stunde in der Königskammer. Alle Lichter waren bis auf eine kleine Kerze, die wir selbst mitgebracht hatten, ausgeschaltet. Als ich ruhig im Dunkel saß, stand plötzlich Toth mit seiner berühmten Waage vor mir. „Oh, nein, er wird doch nicht die Reinheit meines Herzens mit einer Feder aufwiegen", dachte ich. Und natürlich geschah genau das! Mein Herz wurde auf die Waagschale gelegt, und es sank gefährlich tiefer und tiefer. Dann ließ ich meinen Zynismus los und atmete mich in mein Sternenüberselbst. Gerade noch rechtzeitig begann sich mein Herz wieder zu heben, bis es ganz oben schwebte.

Toths Lächeln wurde zu einem Lachen. „Keine Sorge", sagte er, „wir werden dich nicht mehr prüfen. Du hast die alten Einweihungen alle schon hinter dir. Wir dachten, es würde dich freuen, daß dein Herz jetzt wirklich leichter ist als eine Feder!",

Dann erschien die Göttin Isis mit vielen anderen Gottheiten des alten ägyptischen Pantheons. Alle freuten sich, mich zu sehen. Sie schienen schon lange auf mich gewartet zu haben, so, als ob ich sie als Königin des Himmels besuchte. (*Bitte verstehe, daß ich diese Geschichte nicht erzähle, um mich selbst zu erhöhen. Es ist das, was ich erlebte, und ich versuche, alles genau wiederzugeben.*)

Ich berichtete ihnen von der Pforte 11:11 und daß die Zeit der Vollendung nahe sei. Dann saß ich still in der Weite der Großen Pyramide und hielt das Tor für sie geöffnet, damit sie die Energien der anderen Seite erfahren konnten. Ein Gefühl ungeheurer Liebe strahlte machtvoll durch die Pyramide. Die Götter und Göttinnen überschütteten mich dankbar mit ihrer Liebe und ihrer Unterstützung.

Während der nächsten Tage besuchte ich auch das Innere der beiden anderen Pyramiden. In jeder der inneren Kammern fühlte ich mich willkommen und spürte allumfassende Liebe. Ich hielt das Tor 11:11 geöffnet, damit sich die Energien tief in den Pyramiden verankern konnten.

Eine der süßesten Erfahrungen machte ich bei unserem Besuch im alten Tempel Ptahs in Memphis. Er war während der Jahre meines Erwachens einer meiner großen Lehrer gewesen, so daß ich ganz aufgeregt war, seinen Tempel zu besuchen. Von dem Bauwerk steht nur noch wenig, doch die Energie schwingt immer noch. Überall stehen Andenkenbuden, doch erst nach langem Suchen konnte ich drei kleine Statuen Ptahs erstehen. Dann entdeckte ich einen Teil der alten Tempelmauer, in die der Kopf Ptahs eingemeißelt war. Das

Die Aktivierung von 11:11 / 133

Solara mit Ptah in Memphis

Foto von mir dort ist für mich wie ein altes Familienfoto, auf dem ich voller Freude über das Nachhausekommen meine drei Statuen auf dem Schoß halte.

Am nächsten Morgen hatte ich um vier Uhr früh eine Verabredung mit der Sphinx. Zuerst fürchtete ich mich ein bißchen, denn ich hastete mit einigen langgewandeten Ägyptern, die auch noch Maschinengewehre trugen, durch die Dunkelheit. Dann riß ich mich zusammen und dachte, daß dies kein schlechter Ort zum Sterben sei. Ich sah schon die Schlagzeile im *Starry Messenger* vor mir: „Solara zu Füßen der Sphinx erschossen!" Mein Sinn für Humor kehrte wunderbarerweise sofort zurück, nachdem ich die Angst überwunden hatte.

Als ich bei der Sphinx ankam, war ich überrascht, dort eine große schwarze Tafel zu finden. „Warum haben sie sie dort hingestellt?" dachte ich, „sie war doch früher nicht dort!" Ich kletterte auf eine der Pranken und zwängte mich zwischen Tafel und Stein hindurch. Über eine Stunde lang saß ich vor der Brust der Sphinx und wartete auf das erste Licht des neuen Tages. Es war unbeschreiblich, trotzdem versuche ich, meine Erfahrung in Worte zu fassen: Liebe, tiefe Liebe, Zärtlichkeit, Vertrautheit, Erkennen ... nein, viel mehr noch, es war zutiefst intim und süß, wie das Band zwischen großen Liebenden.

Schließlich schlüpfte ich in meinen großen Sternenkörper und stellte mich vor die Sphinx. Ich aktivierte ihre Flügel, und majestätisch entfalteten sie sich. Sie war so wunderschön! Dann setzte ich mich vorsichtig auf ihren Rücken, und sie erhob sich in die Lüfte. Zusammen flogen wir hoch in den Himmel und schwebten direkt durch das Tor 11:11. Es war eines der erfrischendsten Erlebnisse meines Lebens, nein, all meiner irdischen Verkörperungen.

Während dieser Zeit in Gizeh wurde mir der Ort gezeigt, an dem die 11:11-Zeremonie stattfinden sollte. Er fühlte sich furchtbar falsch an, so als ob er in einer Null-Energiezone versumpft wäre. So bat ich innerlich, daß mir der richtige Platz gezeigt würde. Ich fand ihn zu Füßen der Mycerinuspyramide, *der kleinsten der drei Großen Pyramiden*, in den Ruinen eines Tempels. Ich nannte ihn den Hof ANs, da die Energien ANs hier stark spürbar waren. Selbst die Steinverkleidung der Pyramide glich auffallend den Inkamauern, die ich aus Peru so gut kenne. Es schien nur ein einziges Problem zu geben: jeder sagte mir, daß es rein *unmöglich* sei, die Erlaubnis für das Abhalten der Zeremonie an diesem Ort zu erhalten. Doch ich wußte mit absoluter Sicherheit, daß dies der einzig richtige Ort war und daß wir im Januar hier sein würden.

An meinem letzten Morgen in Ägypten besuchte ich allein die Große Pyramide. Bevor ich das Hotel um sechs Uhr früh verließ, zog ich eine Karte meines selbstgemachten Engelspiels, um zu sehen, unter welchem Schlüsselwort meine Erfahrung dort stehen würde. Ich zog überraschenderweise: *Wahre Liebe.*

Nach Betreten der Pyramide hatte ich ungefähr fünf Minuten Zeit, bis das Licht ausgeschaltet wurde und ich für eine Stunde lang allein eingeschlossen blieb. So eilte ich den langen Gang zur Königskammer hinauf, zündete eine kleine

Votivkerze an und sprang in den Sarkophag. Kaum stand ich drinnen, verlöschte das Licht. Ich legte mich hin und konnte nicht einmal mehr die Flamme der Kerze sehen. Es war vollkommen dunkel. Doch wieder fühlte ich mich von unermeßlicher Liebe umgeben und umarmt.

Ich hörte ein Lied, ein wunderbar reines Lied über die Wahre Liebe. Es hatte einen wunderschönen Text und eine herrliche Melodie, die sich, ohne daß ich an sie denken mußte, von selbst durch mich sang. Ich hörte, wie dieses süße Lied leicht und erhaben bis in das Herz des Himmels stieg. Die Essenz Wahrer Liebe erfüllte mich. Doch noch beim Singen des schönsten aller Lieder wußte ich, daß ich mich an keinen Ton würde erinnern können. Dies war ein Geschenk der Ewigkeit, das sich nur in einem flüchtigen Augenblick der Nicht-Zeit manifestieren konnte. Solche Vollkommenheit kann man nicht festhalten, man kann sie nur frei erleben.

Als ich zurück zum Hotel schwebte, verbeugten sich mehrere Ägypter voller Respekt und sagten Dinge wie: „Guten Morgen, meine Königin". Mir fiel übrigens auf, daß die Ägypter ein unglaubliches Bewußtsein für spirituelle Energien haben. Während unseres Treffens im Januar zeigten sie große Achtung und Anerkennung und verstanden, was dort wirklich geschah.

Wieder zu Hause

Zu Hause angekommen, war ich immer noch in der herrlichen Kristallkuppel der Großen Pyramide. Es fiel mir schwer, mich zu erden, obwohl ich immer sehr darauf achte, mich zum Ausgleich tief in der Erde zu verankern. Das tägliche Leben erschien mir absolut bedeutungslos und flach. In diesem Zustand besuchte ich die Novembervereinigung in Natural Bridge, Virginia, und die *Whole-Life-Ausstellung* in Los Angeles. Ich konnte einfach nicht in meinen Körper finden – ich konnte und wollte nicht! Ich war zu weit gereist ...

Glücklicherweise näherte sich der nächste Schritt in Gestalt eines außerordentlich begabten Heilers namens Ah Koo. Er ist ein ungewöhnliches Wesen, ein Delphin in Menschengestalt, der einmal im Monat Star-Borne besucht, uns hilft, unsere physischen Körper mit unseren Engelkörpern zu verbinden, und uns durch zahlreiche Einweihungen führt. Wir fühlen uns tief verbunden, so, als ob wir seit Äonen zusammenarbeiteten.

Als er die Sitzung begann, befand ich mich immer noch in meiner Kristallkuppel. Bald öffnete sie sich, ich flog höher und höher und entfernte mich immer weiter von der Erde. Ich versuchte, zur Pyramide zurückzukehren, doch ein größerer Teil meiner Selbst weigerte sich und stieg einfach weiter.

Schließlich erreichte ich eine andere Pyramide, umkreiste ihre Spitze, kam jedoch nicht hinein. Ich flog weiter nach oben, bis ich auf eine neue Pyramide stieß. Wieder versuchte ich, in deren Spitze einzudringen, wieder vergeblich. Dies ging so weiter, bis ich die Elfte Pyramide erreichte. Hier erlaubte ich mir, mit den Füßen durch die Spitze zu steigen, während der Rest meines Sternenkörpers draußen in Freiheit blieb. Ah Koo machte eine kreisförmige Bewegung unten an meinem Rückgrat, und mir war, als ob ich von einer Angel hineingezogen würde. Innen schachtelten sich alle Pyramiden ineinander, bis sie alle elf in einer Platz gefunden hatten. Die kleinste war die Cheopspyramide.

Diese Erfahrung veränderte alles. Ich unterzog mich einer neuen Einweihungsebene, die man „die Elf Pyramiden" nennt. Sie bezieht sich auf die Elf Tore, die wir auf unserer Reise durch 11:11 passieren müssen. Ich hatte größere Offenbarungen, die mir die Ziffern 4 – 7 – 11 – 22 – 44 entschlüsselten. Ich erblickte das Muster des neuen Sternmandalas, welches wir auf Oktave Elf finden werden. Obwohl ich immer noch nicht geerdet war, spürte ich, daß die durchsichtige Tafel, die ich in Ägypten empfangen hatte, jetzt entziffert wurde.

Dann besuchte mich ein lieber Freund mit sehr reiner Energie, um mit mir zu meditieren. Ich sagte ihm, daß ich gern mit ihm meditieren würde, daß wir aber in dem Einen Herzen in der Elften Pyramide beginnen müßten, weil ich mich gegenwärtig dort aufhielte. Er fand mich mühelos und hielt seine Hände in der alten Stellung, die Handflächen einander zugewandt, über den meinen. Zwanzig Minuten lang fühlte ich, wie seine mächtige Kraft meine Energien nach unten drückte, ohne daß ich dabei meine Position in der Elften Pyramide verlor. Statt dessen wurde meine Basis durch die beständige, unnachgiebige Energie nach unten erweitert. Seitdem bin ich wieder ganz geerdet und ausgeglichen und doch viel, viel größer.

Der Abgrund

Bevor wir bereit sind, durch das Tor 11:11 zu schreiten, gibt es einen letzten Schritt, einen mutigen Sprung ins Unbekannte. Dieser Sprung in die Freiheit bedeutet, daß wir das verkörpern, was wir wirklich sind, unsere Ängste und Zweifel aufgeben, alle vergangenen Erfahrungen loslassen und unserem Höheren Ziel bedingungslos dienen. Dann können wir alles hinter uns lassen und schnellen anmutig über den Abgrund hinweg! Dies ist der letzte Abgrund, unsere letzte irdische Einweihung. Wenn wir diese gemeistert haben, sind wir frei, in die Neue Oktave zu reisen.

Es ist fast so wie der lange Aufstieg auf einen gewaltigen heiligen Berg. Wir alle wissen, wie mühselig die Reise gewesen ist. Oft stürzten wir, rafften uns aber wieder auf, um weiterzuklettern. Viele Male gaben wir einfach auf und warfen uns in tiefer Verzweiflung weinend auf den Boden. Ungeduldig und frustriert erkannten wir, wir lang und schwierig die Reise sein würde. Zeitweilig zermürbte uns die Einsamkeit und erfüllte jeden unserer Schritte mit schmerzhafter Trauer. Unkontrollierbare Angst vor dem Unbekannten überflutete uns, und manchmal kamen wir im dichten Nebel der Unwissenheit vom Wege ab. Immer wieder stießen wir gegen Hindernisse und verletzten uns, und oft genug wurden wir von Zweifeln geplagt, ob der Aufstieg auf diesen Berg überhaupt richtig sei. Die Reise erschien uns fruchtlos, ja ohne Bedeutung! Vielleicht würden wir gar nichts finden, wenn wir den Gipfel endlich erreichten!

Doch *immer* trieb uns irgend etwas weiter nach oben. Wir rappelten uns auf, trockneten die Tränen, beruhigten unseren besorgten Verstand und konzentrierten uns auf die Vollendung der heiligen Aufgabe. Und wir haben es geschafft! Jeder von uns hat den Gipfel erreicht, und hier stehen wir voller Ehrfurcht vor der schimmernden Durchgangspforte 11:11, die uns den Weg in die Freiheit weist.

Was geschieht also, wenn wir den Gipfel erreichen? Zuerst fühlen wir uns ungeheuer erleichtert. Wir haben es geschafft! Wir sind endlich angekommen! Beim Anblick des offenen Tores steigt überwältigende Freude in unseren Herzen auf. Nachdem wir den Gipfel ganz erforscht haben, beginnt diese anfängliche Freude allmählich zu versiegen. Wir erkennen, daß wir noch etwas zu tun haben. Unsere Reise ist noch nicht zu Ende. Jetzt müssen wir das Tor *durchschreiten*.

Just dann entdecken wir, daß wir dazu den Abgrund überwinden müssen. Der bloße Gedanke daran erfüllt uns mit wachsender Furcht. Haben wir nicht schon genug geleistet? Sind wir nicht schon gründlich geprüft worden? Opferten wir nicht unsere ganze Zeit? Voller Schrecken vor dem Unbekannten blicken wir in die Tiefe. Wir wissen ja nicht, was uns dort unten erwartet. Wir könnten zerschmettern oder bis zur Unkenntlichkeit verbrennen! Unsicher treten wir einen Schritt zurück...

Natürlich wissen wir, daß zu unserem Lichtkörper Flügel gehören, doch woher sollen wir wissen, ob sie sich tatsächlich entfalten? Unser Vertrauen beginnt zu wanken ... In diese durch unsere Angst geschaffene Bresche springt unser logischer Verstand. „Vielleicht wäre es nicht schlecht, eine Weile auszuruhen", schlägt er verführerisch vor. „Gute Idee", antworten wir dankbar. Wir beruhigen uns, daß wir *natürlich* bald über den Abgrund springen werden, *wahrscheinlich schon morgen früh*, und dann setzen wir uns hin und überdenken unsere Lage.

Da wir das Alte sowieso hinter uns lassen werden, kann es ja nicht schaden, eine kleine Pause einzulegen, um all das anzuschauen, was wir aufgeben sollen. Hier folgt dann also die ganze Prozession der Erinnerungen an vergangene Leben, stets ein guter Zeitvertreib. Natürlich erkennen wir, daß unsere früheren Verkörperungen jetzt ziemlich unbedeutend sind, *da sie nur einen winzigen Teil unseres Seins betrafen*, doch da gab es Lektionen zu lernen, und wir wollen sicherstellen, daß wir alles verstanden haben, bevor wir weitergehen ...

Die Monate vergehen, und immer noch kampieren wir am Rande des Abgrunds. Die geöffnete Pforte 11:11 steht immer noch schimmernd und vielversprechend vor uns... In der Zwischenzeit sind noch andere zu uns gestoßen. Bei jedem wiederholt sich der Prozeß: Aufregung, Freude, Ehrfurcht, Zweifel, Angst, Schrecken und zuletzt – Kompromisse: halt, nicht so schnell! Wollen wir wirklich alles loslassen? Was kann dieses Unbekannte schon bieten! Und wo ist unser Sicherheitsnetz?

So bildet sich ein ziemlich großes Lager auf dem Gipfel. Wir beginnen mit Zelten und Baracken, da wir *natürlich nur vorübergehend bleiben wollen*, doch nach einer bestimmten Zeit ändert sich das. Wir beschließen, daß wir genau so gut in bequemen Häusern aus Stein oder Holz leben könnten. *Sie würden länger halten, überlegen wir, und außerdem könnten andere in ihnen wohnen, wenn wir weitergehen würden.* Aus dem selben Grund bauen wir Schwimmbäder, Tennisplätze, Restaurants und Postämter. Mit anderen Worten, unser vorübergehender Unterschlupf wird höchst komfortabel.

Doch glaube bitte nicht, daß wir vergessen, warum wir überhaupt hergekommen sind. Weißt du denn nicht, daß wir jede Woche mehrere Studiengruppen besuchen, in denen uns beigebracht wird, wie man über den Abgrund springt? Uns stehen unzählige Bücher und Videokassetten über dieses Thema zur Verfügung. Jeder beschäftigt sich damit. Und in unseren Meditationsgruppen tun wir so, als ob wir durch das Tor gingen. Es ist fast so wie in Wirklichkeit!

Doch leider springt, allen Vorträgen und Aktivitäten zum Trotz, niemand wirklich ins Unbekannte... Nein, das stimmt nicht ganz! Ab und zu erreicht ein Neuling den Gipfel und springt auf der Stelle auf Nimmerwiedersehen über den Rand! Wahrscheinlich kannst du dir vorstellen, wie schockierend dies Ereignis ist. All unsere Aktivitäten werden unterbrochen, und unser Wirklichkeitsgefühl steht für kurze Zeit auf dem Kopf. Plötzlich blendet uns ein Offenbarungsblitz: *Deshalb also sind wir hier! Wir sollen wirklich springen, nicht nur darüber reden!* Doch dann ist es Zeit für die nächste Studiengruppe. Heute abend werden wir durch ein Fenster in die neue Oktave spähen, und fort sind wir. Nebenbei, *was beweist* uns eigentlich, daß dieser einsame Springer das Tor wirklich passiert hat? Vielleicht ist er ja an spitzen Felsen zerschmettert oder wurde von Krokodilen gefressen?

Jetzt solltest du eigentlich verstanden haben. Erkennst du, welch großer Teil der „erwachten" Menschheit gelernt hat, Wissen aus zweiter Hand zu akzeptieren und deshalb ein eingeengtes, kompromißbeladenes Leben führt? Wir stehen der Größeren Wirklichkeit gegenüber! Sie ist für jeden erhältlich. Wir brauchen kein spezielles Paßwort, und wir müssen auch nicht erst fünfzig Jahre lang meditieren. Wir können in diesem Augenblick hinein, oder wann immer wir uns dafür entscheiden. Sie ist bereit und steht uns offen. Worauf warten wir noch?

Es ist nicht unheimlich. *Es macht viel mehr Angst, wenn wir in Illusionen verloren am Rande des Abgrunds verweilen* und über das Sein sprechen, anstatt es zu leben. Wenn wir Vollendung, Freiheit und Erfüllung erfahren wollen, müssen wir springen.

Den größten Teil meines Lebens lebe ich verankert in der Schablone der Einheit auf der anderen Seite der Pforte in der Größeren Wirklichkeit, und ich versichere dir, daß es hier drüben prima ist. Ich kann es dir kaum beschreiben, es ist sicher, voll Liebe und Freude und in jeder Hinsicht bemerkenswert einfach. Es ist der Ort, nach dem wir uns immer gesehnt haben, unser natürlicher Zustand, unser Zuhause.

    Vertraue dir. Vertraue deinen eigenen Wahrnehmungen und dem inneren Antrieb deines Herzens. Du wirst nicht in die Irre geführt. Halte dich nicht länger zurück. Wir alle haben viel zu lange gewartet. Wir sind zu weit gereist, um jetzt noch zurückzuschrecken. Es ist so nahe, so leicht zu erreichen. Das Tor steht weit geöffnet vor dir. Faß dir ein Herz, nimm allen Mut zusammen, entfalte deine Flügel und spring!

Das Tor 11:11

Das Tor 11:11

Jetzt erscheint es dir als Riß zwischen
zwei Welten.

Δ

Es ist wie ein Spalt oder ein Abgrund,
dem die Fähigkeit gegeben ist,
zwei vollkommen verschiedene Energiesphären
zu verbinden.

Δ

Wenn wir uns als ein Wesen vereinen
und jeder seinen Teil des Schlüssels beisteuert,
schaffen wir nicht nur den ganzen Schlüssel,
sondern machen auch das Tor sichtbar.

Δ

So dient der Spalt im Augenblick
als unsichtbare Tür
oder als Pforte ins Unsichtbare.

Die Landkarte von 11:11

Das Tor 11:11 ist die Brücke zwischen zwei Spiralen.

Diese Brücke ist der Kanal für unseren Massenaufstieg. Die alte Spirale enthält das Muster für die Dimensionen 1:6 und umschreibt die Grenzen unseres bekannten dimensionalen Universums. Seit unserer ersten irdischen Erfahrung sind wir auf dieser Spirale gereist. Zu ihrem Muster gehört die Illusion von Dualität und Trennung.

Hier quälen wir uns mit der Vorstellung ab, individuelle Bewußtseinseinheiten zu sein. Wir hielten uns für gestrandete Wesen, getrennt von dem Einen und ständig auf der Suche nach Gott. Wir fühlten uns allein, vielleicht sogar ausgesetzt, stets bemüht, uns an etwas ungeheuer Wichtiges zu erinnern, das jedoch dem Zugriff unseres bewußten Verstandes vorenthalten blieb. Doch die tiefe Sehnsucht, nach Hause zurückzukehren, blieb immer in uns, obwohl wir nicht wußten, wo dieser geheimnisvolle Ort oder Bewußtseinszustand zu finden sein mochte.

Wenn wir die Pforte 11:11 passiert haben werden, begeben wir uns auf eine neue Spirale, die in der Schablone der Einheit verankert ist. Hier finden wir das Muster der Oktaven Sieben bis Elf. Es steht außerhalb eines dimensionalen Rahmens und enthält vollkommen neue Bewußtseinsebenen. Die Erde wird auf Oktave Sieben bleiben. Hier wird der neue Plan enthüllt und vollständig manifestiert werden , und hier werden wir das prophezeite tausendjährige Reich des Friedens verbringen.

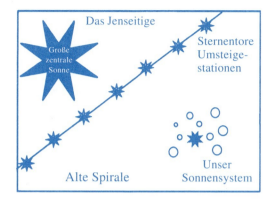

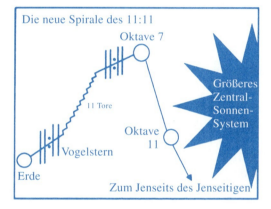

Fast alle, die zu Oktave Sieben reisen, werden dort bleiben, um das Neue aufzubauen. Jedoch wird sich eine kleine Gruppe entschließen, bis zu Oktave Elf weiterzureisen. Auf Oktave Elf ist ein neues Muster möglich, welches uns über das Jenseitige hinausführen wird.

Wenn das Tor 11:11 am 31. Dezember 2011 endgültig schließt, wird unsere Reise zwischen den beiden Entwicklungsspiralen vollendet sein. Dies können wir auch aus der Vollendung der Kalender der alten Mayas und Ägypter erkennen.

Die Karte des Sterns

Wir werden oft gefragt, warum wir das Symbol „Stern" wählen, um den Einen darzustellen. Als ich öffentlich mit meiner Arbeit als Botin begann, war es nötig, neue Wege zu finden, um die Höheren Wahrheiten zu vermitteln, Wege, die nicht nur rein und neu waren, sondern auch unberührt von alten religiösen und philosophischen Vorstellungen. Der Stern ist nicht nur ein Symbol, sondern entspricht auch der Wirklichkeit. Er repräsentiert den Einen und die Vielen und stellt uns als individuelle Strahlen oder Ausdrucksformen des Einen graphisch dar.

Viele Sternennamen enthalten die Silbe RA. RA steht für den Stern unserer Vereinten Gegenwart. Im Symbol des Sterns ist unser Erwachen vollständig abgebildet. In meinem Buch *Die Sterngeborenen* zeigen die Diagramme im Kapitel „Der Stern, der wir sind", wie wir – gestrandet auf einer Strahlenspitze unseres Sterns – als dreidimensionale Fragmente begannen, ständig außerhalb von uns auf der Suche waren und uns allein und verlassen fühlten. Dort wird das Erwachen als ein Umdrehen beschrieben, als ein Hinwenden nach innen zum Zentrum des Sterns. Aus dieser neuen Perspektive erkennen wir, daß wir *immer* zu Hause gewesen sind und nie von der übrigen Sternenfamilie getrennt waren.

Da immer mehr von uns den Schritt in ihre vollständige Gegenwart wagen, ist es jetzt Zeit, die Karte unseres Sterns vollständiger zu offenbaren:

Die Zone der Goldenen Sonnenengel: (Abbildung 1)
Wenn wir uns daran erinnern, wer wir sind, beginnen wir, nach Innen zum Zentrum unseres **Sterns zu blicken.** Wir verkörpern unseren **Goldenen Sonnenengel.** Dadurch erhalten wir ein Visum für die Reise entlang unseres Strahls des Sterns der Einheit. In Diagramm 1 siehst du, daß die Zone der Goldenen Sonnenengel den gesamten Strahl umfaßt.

1. Zone der Goldenen Sonnenengel

Die Zone der Erzengel: (Abbildung 2)
Allmählich steigert sich unser Bewußtsein und wir verankern mehr von dem, was wir wirklich sind, in unserem physischen Körper. Damit erreichen wir eine Frequenzzone, die die Strahlen unseres Sterns umgibt, ein **Energieband, welches „Zone der Erzengel"** genannt wird. Um diesen Bewußtseinsgrad zu erreichen, müssen wir sehr weit werden und uns völlig von den Banden der Dualität befreien. Alle Illusionen der Trennung haben sich aufgelöst, und wir beginnen, uns mit anderen in bewußter Einheit zu verbinden. Wenn wir unsere Engelgegenwart mit der Engelgegenwart der anderen vereinen, erhalten wir die **Erlaubnis zum Eintritt in diese Energiezone.**

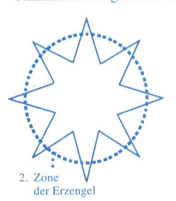

2. Zone der Erzengel

Zone der Sternenkönige und -königinnen: (Abbildung 3) Die nächste Ebene, die wir erreichen, ist das Energieband der Sternenkönige und -königinnen, die höchste Ermächtigungsebene, die wir in der Zone der Goldenen Sonnenengel erreichen können. Hier haben wir unser Göttliches Geburtsrecht und Erbe voll und ganz zurückgefordert. Wir haben unsere Sternenkleider und Sternenkronen angelegt und sind bereit vorzutreten, um in **unserer ganzen Herrlichkeit zu dienen.**

3. Zone der Sternenkönige- und königinnen

Das Sternenüberselbst: (Abbildung 4)
Wenn wir damit beginnen, unser Sternenüberselbst zu verkörpern, machen wir einen weiteren Quantensprung. Wir sind nicht mehr einer unter vielen, sondern leben die wahre Einheit. Auf dieser Ebene glauben wir nicht länger, eine individuelle Bewußtseinseinheit zu sein. Wir werden zum Hologramm des Ganzen und erhalten Zugang zu allen Teilen des Sterns. Wir haben uns mit dem allsehenden Auge verbunden und so unser Eines Auge aktiviert, und unsere Größeren Herzen haben sich mit dem Einen Herzen vereint.

4. Das Sternenüberselbst

Das Konzil des Einen: (Abbildung 5)
Wenn wir unser Sternenüberselbst aktiviert haben, ist es Zeit, sich mit denen, die dasselbe getan haben, im sogenannten „Konzil des Einen" zu verbinden. Hier sitzen wir offen und vertrauensvoll in vollkommener Liebe und Achtung als Ein Wesen Seite an Seite. Jetzt beginnt die nächste Arbeitsphase, denn vom Konzil des Einen aus werden wir die Inseln des Lichts aufbauen und unseren Dienst an der Menschheit vollenden. Dies ist die neue Basis für die Schablone der Einheit. Wir verfolgen damit kein unerreichbares Ziel, sondern eine Bewußtseinsebene, zu der wir uns jetzt erheben können. Hier müssen wir unser Sein verankern, wenn wir die nächste Stufe unserer Göttlichen Mission erfüllen wollen.

5. Konzil des Einen

Das vollständig erwachte Sternenwesen: (Abbildung 6)
In diesem Diagramm ist der vollkommen erwachte **Sterngeborene** abgebildet. Es stellt ebenfalls dar, wie sich der Stern selbst durch unsere wiedererlangte Erinnerung und unsere Ermächtigung verwandelt: den Wechsel in der Sonnenherrschaft und die Reise in das Größere Zentrale Sonnensystem. Es zeigt die Vollendung unserer göttlichen Mission und unsere Rückkehr nach Hause.

6. Karte des vollkommen erwachten Sternenwesens

Die großen Zentralen Sonnensysteme

Unsere Reise durch das Tor 11:11 bewirkt eine Verlagerung unserer Position aus der gegenwärtigen Verbindung mit der Großen Zentralen Sonne hinaus in ein, wie wir es nennen, Größeres Zentrales Sonnensystem. Die Verbindung mit unserer Großen Zentralen Sonne wird durch den Prozeß der Polarisierung aufrechterhalten. Dies geschieht auf der Basis magnetischer Anziehung, da unsere Zentrale Sonne in der Einheit blieb, wir auf der Erde hingegen in der Dualität. Wenn wir uns von der alten Entwicklungsspirale lösen wollen, müssen wir die uns eigene Einheit verwirklichen. So werden wir frei, durch das Tor 11:11 zu Oktave Sieben zu reisen. Dort werden wir dann mit einem Größeren Zentralen Sonnensystem verbunden.

In unserem alten Großen Zentralen Sonnensystem waren wir den Gesetzen der Dualität unterworfen. Unsere höchste spirituelle Vorstellung nannten wir Gott, ein unermeßlich allmächtiges Wesen, das getrennt von uns existierte. Wir konnten zu Gott beten und um Hilfe und innere Führung bitten. Obwohl unsere Gebete oft erhört wurden, blieb Gott eine getrennte Wesenheit. Wir wußten, in irgendeiner Weise schienen wir ein Teil Gottes zu sein, doch konnten wir niemals Gott *werden*. Was immer dieser Bewußtseinszustand repräsentieren mochte, blieb er uns in seiner Ganzheit unzugänglich.

In der neuen, in der Schablone der Einheit verankerten Entwicklungsspirale gibt es die Vorstellung von Gott als einem von uns getrennten Wesen nicht mehr. *Gott hat sich verwandelt. Er ist nicht mehr der personifizierte Eine, sondern der Eine an sich.* Wir stammen alle vom Einen. Unsere gemeinsame Gegenwart erschafft den Einen. Der Eine umschließt uns, die Vielen, in seiner Ganzheit. Wenn du zu dem Einen betest, dann sprichst du zu dir, beziehungsweise zu deinem Größeren Selbst. Nichts ist von dem Einen getrennt; in seiner Unermeßlichkeit umfaßt er alles. Beachte den Unterschied! Wenn du deine Vorstellung von einem getrennten Gott aufgibst und statt dessen einen allumfassenden Gott erkennst, näherst du dich deiner Ermächtigung und Meisterschaft mit einem Quantensprung. Jeder von uns ist unmittelbar mit der Zentralen Säule verbunden. Wir alle sind reine Strahlen des Einen.

Ein weiterer tiefer Wandel findet statt, wenn wir uns in das Größere Zentrale Sonnensystem begeben. In der Schablone der Dualität war die höchste zu erreichende Verwirklichungsebene die der bedingungslosen Liebe. Ein gutes Beispiel dafür ist der Satz: „Ich liebe dich." Ich (*ein getrenntes Wesen*) liebe dich (*getrennt von mir*). Obwohl wir einander vollkommen und offen hätten lieben können, hielten wir uns für unterschiedliche Wesen, für individuelle Bewußtseinseinheiten. In der Schablone der Einheit existiert die bedingungslose Liebe nicht mehr, denn dort gibt es weder ich noch du.

Das bedeutet nicht, daß wir alle in einem undefinierbaren, kollektiven Haufen der Ganzheit verschmelzen. Wir behalten unsere individuellen Formen und Persönlichkeiten. Doch obwohl wir alle einzigartig sind, *wurzelt* tief in unserem innersten Kern das Wissen, daß wir alle Teile des Einen sind. Wir identifizieren uns zum Beispiel nicht mehr in erster Linie mit Solara – einer völlig getrennten Person –, sondern mit Solara, einer Ausstrahlung des Einen. Ich weiß, daß jeder, daß alles vom Einen stammt. Deshalb fühle ich die in mir wohnende Einheit. Sie ist mit jeder Faser meines Seins verwoben. Zuerst und vor allem bin ich der Eine.

Unsere neue Basis im Größeren Zentralen Sonnensystem ist die allumfassende Liebe. Liebe existiert einfach. Wir alle sind Liebe. Liebe hält unseren Stern der Einheit zusammen. Liebe ist der Atem des Einen. Sie ist das Fundament der Neuen Oktave. Es gibt weder ich noch du, es gibt nur noch den Einen. Diese allumfassende Liebe besteht aus drei gleichen Teilen: aus Liebe, Weisheit und Macht, gut vermischt zum allerstärksten Gebräu. Und dies leben, atmen, essen und trinken wir in der Schablone der Einheit.

Die Parameter der Schablone der Dualität ergeben sich aus den Grenzen von Zeit und Raum. Sie bilden den Rahmen unserer wahrscheinlichen Realität. In der Schablone der Einheit existieren wir in Nicht-Zeit und Nicht-Raum. In der Nicht-Zeit halten wir die Illusion der vergehenden Zeit an und dehnen sie zum immerwährenden Augenblick der Ewigkeit aus. Vergangenheit, Gegenwart und Zukunft verschmelzen in der Einheit. Dort ist nur das Jetzt... Im Nicht-Raum lösen sich alle Grenzen zwischen Materie, Emotion, Psyche und Geist auf. Die Muster der Dimensionen, der Ebenen, Oktaven, Reiche und Sphären verschmelzen in der wogenden Einheit der unbegrenzten Möglichkeiten.

In der alten Spirale lernten wir, unaufhörlich ein- und auszuatmen, denn das hielt unsere physische Form lebendig. Wenn wir die neue Spirale betreten, geraten wir in einen Zustand des Nicht-Atmens, obwohl unsere physische Form weiterhin bestehen bleibt. Im Nicht-Atmen schöpfen wir nicht mehr auf alte Art mit Lungen und Zwerchfell Luft. Es gibt kein Ein und Aus mehr. Der Atem verlangsamt sich, und wir erreichen einen Zustand, der dem Scheintod gleicht. Mühelos atmen wir durch die Haut, die die ganze Oberfläche unseres Körpers bedeckt, wobei jedes Molekül in sanfter Übereinstimmung schwingt. Die Yogis in Indien praktizieren das Nicht-Atmen schon lange. Sie erreichen den Zustand, indem sie ihr Bewußtsein in das Dritte Auge lenken. Wir hingegen verankern unser Sein in der Nicht-Zeit und verschmelzen unseren physischen Körper mit dem Sternenüberselbst.

Wenn wir das Größere Zentrale Sonnensystem erreicht haben, werden wir unsere Position neu ausrichten, da unser Sonnensystem in weit stärkerem Maße mit der Einheit schwingt, als wir es je erlebt haben. Der Aufstieg in diese erhöhte Schwingung der Einheit wird unsere nächste Aufgabe sein. Wenn wir auch das erreicht haben, werden wir bereit sein, über das Jenseitige hinaus zu reisen.

Wenn du das Unsichtbare sehen willst,
dann schau einfach dorthin,
wo das Sichtbare zu sein pflegte.
Jetzt dehne deine Parameter aus.
Blicke dahinter.
Erweitere deine Wahrnehmung.
Das Unsichtbare ist unendlich
viel größer und umfassender,
als du dir je vorzustellen vermochtest.

Die Karte der überlappenden Spiralen

Es gibt noch eine Karte, die unsere Reise durch das Tor 11:11 genau beschreibt. Diese Karte illustriert, wie der Wechsel der Spiralen unser Leben beeinflußt. Die obere Spirale, die Spirale der Neuen Oktave, stellt das Unsichtbare dar. Die untere Spirale steht für die Spirale der Dualität, die wir gerade vollenden. Das Diagramm zeigt, wie die beiden Größeren Zentralen Sonnensysteme aneinander ankoppeln, ein Prozeß, der auch in uns geschieht.

In Abbildung 1 sehen wir zwei vollständig voneinander getrennte Spiralen. Himmel und Erde, Geist und Materie, Einheit und Dualität müssen erst noch miteinander verschmelzen. An diesem Punkt ist unser gesamtes Sein in der Spirale der Dualität verankert.

In Abbildung 2 beginnen die Spiralen bereits, aufeinander überzugreifen. Wir begeben uns in die feinen Reiche des Unsichtbaren. Dabei geschieht etwas Interessantes. Immer, wenn wir unser Sein ins Unsichtbare ausdehnen, haben die Gesetze der Dualität keine

Macht mehr über uns. Dies geschieht genau bemessen und paßt sich proportional unserer Ausdehnung ins Unsichtbare an. Ich will ein irdisches Beispiel anfügen: wenn wir drei Meilen ins Unbekannte reisen und wieder in die Dualität zurückkehren, können wir genau diese drei Meilen nicht mehr zurückfallen.

In Abbildung 3 geht die Reise ins Unsichtbare weiter. Wir werden zu einer Mischung beider Spiralen. Eine Hälfte der Spirale der Dualität ist unerreichbar geworden. Sie ist völlig aus unserem Wirklichkeitsmuster gefallen und hat keine Bedeutung mehr für unser Leben.

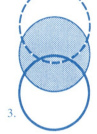

3.

In Abbildung 4 hat sich der Wechsel der Spiralen fast vollzogen. Obwohl wir immer noch auf der Erde leben, ist der größte Teil unseres Seins in der Schablone der Einheit verankert. Die dreidimensionale Wirklichkeit hat keine Macht mehr über uns. Wir haben uns ins Unsichtbare begeben und machen uns das Unbekannte vertraut.

4.

In Abbildung 5 ist unsere Reise zu Ende. Wir sind vollkommen im Neuen verankert. Die Spirale der Dualität verblaßt im Nichts. Der neue Göttliche Plan hat sich offenbart.

Während wir uns allmählich in die Spirale der Einheit begeben, erleben wir, daß sich die Dualität immer mehr auflöst und die Schwerkraft ihre Bande lockert. Manchmal erleben wir dies als Sterben, da das Alte beständig abbröckelt. Doch die Klärung ist nötig, damit wir das Neue vollständig umfassen können. Für unsere Verwandlung in vollbewußte Lichtwesen ist dieser Prozeß unabdingbar.

5.

Jedesmal, wenn wir weiter ins Unbekannte reisen, werden wir mit einer Dosis Einheit erfrischt. Kehren wir zurück, bringen wir diese Einheit mit und verankern sie in der Dualität. So strömen die Energien in beide Richtungen. Denk daran, wir befinden uns im Übergang. Bei der Reise durch die Zone der Überschneidung hilft es, wenn wir uns auf unser Ziel konzentrieren. Es ist vollkommen normal, daß große Teile deiner früheren Realität jedesmal dann wegfallen, wenn du dein Sein in die Größere Wirklichkeit ausdehnst. Diese Erfahrung machen viele von uns. Wenn so etwas geschehen sollte, dann glaube bitte nicht, daß etwas mit dir nicht stimmt, denn es gehört nun einmal zu dieser Reise.

Die Öffnung des Tores

Das Tor 11:11 öffnet
und schließt sich nur einmal.

Δ

Nur Einer kann hindurch.
Dieser Eine ist unsere Vereinte Gegenwart:
die Vielen als Ein Wesen.

Δ

11:11 öffnet sich
am 11. Januar 1992
und schließt sich
am 31. Dezember 2011.

Zahlenmystik vom 11. Januar 1992

Du kannst dieses Datum
auch so schreiben : 11. 1. 1992

Erkennst du, daß 11 : 11
in den Ziffern 1 1 1 1 9 9 2
enthalten ist?

Addiert, ergeben sie 33,
die Zahl der Meisterschwingung
des Universellen Dienstes.
1+11+21 = 33

Große Tore brauchen große Schlüssel

Δ

Wir alle, vereint zu Einem Wesen,
schufen den Schlüssel,
der das Tor 11:11 öffnete.
Nie zuvor geschah so etwas auf dieser Erde!

Δ

Jeder von uns ist ein Teil dieses Schlüssels.

Meisterzylinder

Unser Planet wird von zwei wichtigen Gittersystemen umgeben. Sie erscheinen der Wahrnehmung als feine Energie- oder Kraftlinien, die ein zartes Gitter oder Netz bilden. Sie sind für die Energieverteilung auf der Erde zuständig. Das Hauptgittersystem wird B-Gitter genannt und sieht wie ein feines Netz aus Lichtimpulsen aus. Überall dort, wo sich zwei Lichtfäden kreuzen, entsteht ein Wirbelpunkt. Jeder Wirbel hat seinen eigenen Grundton und Fokus. Einige sind bereits vollständig aktiviert, während andere noch auf ihre Zeit warten.

Viele aktivierte B-Gitter-Wirbel sind Orte ungeheurer Macht und spiritueller Offenbarungen geworden und ziehen die Suchenden der ganzen Welt zu sich. Mount Shasta in Californien ist zum Beispiel ein B-Gitter-Wirbel, Glastonbury und Avebury in England, Uluru in Australien, Fujijama in Japan, Mount Cook und der Tauposee in Neuseeland, Sedona in Arizona, der Atitlansee in Guatemala und Machu Pichu in Peru. Auf der ganzen Erde gibt es unzählige B-Gitter Wirbel.

Der Rat der Neun

Unter dem B-Gitter liegt ein anderes Gittersystem, welches A-Gitter oder Meistergitter genannt wird. Das Meistergitter ist nach einem viel einfacheren Mandalamuster gewebt als das fein gewirkte, kompliziert verwobene Netzwerk des B-Gitters. Seine Grundsubstanz ist jedoch unendlich tiefer, da es nicht nur unter dem B-Gitter liegt, sondern den Meistercode für den gesamten Planeten enthält. Der Zugang zu diesem Gittersystem ist nicht jedem möglich, und wahrscheinlich wird das auch so bleiben. Ein außerordentlich komplizierter Code, der wenigen Wesen in der Zeit der Erschaffung dieses Planeten eingepflanzt wurde, ermöglicht den Zutritt. Diese Wesen werden „Rat der Neun" genannt.

Der Rat der Neun besteht aus neun hohen Eingeweihten, den Annuttara, aus der Sternenbruderschaft der Og-Min, die ihren Dienst am Planeten in einer physischen Inkarnation leisten. Sie verkörpern sich für ein ganzes Zeitalter, beginnen am Anfang einer Entwicklungsspirale und bleiben bis zum nächsten Schablonenwechsel. Alle Annuttara, die auf die Erde kommen wollten, ob sie nun im Rat der Neun dienen oder nicht, müssen sich vollständig in die Materie begeben, müssen den Druck der Dichte ertragen und alles vergessen. Man hält sie allgemein für die Ältesten der Familie ANs.

Der Rat der Neun arbeitet eng mit der Sternenbruderschaft in den Höhlen der Og-Min zusammen, um die Erde so lange auf dem Goldenen Strahl zu fixieren, bis die Zeit für einen Spiralwechsel gekommen ist. Dann wird sich der Polarstern vom Goldenen Strahl lösen und der Erde erlauben, ihre Achse zu drehen und sich auf einen neuen Polarstern auszurichten, der im Größeren Zentralen Sonnensystem liegt.

Wenn man sich in die innere Arbeit des Meistergitters vertieft und den entsprechenden Code kennt, erhält man Zugang zu den Kontrollpanelen. Diese Meister-Kontrollpanele regeln den Energiefluß und die Feinabstimmung der Schwingungsfrequenzen in den für die Erde bestimmten Entwicklungsschablonen. Hier können Schablonen so übereinandergelegt werden, daß eine Zone der Überschneidung entsteht, welche als Brücke zwischen zwei ganz verschiedenen Entwicklungsspiralen dient. Dies geschieht innerhalb einer bestimmten Folge von Mustern, zu der im voraus festgelegte Parameter gehören. Nur sehr wenige Wesen erhalten diesen Zugang. Es gab allerdings schon höchst turbulente Zeiten, in denen Menschen versuchten, sich Kontrolle über das Meistergitter zu verschaffen. Es ist jedoch unumstößlich sicher durch das Göttliche Gesetz geschützt, und niemand kann darin herumpfuschen.

Im Kontrollpanel des Meistergitters befindet sich eine Karte, auf der die Lage der Meistergitter-Wirbelpunkte und der Zeitplan für ihre Aktivierung genau verzeichnet sind. Die Meistergitter-Wirbel unterscheiden sich in hohem Maße von den B-Gitter-Wirbeln. In der Vergangenheit gab es auf dem ganzen Planeten nur sieben mögliche Standorte. Heute liegen die meisten über dem Wasserspiegel, einige an Stellen, wo früher Lemurien und Atlantis lagen. Stillgelegte Meistergitter-Wirbel befinden sich im Takla Makan Becken und in der Antarktis. Physische Spuren dieser Wirbelpunkte existieren schon lange nicht mehr, doch vielleicht erinnerst du dich ja noch an sie.

Wenn wir uns in das Muster der Neuen Oktave begeben, werden wir bis zum Jahr 2011 die Aktivierung von elf Meistergitter-Wirbelpunkten erleben. Sie werden unter anderem in Ägypten, Neuseeland, Brasilien, im pazifischen Ozean nahe Tahiti, in China, Rußland, auf den Azoren, in der Karibik und in Peru liegen. Die anderen Standorte müssen erst noch entdeckt werden. (*Wenn die Wirbel im Pazifik und Atlantik aktiviert werden, heben sich wahrscheinlich Lemurien und Atlantis aus den Fluten.*) Bis jetzt wurden erst zwei Wirbel aktiviert.

Wenn ein Meistergitter-Wirbel aktiviert werden soll, muß man zuerst einen bestehenden aktivierten B-Gitter-Wirbel mit einem potentiellen A-Gitter-Wirbel verbinden. Dazu müssen sich diese zwei Wirbel in einer direkten, vertikalen Fallkurve befinden. Zweitens muß zuerst der Meistergitter-Wirbel aktiviert sein, bevor ein Meisterzylinder-Wirbel geschaffen werden kann. Diese zweifache Aktivierung bildet eine Doppelhelixspirale, die den Kanal für die Verankerung eines gewaltigen Lichtstrahls schafft, der auf der anderen Seite der Pforte 11:11 entspringt. Diese verankerten Lichtstrahlen bilden eine Lichtsäule. Jede Lichtsäule ist mit der Großen Zentralen Säule verbunden und dient als Stabilisierungsfaktor bei der Reise in die Neue Oktave.

Die großen Pyramiden

Bis zum April 1991 gab es nur einen aktivierten Meisterzylinder-Wirbel auf dem Planeten: die Großen Pyramiden von Gizeh in Ägypten. Sie dienen uns schon seit geraumer Zeit als Leuchtfeuer der Erinnerung. Schon ihre Form hielt den Schlüssel für die Vollendung der Dualität, die Triangulation, in uns lebendig. Die Pyramiden dienten als Schwingungskammern für Einweihungen in die Größere Wirklichkeit. Ihr Potential übertraf die irdische Ebene spiritueller Initiationen um ein Vielfaches, obwohl die Zivilisation der alten Ägypter schon eine hohe geistige Entwicklungsebene erreicht hatte.

Die drei Pyramiden, die jetzt wie viele Vertreter der ersten Welle alt und müde sind, nähern sich der Zeit ihrer Vollendung. Das Öffnen der Pforte 11:11 am 11. Januar 1992 bedeutet gleichzeitig die Vollendung des Omega-Punktes. Als dies geschah, veränderte sich die Energie bei den Großen Pyramiden gewaltig. Der Wahrnehmung erschien dies wie ein Abschälen der äußeren Schutzhülle, die zurück in die Himmel gerufen wurde. In jenen Tagen entließ der Planet viele alte Energiemuster. Die Großen Pyramiden werden in den zwanzig Jahren, in denen das Tor 11:11 offensteht, eine vollständig andere Rolle spielen. Das Leuchtfeuer der Erinnerung wird sein neues Muster annehmen und ein vollkommen aktivierter Leuchtturm ANs werden. (*Während unserer Zeremonie im Januar 1992 verwandelte sich die Tempelruine zu Füßen der Mycerinuspyramide in den Hof ANs.*)

Die Transformation des Omega-Punktes fand zuerst im Kontrollpanel des Meistergitters statt. Die Feinabstimmung wurde abgeändert, wodurch sich der Wechsel der Entwicklungsschablonen manifestieren konnte. Die Verwandlung der Großen Pyramiden steht in unmittelbarer Verbindung mit den drei Sternen EL*AN*RA, die sich im Prozeß der Triangulation befinden. Diese neue Verbindung wurde lange schon von den alten ägyptischen Weisen erwartet.

Das große Wesen, das wir die Sphinx nennen, ist ebenfalls ein wichtiger Teil dieses Meistergitter-Wirbels. Sie diente Äonen lang als Wächterin der alten Mysterien. Dieser Goldene Sonnenlöwe bereitet sich jetzt darauf vor, die verschlüsselten Informationen an jene Menschen weiterzugeben, die sich in der neuen Entwicklungsspirale verankern. Da die Sphinx das ganze vergangene Zeitalter lang als Wächterin diente, hat sie ihren Posten niemals verlassen. Doch mit der Vollendung des Omega-Punktes wurde auch die Sphinx von ihrem endlosen Dienst befreit und darf wieder fliegen. Wenn du also in Ägypten bist, wirst du nur ihre alte, steinerne Form antreffen; ihr Geist ist jedoch nicht länger mehr darin eingeschlossen. Wenn du deine Wahrnehmung um ein *Vielfaches* erweiterst, wirst du vielleicht einen Blick auf ihre wahre Größe werfen können. Und wenn du wirklich gesegnet bist, wird sie dich auf einen Flug in die Neue Oktave mitnehmen.

Die südliche Insel

Im April 1991 erlebten wir die Aktivierung eines neuen Meisterzylinder-Wirbels auf der Südinsel Neuseelands. Da dieser Wirbel den Alpha-Punkt des Planeten repräsentiert und von der Neuen Oktave stammt, ist er viel ausgedehnter als alle früheren Meistergitter-Wirbel. Er hat die Form eines umgekehrten Dreiecks, wobei sich die drei äußeren Punkte ungefähr in Queenstown, Te Anau und im Milford Sound befinden.

Ich wurde im April 1991 auf die Südinsel Neuseelands geschickt, um diesen Wirbelpunkt zu finden und zu aktivieren, eine notwendige Vorbereitung für die Öffnung der Pforte 11:11. Ich bekam drei Tage Zeit und drei treue Begleiter, um diese Aufgabe zu erledigen. Das Auffinden seines genauen Standorts verwirrte uns, denn wir suchten nach etwas Kleinem, einem Berg zum Beispiel oder einem See. In unserer Verzweiflung begannen wir, eine Landkarte auszupendeln. Wir machten die äußerst hilfreiche Entdeckung, daß sich der verborgene Wirbel überall befand. Schließlich besuchten wir viele besondere Plätze, die sich alle richtig anfühlten, und aktivierten jeden einzelnen. Plötzlich begann ich zu begreifen. Dieser Meisterzylinder-Wirbel war einfach riesiggroß! Eigentlich hätte mich das nicht überraschen dürfen, weil in der Neuen Oktave *natürlich* alles viel größer ist.

Obschon dieser neue Meisterzylinder-Wirbel bereits im April 1991 aktiviert wurde, wird er doch nicht vor dem Jahre 2011 mit voller Leistung arbeiten. Während dieser zwanzig Jahre wird er allmählich, in genau bemessenen Portionen, aktiviert. Würde er sofort voll arbeiten, würde der Planet geophysisch ernstlich gestört. Um es mit anderen Worten zu sagen: der Aufprall solch hoher, vollkommen neuer Energien hätte die Erde samt der Menschheit geröstet!

Wir dürfen erwarten, daß die Südinsel Neuseelands in den nächsten zwanzig Jahren immer reiner werden wird. Besucher werden feststellen, daß sie in die feinen Energien der Schablone der Einheit eintauchen und verwandelt daraus hervortreten. Es ist mehr als wahrscheinlich, daß sich das Unsichtbare in diesem Gebiet immer öfter machtvoll in der Materie manifestieren wird.

Das Öffnen der Pforte 11:11 konzentrierte sich auf diese beiden Meistergitter-Wirbelpunkte: den Alpha-Punkt in Neuseeland und den Omega-Punkt in Ägypten. Diese beiden Orte bildeten den Meisterzylinder für alle „Kreise im Kreis" auf dem gesamten Planeten. Hier wurden die Bewegungen der Einheit während der vollen achtunddreißig Stunden durchgehend ausgeführt. Die Bewegungen begannen, als die erste Zeitzone des Planeten am 11. Januar 1992 11 Uhr 11 vormittags erreichte und endeten, als die letzte Zeitzone ihre 11-Uhr-11-Bewegungen am Abend abschlossen.

Die Öffnung des Tores

Für das Öffnen der Pforte 11:11 waren die Meisterzylinder außerordentlich wichtig, da sie die Großen Zentralen Säulen verankerten. Hier drangen die beiden mächtigen Lichtstrahlen tief in den Planeten und ermöglichten so den kleineren Strahlen, überall in die Erde zu dringen. So legen wir alle als Ein Wesen das Fundament für die Neue Oktave.

Nicht-Zeit

Nicht-Zeit ist die Maßeinheit der Größeren Wirklichkeit.

Wir bewegen uns aus der Begrenztheit des Raum-Zeit-Kontinuums heraus. Nicht-Zeit ist der immerwährende Augenblick der Ewigkeit, der sich bis in die Grenzenlosigkeit ausdehnt. Jeder von uns kann dies jetzt erfahren.

Es ist höchst wichtig, daß wir beginnen, in der dauerhaften Nicht-Zeit zu leben. Dies ist sehr leicht zu schaffen. Jeder kann es lernen. Das Leben in der Nicht-Zeit wird uns in kommenden Zeiten die notwendige Ausgeglichenheit ermöglichen. Außerdem helfen wir mit der Verkörperung der Nicht-Zeit dabei, die Schablone der Einheit auf der Erde zu verankern. Dies wird die ganze Menschheit – ungeachtet ihres gegenwärtigen Bewußtseinszustandes – stark beeinflussen.

Zeit ist nur eine Energie und, wie der Wind, ständig im Fluß. Du könntest sie mit einem beweglichen Netz vergleichen. Innerhalb der Parameter der Dualität wurde die Zeit in abgemessenen Segmenten festgefroren, welche unsere Erfahrungsmöglichkeiten bestimmten und begrenzten. Dies ist jedoch eine der Illusionen der Dualität, die wir jetzt getrost loslassen können. Wenn wir das schaffen, erlangen wir wahre Meisterschaft; wir werden Meister der Zeit. Diesen Zustand erreichen wir, indem wir unser Bewußtsein in die Nicht-Zeit versetzen.

Wenn wir die Zeit anhalten und uns in die Nicht-Zeit begeben, befinden wir uns automatisch im erhöhten Bewußtsein der Größeren Wirklichkeit. Wir können immer noch reden, umherlaufen und uns um unsere täglichen Pflichten kümmern, doch ist alles, was wir tun, mit größerer Bewußtseinstiefe erfüllt, was sich in all unseren Gesprächen und Handlungen spiegelt. Wenn nur einer von uns in der Nicht-Zeit lebt, wirkt sich dies auf seine gesamte Umwelt aus. Stell dir die Wirkung vor, wenn Tausende oder gar Millionen in der Nicht-Zeit lebten! Die harmonische Schwingung der Einheit würde unermeßlich verstärkt. Dann würden wir die Neue Oktave wirklich in der Erde verankern.

Wenn wir uns in der Nicht-Zeit befinden, bedeutet das keinesfalls, daß die Uhren stehenbleiben: Sie ticken weiter. Doch die Zeit selbst dehnt sich unendlich. Ich will ein Beispiel anfügen: Wenn ich reise, habe ich häufig keine Zeit, mich auszuruhen. Manchmal kann ich eine halbe Stunde herausschlagen, um mich vor meinem nächsten Vortrag etwas hinzulegen. Zu allererst halte ich dann die Zeit an. Danach löse ich mein Wesen auf und erlaube den Molekülen, sich grenzenlos auszudehnen. (*Oft ist es sehr ermüdend, die Moleküle in Form unseres Körpers zusammenzuhalten!*) Dann beginne ich, mit unzähligen Bewußtseinsoktaven zu verschmelzen. Ich besuche Welten, die ich unmöglich beschreiben kann, denn wenn ich zurückkehre, kann ich mich an nichts mehr erinnern. Es ist so, als ob eine beschriebene Tafel geputzt worden wäre.

Nach einer kleinen Ewigkeit kehre ich zur gegenwärtigen Wirklichkeit zurück, schaue auf meine Uhr und bin überrascht, daß erst fünf Minuten vergangen sind. Sofort mache ich mich wieder auf, lasse meine Moleküle los und lade mich auf. Das Geheimnis, die Zeit optimal auszunutzen, ist, sie auszudehnen. Es ist einfach, ein Meister der Zeit zu werden. Jeder von uns kann das erreichen. Die Technik gehört zu unseren Bewegungen der Einheit für die Pforte 11:11 und wird später in diesem Buch erklärt.

Nicht-Zeit hat praktische Auswirkungen auf unser tägliches Leben. Beim Reisen ist dieser Zustand höchst hilfreich. Ist es dir nicht auch schon einmal so ergangen, daß du über hundert Meilen in fünf Minuten gefahren bist? Viele von uns haben das so erlebt.

Wenn wir die Zeit anhalten, geschieht noch etwas Interessantes: ein Spalt öffnet sich zwischen den Welten. Ich habe diesen Spalt immer als gewölbten Bogen wahrgenommen, doch vielleicht siehst du ihn anders. Befindest du dich in der Nicht-Zeit, dann kannst du mühelos zu diesem Spalt aufsteigen und hindurchgelangen. Manchmal schwimme ich mit einem Schwarm von Delphinen hindurch oder schwebe mit den Sternenwellen hinein. In diesem Spalt befindet sich die gewaltig große Zone der Stille. Es ist faszinierend, diesen Ort zu erforschen, denn sein Potential ist unendlich.

Ich möchte dir jetzt gern eine ganz einfache Geschichte erzählen, die Geschichte, wie ich zum Sonnenbeobachter wurde und den Zugang zur Nicht-Zeit lernte.

Die Sonnenbeobachter

In einem fernen, fernen Reich, das jedoch näher liegt, als du dir vorstellen kannst, lag ein einfacher, unbedeutender Landstrich, unbedeutend bis auf eine bemerkenswerte Tatsache: überall standen dort kleine und große Pyramiden. Diese Pyramiden waren so alt, daß sich die Bewohner nicht daran erinnern konnten, ob sie natürlich gewachsen oder von Menschenhand erschaffen waren. Und tatsächlich, selbst wenn man genau hinschaute, konnte man dies nicht mit Sicherheit feststellen.

Natürlich wurden die Pyramiden in den alten Mythen erwähnt. Dort hießen sie „Wam:Pa", was grob übersetzt „Überbrücker" bedeutet. Die lückenhaften Berichte behaupteten, die Sterne hätten jene Pyramiden zur Erinnerung auf dem Planeten hinterlassen. Doch wenn überhaupt gab es nur wenige Bewohner, die wußten oder darüber nachdachten, an was erinnert werden sollte oder ob es überhaupt wichtig war, sich zu erinnern.

Die meisten Bewohner nahmen die Pyramiden einfach als normalen Bestandteil der Landschaft hin, genau so wie sie sich mit den Bäumen, Flüssen und Bergen abfanden. Sie gingen ihrer täglichen Arbeit nach, ohne auch nur einen Blick auf die Wam:Pa zu verschwenden. Allerdings berührte sie auch niemand oder kletterte gar hinauf, denn dies war aus lang vergessenen, geheimnisvollen Gründen strengstens untersagt.

Nun, die meisten Bewohner sind nicht alle, und du weißt sicher, daß es immer einige wenige unter den vielen gibt, die ganz anders sind. Diese Menschen leben ihr Leben nach einer anderen Melodie, und sie fügen sich niemals ganz ein. Aus dieser Gruppe, die wir *die anderen* nennen wollen, wurden die Sonnenbeobachter gewählt. Um bei der Wahrheit zu bleiben: sie wählten sich selbst!

Es geschah etwa so: Einer, der *anders* war, versuchte sich verzweifelt, der übrigen Bevölkerung anzupassen. Doch trotz aller Mühen gelang es ihm nicht, jene geheimnisvoll klagende Stimme auszulöschen, die seiner Seele von Erinnerungen sang. Zufällig hört er etwas über „Sonnenbeobachter", und sein Herz beginnt wild aufgeregt zu pochen. Vielleicht ist er gesegnet und sieht einen Sonnenbeobachter in seliger Einsamkeit vorübergehen. Das reicht! Schauer überlaufen ihn, und er fühlt sich immer glücklicher. Dann fließen die Tränen. Es dauert nicht lange, und wieder hat einer die Welt hinter sich gelassen, um in aller Stille ein Sonnenbeobachter zu werden.

Die Mehrheit der Bevölkerung wußte um die Existenz der golden gekleideten Sonnenbeobachter, ohne ihnen jedoch viel Beachtung zu schenken. Die Sonnenbeobachter waren sehr ruhig, selten sah man sie in der Nähe, und sie verursachten offensichtlich keinen Schaden. Das war gut so, denn jeder wußte, daß die Sonnenbeobachter *seltsame Augen* hatten, Augen einer anderen Welt, mit denen sie alles durchschauen und die Schleier der Illusion durchdringen konnten. Nur der Gedanke daran verursachte den Leuten schon höchst unangenehme Gefühle. Nicht daß irgend jemand die Augen eines Sonnenbeobachters aus der Nähe gesehen hätte, doch die Leute kannten Geschichte über andere, die ihrerseits jemanden kannten, der diese Augen schon einmal erblickt hatte. Also wandten sie, wenn sie einen golden Gekleideten auch nur von weitem sahen, sofort den Blick ab und warteten ab, bis der Sonnenbeobachter in sicherem Abstand vorübergezogen war.

Und wer waren diese Sonnenbeobachter? Das will ich dir erzählen, denn darin liegt der Sinn dieser Geschichte. Ihr wahrer Name war „Way-Chen", was grob übersetzt „durch den Spalt" bedeutet. Doch niemand nannte sie so, und viele kannten diesen Namen überhaupt nicht.

Die Sonnenbeobachter lebten überall im Lande in versteckten Ecken und abgeschiedenen Tälern. Manche hatten sich in den Bergen oder an den Ufern verborgener Flüsse niedergelassen. Keiner von ihnen lebte mit der ansässigen Bevölkerung zusammen. Entweder teilten sie sich zu zweit eine Hütte oder bildeten mit wenigen anderen eine kleine Dorfgemeinschaft. Sie lebten einfach und zurückgezogen, bauten ihre Nahrung an, bestellten leise singend ihre Felder und trafen sich nur selten in größeren Gruppen, nicht einmal mit ihren in der Ferne lebenden golden gewandeten Brüdern.

Wir sprechen hier immer von goldenen Gewändern. Tatsächlich handelte es sich um einfache Tücher aus handgewebtem, hell-goldgelbem Baumwollstoff, in die sich die Sonnenbeobachter auf verschiedene Art und Weise hüllten. Man konnte die Tücher als Sarong, als Lendenschurz oder Meditationsgewand bei jedem Wetter und zu jedem Anlaß tragen. Leicht und bequem konnten sie rasch und der Situation entsprechend verändert werden und erlaubten größere Bewegungsfreiheit als der starre Kleidungsstil, den die übrige Bevölkerung bevorzugte. Außerdem konnte man die goldenen Tücher leicht abnehmen und sie als Decken oder Tragetücher verwenden.

Hier soll nicht der Eindruck vermittelt werden, daß die Sonnenbeobachter ein träges Leben führten. Sie lebten einfach und ruhig, ohne sich zu sehr von der Welt ablenken zu lassen. Da sie ihre leiblichen Bedürfnisse in Grenzen hielten, blieb ihnen viel Zeit, sich der Aufgabe des Erinnerns zu widmen. Sie wußten zwar nicht, an was genau sie sich erinnern sollten, doch alle spürten jene äußerste Hochachtung vor dem lang Vergessenen.

Der Sonnenuntergang galt ihnen besonders heilig. Wenn die Sonne würdig am flammenden Himmel niederstieg, beendete jeder Sonnenbeobachter im ganzen Lande seine Arbeit. Zu zweit begaben sie sich zu den versteckten Winkeln und Spalten in den Hügeln und auf den Bergen, wo sich ihre geheimen Andachtsstätten befanden. Hier setzten sie sich nieder, ordneten ihre goldenen Gewänder und meditierten gemeinsam. Mit geöffneten Augen blickten sie in die untergehende Sonne und beobachteten, wie diese hinter den alten Pyramiden versank.

Genau in jenem Augenblick, wenn die Sonne hinter der Pyramidenspitze verschwand, geschah etwas Außergewöhnliches. Ein elektrisch pulsierender Sonnenstrahl zeichnete die Außenkante der Pyramidenspitze nach und ließ sie funkelnd erstrahlen. Die Wam:Pa war als Überbrücker aktiviert und erzeugte einen Lichtstrahl, der sich leuchtendrot, orange, goldgelb und magentafarben in einem Blitze sammelte.

Dann tat sich plötzlich, als wenn es von oben so bestimmt wäre, ein Spalt zwischen den Welten auf, und eine tiefe, alles durchdringende Stille wurde spürbar... In irdischem Sinne hörten die Sonnenbeobachter auf zu atmen... Der Nicht-Atem versetzte sie in einen Zustand reinen Seins... Die Zeit stand still ... existierte nicht mehr ... Nicht-Zeit dehnte sich bis in die Unendlichkeit...

Sie durchdrangen die Zone der Stille...Für einen Augenblick oder eine Ewigkeit, das spielte keine Rolle, reisten sie nach Belieben darin herum.

Und in diesem zeitlosen Augenblick der Nicht-Zeit flutete die Erinnerung zurück... ein Vorgeschmack, eine gewaltige, herrliche Kostprobe der Essenz der Größeren Wirklichkeit... etwas, wonach wir Menschen uns jahrhundertelang gesehnt hatten, obwohl die wenigsten diese Sehnsucht benennen konnten. Dies war die Quelle unserer göttlichen Unzufriedenheit, das Sandkorn in der Auster unseres Seins, welches die Perle der Erinnerung wachsen und gedeihen ließ, der Same unseres Wissens, der nur im Heiligtum unseres Größeren Herzens wahren Frieden finden kann.

Für diesen ewigen Augenblick, in dem sich der Spalt zwischen den Welten öffnete und einen heiligen Blick auf die Zone der Stille erlaubte, atmeten und lebten die Sonnenbeobachter... Das Eintauchen in die Größere Wirklichkeit war ihr Gott, ihr heiliges Ziel, ihr verehrtes Heiligtum.

Dann, als dieser Augenblick vollkommener Verzückung und reinen Seins sein vorbestimmtes Ende nahm, schloß sich der Spalt und ließ die Sonnenbeobachter in ihrer gegenwärtigen Dimension zurück.

Der Himmel kleidete sich allmählich in die dunkleren Farben der Nacht. Die Sonnenbeobachter saßen in ehrfürchtiger Andacht und kosteten behutsam ihre Erinnerungen aus. Sie hüllten die goldenen Tücher enger um sich, um die plötzliche Kühle der Nacht abzuwehren. Aus den Tiefen der Himmel erschienen ihre Sternenbrüder und lächelten ihnen liebevoll und ermutigend zu. Dann kehrten die Sonnenbeobachter einer nach dem anderen als Ein Wesen nach Hause zurück.

Die Kreise im Kreis

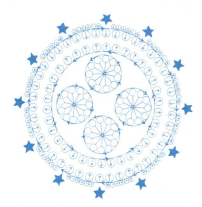

**Die Bewegungen der Einheit,
die das Tor 11:11 öffneten.**

Die 11:11-Aktivierung verlangte anderes von uns als die Harmonische Konvergenz. Es reichte nicht mehr aus, daß jeder am 11.Januar 1992 einfach *irgendwohin* ging, um irgend etwas zu tun, denn das hätte die Pforte nicht geöffnet. Jetzt bedurfte es des gemeinsamen Fokus', der konzentrierten Absicht. Wir mußten *Kreise im Kreis* bilden; nur hierdurch schufen wir den Schlüssel, der die Pforte aufstieß.

Die Bewegungen der Einheit sind eine Folge genau aufeinander abgestimmter Bewegungen, die weltweit von allen Teilnehmern ausgeführt werden müssen. Wir bitten jeden, weiße Kleidung zu tragen, um damit die Reinheit unserer Vereinten Gegenwart zu symbolisieren. Am wichtigsten ist, wie wir uns in Gruppen zusammenfinden, wobei es keine Rolle spielt, ob die Gruppe groß oder klein ist. Entscheidend ist vielmehr, daß wir uns nicht als Einzelwesen fühlen, sondern als Stellvertreter des Einen.

Die Bewegungen der Einheit

Hier folgen alle Bewegungen der Einheit, die am 11. Januar 1992 auf der ganzen Welt ausgeführt wurden, um die Pforte 11:11 zu öffnen. Sie sind nicht nur aus historischem Interesse in diesem Buch aufgeführt. Es sind außerordentlich machtvolle, heilige Bewegungen, wichtige Schlüssel der Verwandlung. Du kannst jede kleine Geste so ausdehnen, daß sie dich zu höheren Offenbarungen führt. Ich hege die Hoffnung, daß diese Bewegungen weiter gelehrt werden und daß sich die erwachten Sterngeborenen damit beschäftigen. Es sind feine, kraftvolle Werkzeuge, die dir helfen, dein Bewußtsein in die Neue Oktave auszudehnen.

Der Ursprung der Bewegungen

Häufig werde ich gefragt, woher die Bewegungen der Einheit stammen. Die nächstliegende Antwort ist natürlich: von dem Einen. Doch genauer gesagt, braucht alles, was vom Einen zur Erde gelangt, einen Boten oder Übersetzer, der das, was von Oben kommt, weitergibt. Ich möchte hier betonen, daß dies nicht *meine* Bewegungen sind. Ich entschied mich nur dafür, das Werkzeug zu sein, das die Menschheit darauf aufmerksam macht.

Die erste Bewegung, die ich empfing, war die der Nicht-Zeit. Seit vielen Jahren kenne ich jene magischen Augenblicke, in denen die Zeit stillsteht und sich bis in die Unendlichkeit ausdehnt. Ich hatte stets das Gefühl, daß ein besonderer Segen auf diesen Momenten liegt. Schließlich lernte ich, die Zeit anzuhalten. Daraus entstand eine einfache Bewegungsfolge, die half, in den Zustand der Nicht-Zeit zu gelangen. Die restlichen Bewegungen der Einheit kamen durch mich und andere Mitglieder des Teams während unserer Sterngeborenen-Vereinigungen, die wir zweimal im Jahr an verschiedenen Orten abhalten.

Nachdem wir alle Bewegungen empfangen hatten, begannen wir, sie so vielen Menschen wie möglich beizubringen. Wir gaben Sterngeborenen-Seminare und 11:11 Verankerungskurse überall in den Vereinigten Staaten und in Kanada. Im Sommer 1991 fuhren Mitglieder des Star-Borne-Teams nach Rußland, um den Menschen dort die Bewegungen zu zeigen. Ich selbst führte Gruppen in Australien, Neuseeland, Brasilien, Großbritannien, Norwegen und natürlich in vielen Städte der Vereinigten Staaten durch die Bewegungen der Einheit und die Sternenprozession. Wir veröffentlichten zusammen mit der Broschüre „11:11" ein Büchlein mit dem Titel „*Wheels within Wheels*", und beide Schriften wurden in viele Sprachen übersetzt. Schließlich produzierten wir auch noch einen Videofilm.

Diese große Arbeit konnten wir natürlich nicht allein bewältigen. Zahlreiche Menschen auf dem ganzen Planeten übernahmen bereitwillig die Aufgabe, die Nachricht zu verbreiten. Die Botschaft über die Pforte 11:11 wurde auf dem ganzen Planeten weitergegeben und stieß auf tiefe Resonanz. Dafür werde ich immer dankbar sein.

Obwohl manche Leute Widerstände gegen die Bewegungen der Einheit spürten, empfanden die meisten tiefe Freude dabei. Die Bewegungen sind außerordentlich einfach und doch unbestreitbar kraftvoll. Nachdem wir die Berichte über die 11:11-Zeremonie des ganzen Planeten ausgewertet hatten, machten wir eine interessante Entdeckung: jene Gruppen, die die Bewegungen der Einheit ausgeführt hatten, nahmen die hereinströmenden Energien viel leichter auf und erdeten sie ohne Schwierigkeiten. Viele Gruppen fühlten sich dabei berufen, die Bewegungen abzuändern, wie zum Beispiel die wechselnden Spitzen bei der Sternenprozession in Neuseeland oder die doppelten Sonne-Mond-Kreise in Brasilien. Genau so soll es sein. Wir sind in Einheit verbunden und haben doch gleichzeitig die Freiheit, unseren Funken Originalität einzubringen, um den Einen in uns noch strahlender zu machen.

Die Kreise im Kreis sind noch nie zuvor auf dem Planeten ausgeführt worden. Sie erfüllen vollendet die zahlreichen Prophezeiungen über die sich drehenden Sonnentanzkreise oder die geflügelten Schlangenkreise. Es ist doch wunderbar, daß wir es schließlich geschafft haben! Wir erfüllten die Voraussagen, fanden in vollkommener Einheit zusammen und öffneten die Pforte 11:11!

Hier folgen die Anleitungen für die Bewegungen der Einheit. Wir übermitteln sie dir, damit du sie weitergeben und noch mehr Mitglieder der Sternenfamilie durch das Tor 11:11 führen kannst.

Die Zwölf Wächter

Wir begannen damit, Zwölf Wächter auszuwählen, welche die Zwölf Kosmischen Strahlen verkörpern sollten. Sie hatten die Aufgabe, das Licht zu verankern und die Heiligkeit unserer Zeremonie die ganze Zeit über zu schützen. Die Zwölf Wächter nahmen nicht an den Bewegungen der Einheit teil. Sie standen außerhalb des Kreises, bildeten jedoch für alle das Fundament und dienten als Stabilisierungspunkte für die neu verankerte Schablone der Einheit. In ihrer vollständigen Gegenwart standen sie einfach da und leiteten und verankerten die Energien so, wie es ihnen angemessen schien.

In Ägypten hatten wir wirklich großartige Wächter. Unser Meisterzylinder dauerte achtunddreißig Stunden, und die klimatischen Bedingungen waren schwierig (Sonne, Wind und Kälte). So mußten wir die Wächter oft stündlich auswechseln. Während der ganzen Zeremonie hatte immer einer die Aufgabe, die Runde der Zwölf Wächter abzugehen, um zu prüfen, wer erlöst werden wollte. Über unsere Lautsprecheranlage gaben wir dann die Zahl der benötigten Freiwilligen bekannt, und immer fanden sie sich!

Der Austausch der Wächter war wunderschön anzusehen. Zuerst standen sich die beiden Wächter gegenüber, führten ihre Mudras aus und gaben ihre Namen bekannt. Dann verbeugten sie sich voreinander; der frische Wächter nahm seinen Platz ein, und der alte konnte gehen, eine wirklich kraftvolle Wachablösung!

Während der frühen Morgenstunden war es schrecklich kalt in unserem Hofe ANs. Trotzdem standen unsere Wächter voll unaussprechlicher Hingabe und hoben die Arme gen Himmel, während der Wind ihre weißen Gewänder blähte. Niemals werden wir ihre leuchtenden Sternenaugen vergessen, ihr Strahlen und ihren unerschütterlichen Einsatz. Während der ganzen Zeremonie war unser Platz vollkommen sicher, geschützt und gesegnet.

Die Kreise im Kreis

Wir beginnen die Bewegungen der Einheit damit, zwei große Kreise zu bilden. Der äußere Sonnenkreis schaut nach innen, der innere Mondkreis nach außen. Der Sonnenkreis stellt den Einen dar, der Mondkreis das Reflektieren des Lichtes – als Beispiel dafür, daß wir alle Spiegelungen des Einen sind. So stehen sich beide Kreise gegenüber, vereinen alle Gegensätze und werden zur heiligen Union von Sonne und Mond, wie in den Energien ANs verkörpert.

In diesen Sonne-Mond-Kreisen befinden sich kleinere Kreise mit jeweils elf Personen, die Inneren Kreise. (*In Ägyp-*

186 / Die Öffnung des Tores

ten wechselten wir zwischen acht inneren Kreisen und einem Kreis ab.)
   Die Kreise im Kreis laufen folgendermaßen ab:
   Nicht-Zeit, Nicht-Raum, Nicht-Dualität, Antarion Konversion.
   Denk daran: wir beschäftigen uns hier mit den feinen Strömen des Unsichtbaren, deshalb konzentriere dich bitte mehr auf die Energien, die bewegt werden, als auf deine physischen Bewegungen.

Nicht-Zeit

Wir beginnen damit, die Zeit anzuhalten, denn Nicht-Zeit ist die Maßeinheit der Größeren Wirklichkeit. Nimm dazu beide Hände so zusammen, als ob du beten wolltest. Spüre die Zeit zwischen deinen Händen. Jetzt nimm deine Hände langsam auseinander, die Handflächen immer einander zugewandt. Du dehnst die Zeit zwischen deinen Händen. Konzentriere dich dabei auf die Energie, die du dehnst. Wenn du spürst, daß die Zeit sich weit geöffnet hat, dann wende deine Handflächen nach außen und halte die Zeit an. Fühle den Unterschied zwischen Zeit und Nicht-Zeit. Wenn du dich mit der Nicht-Zeit vertraut gemacht hast, kannst du damit beginnen, dein Leben in diesem Zustand zu verbringen.

1. Halte die Zeit in der Gebetshaltung

2. Ziehe die Zeit auseinander

Die Öffnung des Tores / 187

3. Dehne die Zeit

4. Kehre die Handflächen nach außen, halte die Zeit an.

Nicht-Raum

Wir begeben uns von der Nicht-Zeit in den Nicht-Raum, ohne die Bewegung zu unterbrechen. Strecke deine Arme nach außen, die Handflächen nach vorn, wobei du die Fingerspitzen so weit nach außen führst, wie du vermagst. Beuge deine Arme jetzt langsam vor der Brust und lege die Handflächen vor dem Herzen übereinander. Halte dabei die Daumen hoch, laß sie einander berühren und ein Dreieck bilden. Nimm die Hände dann vorsichtig in dein Herz hinein. Mach es ganz weit und fülle es mit unendlichem Raum. Wir verwandeln allen äußeren Raum in inneren Raum. Lege dann deine Ellenbogen an den Körper heran und vollende so diesen Prozeß.

5. Strecke deine Arme zur Seite.

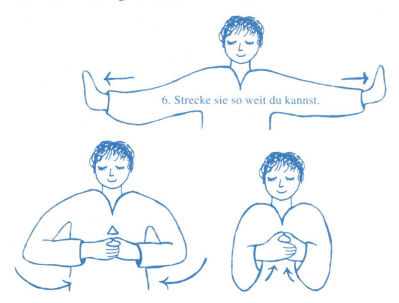

7. Nimm die Arme vor deinem Körper zusammen, Handflächen nach innen, die Daumen berühren einander.

8. Nimm die Ellenbogen an den Körper und drücke den äußeren Raum in dein Herz.

Nicht-Dualität

Hebe den rechten Arm nach oben und den linken nach unten. Dehne dich so weit du kannst und spüre die äußeren Grenzen deiner Gegensätze. Jetzt bringe deine Handflächen langsam und bewußt zusammen, während du die Arme gestreckt vor dir hältst. Spüre die feine Energie, die deine Gegensätze in Einheit verschmilzt, wenn sich die Handflächen berühren. Bringe dann die Hände in die Gebetshaltung und lege sie sanft in dein Herz. Du hast die ganze Dualität vereint und in deinem Herzen verankert.

Die Öffnung des Tores / 189

1. Hebe den rechten Arm nach oben, den linken nach unten.

2. Führe die Hände zueinander.

3. Lege die Hände in Gebetshaltung zusammen.

4. Verankere alles im Herzen.

Antarion Konversion
Das Schließen der alten Tür und das Öffnen der neuen

Hebe den linken Arm nach oben und den rechten nach unten, so daß sich eine Diagonale ergibt. Bringe die Hände langsam vor dir zusammen, halte dabei die Arme gestreckt und bewege diese Energie ganz bewußt. Wenn sich die Handflächen treffen, zeigt deine linke Hand nach unten und die rechte nach oben. So wird die alte Tür geschlossen. Jetzt drehe deine Hände, um die neue Tür zu öffnen. Hebe den rech-

190 / Die Öffnung des Tores

ten Arm nach oben und den linken nach unten. Jetzt kannst du durch die neue Pforte gehen, die du selbst geschaffen hast.

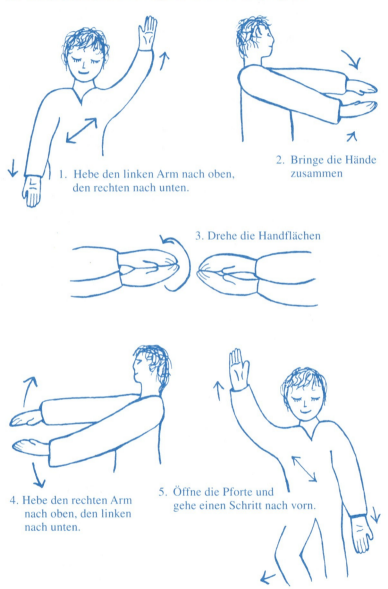

1. Hebe den linken Arm nach oben, den rechten nach unten.
2. Bringe die Hände zusammen
3. Drehe die Handflächen
4. Hebe den rechten Arm nach oben, den linken nach unten.
5. Öffne die Pforte und gehe einen Schritt nach vorn.

Die Aktivierung der Kreise im Kreis

Die Mitglieder der Inneren Kreise der Elf werden einen riesigen Schritt durch die neue Pforte machen. Genau in diesem Augenblick begegnen sich ihre ausgestreckten Arme, um sich im Zentrum des heiligen Kreises zu treffen.

Gleichzeitig fassen sich die Mitglieder des Sonnen- und des Mondkreises an den Händen und drehen sich im Uhrzeigersinn nach links. Dabei schaut jeder den Mitgliedern des entgegengesetzten Kreises tief in die Augen und erkennt in diesen Angehörigen der Sternenfamilie die Spiegelung des Einen.

Jetzt machen die Inneren Kreise elf Schritte nach links. Hebt dabei die rechten Arme über die Schulter in die Mitte des Kreises, wo sich alle Hände treffen.

Nach den elf Schritten sucht sich jeder einen neuen Platz im Kreis, indem er unter den ausgestreckten Armen durch eine andere Pforte geht. Haltet die rechten Arme hoch, wobei sich alle Hände im Zentrum des Kreises treffen. Geht ganz zufällig durch die Pforten, bis jeder im Kreis der Elf einen neuen Platz gefunden hat. Macht jetzt wieder elf Schritte im Uhrzeigersinn.

Senkt nach diesen Schritten die rechten Arme auf die Höhe des Herzens. Jetzt seid ihr soweit, eure Bereitschaft zur Einheit zu erneuern. Hebt den linken Arm über den Kopf in die Mitte des Kreises, wo er sich mit allen rechten Händen trifft. Ihr solltet in die Mitte des heiligen Kreises schauen. Spürt die Einheit, die ihr geschaffen habt. Atmet und macht eine heilige Pause.

Laßt dann eure Arme auf- und abwärtsschwingen wie eine Lotusblume, die ihre Blütenblätter öffnet. Das sieht wunderschön aus. Faßt euch im Inneren Kreis dann an den Händen und dreht euch nach rechts oder links.

Die Sternenprozession

Wir empfehlen dir, bei der Sternenprozession oder der Spirale stets weiße Kleidung zu tragen, um die Reinheit unserer Vereinten Gegenwart zu symbolisieren. Diese heiligen Bewegungen entstammen dem Einweihungstempel der Sterne. Sie sind erst seit kurzer Zeit auf dieser Erde, denn erst jetzt sind wir bereit, sie in uns aufzunehmen.

Die Sternenprozession ist ein heiliger Tanz und stellt unsere Verbindung mit dem Stern der Einheit dar. Dabei spielt es keine Rolle, ob du mitmachst oder sie von weitem beobachtest; ihre Wirkung bleibt äußerst stark. Die Grundform dieses Tanzes ist ein großer Stern. Dazu schaffen wir zuerst einen großen Kreis, bei dem jeder in die Mitte schaut. Jetzt muß bestimmt werden, wieviele Leute einen Sternenstrahl bilden, was von der Anzahl der beteiligten Menschen und der Größe des Raumes abhängt. Legt dann die inneren und äußeren Spitzen des Sterns fest. Diese Punkte sind Schlüsselpositionen für die Verankerung der Energien. Außerdem verbinden sie die einzelnen Strahlen mit dem Ganzen.

Wenn alle ihren Platz gefunden haben, dann dreht euch in dieser Sternenformation langsam im Uhrzeigersinn durch den Raum. Einige von euch werden rückwärts gehen müssen, deshalb achtet bitte darauf, daß die Strahlen nicht in Unordnung geraten. Bewegt euch sehr bewußt! Dies ist der heilige Stern, der Stern, der wir alle sind, das Symbol unserer Vereinten Gegenwart, der Eine, und wir drehen ihn und verbinden uns wieder mit ihm.

Die Sternenprozession ist eine der tiefsten und heiligsten Handlungen, die wir gegenwärtig auf der Erde haben. Bewahrt die Heiligkeit des Sterns, wenn ihr euch langsam dreht. Etherium schuf speziell für diesen Tanz eine wunderschöne Musik, die ihr mit der Kassette *The Starry Processional* dazu abspielen könnt.

Bei unseren Meisterzylindern machten wir interessante Erfahrungen mit der Sternenprozession. Nachdem wir in Ägyp-

Die Öffnung des Tores / 193

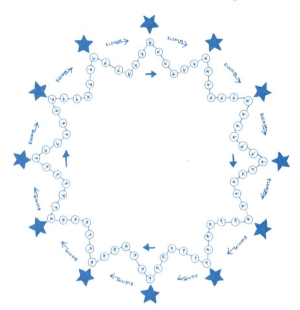

ten um 11 Uhr 11 MEZ abends die machtvollen Bewegungen der Einheit ausgeführt hatten, wußten wir, daß die Pforte geöffnet war. Plötzlich richtete sich der Fokus unwiderstehlich von den Kreisen im Kreis auf die Sternenprozession. Von da an schraubten wir uns bei jeder Drehung der Sternenprozession höher durch das Tor 11:11 in die Neue Oktave.

In Neuseeland war die Sternenprozession in bezug auf den Alpha-Punkt natürlich viel lebendiger. Die Sternenfamilie dort dachte sich einige eindrucksvolle Abwandlungen aus, zum Beispiel, daß die Sternspitzen beim Drehen von innen nach außen wechselten. Sie stellten eine Person in die Mitte des Sterns, um die Energien zu verankern und das Wechseln der Sternspitzen zu lenken.

Ich erprobte beide Formen und machte dabei eine interessante Entdeckung. Bei der ägyptischen Form verließen wir die Spirale der Dualität und betraten die Neue Oktave. Die neuseeländische Form bringt das Neue herein und verankert es auf dem Planeten. Der Unterschied ist höchst bemerkenswert. Beide Formen sind hochwirksam und zeigen, wie die Energie übertragen wird.

Die Sternenprozession ist eine wunderbare Übung, die man regelmäßig ausführen kann. Ich tanzte sie mit unterschiedlich vielen Teilnehmern, von drei Leuten bis zu fünfhundert. Steht dir nur ein begrenzter Raum zur Verfügung, dann kannst du mit kleineren Sternen im großen Stern arbeiten. Mit Sicherheit wirst du beständig die hohe Erfahrung machen, die Pforte 11:11 zu durchschreiten.

Die Spirale

Die Spirale ist ein heiliges Ritual und wurde uns als mögliche Bewegung für die Öffnung der Pforte 11:11 gezeigt. Sie gestattet dir tiefe Erfahrungen. Das Ritual bezweckt die Nachbildung einer Spiralgalaxis, die durch die Drehung voll aktiviert wird. Wir können sie als Triebkraft benutzen, um durch das Tor zu gelangen. Außerdem ist die Spirale eine ausgezeichnete Übung, die Merkabah unserer Vereinten Gegenwart zu bilden. (*Interessanterweise machte keiner der beiden Meisterzylinder die Spirale, obwohl wir das ursprünglich gar nicht ausgeschlossen hatten. Wir spürten beide, daß wir achtunddreißig Stunden lang die Kreise im Kreis und die Sternenprozession ausführen sollten.*)

Wähle, bevor du beginnst, außer dem Gruppenleiter noch zwei Personen aus. Sie werden auf dem ersten und dem letzten Platz sitzen. Der erste sollte ein sehr reines, helles Wesen sein, denn er garantiert die Heiligkeit des Strahls. Dieser Mensch muß aber gleichzeitig konzentriert und geerdet bleiben können, wenn ihn ungeheure Energien durchströmen. Der letzte ist der Hüter der Schwelle und hat die Aufgabe, die Tür der Spirale zu verschließen. Außerdem schützt er, wenn nötig, ihre Heiligkeit. Wähle also jemanden, der stark und wachsam ist.

Während ihr die Spirale ausführt, sollte die ganze Zeit über Konzentration und Ruhe herrschen. Zuerst sitzen alle in ei-

Die Öffnung des Tores / 195

nem großen Kreis. Erkläre den Teilnehmern, daß sie erst dann aufstehen sollen, wenn sie einen wirklichen Ruf verspüren, den nächsten Platz einzunehmen. Manchmal gibt es einen Raum, den niemand ausfüllen will. Hoffentlich findet sich schließlich jemand, der dienen will und diese Position einnimmt, damit die Spirale vollendet werden kann.

Der Gruppenleiter begibt sich jetzt in die Mitte des Kreises an den ersten Platz der Spirale. Er weist denjenigen, der diesen Platz einnehmen soll (*der ganz zu Anfang dazu ausgewählt wurde*) mit einer einfachen Armbewegung an, nach vorn zu treten und sich dort hinzusetzen. Bevor sich die Teilnehmer auf ihren gewählten Platz in der Spirale setzen, führen sie ihr Mudra aus und sagen ihren Sternennamen -"Ich bin ...".

Es ist wichtig, daß ihr einen Weg zur Mitte der Spirale freilaßt, damit sich der Gruppenleiter, wenn die Spirale vollständig ist, dorthin begeben kann. Wenn ein Platz besetzt ist, stellt sich der Leiter auf den nächsten Platz und wartet, bis sich jemand für diese Stelle findet. Setze dich im Uhrzeigersinn und in Spiralform dicht hinter deinen Vordermann. Denke daran: erhebe dich erst, wenn du einen wirklichen Ruf zu diesem speziellen Platz verspürst. Du verpflichtest dich, diesen Platz in unserer Vereinten Gegenwart ganz auszufüllen.

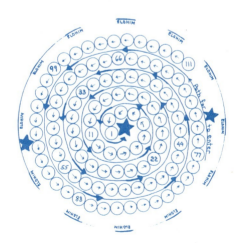

Die Öffnung des Tores

Wenn der letzte (*der vorher bestimmte Hüter der Schwelle*) seinen Platz am Ende der Spirale eingenommen hat, geht der Gruppenleiter zwischen den Reihen bis in die Mitte und setzt sich dort.

Jetzt aktiviert der Leiter die Spirale. Dies muß sehr bewußt geschehen. Er nimmt die rechte Hand des ersten und drückt sie, dann nimmt der erste die rechte Hand des nächsten in der Spirale, drückt sie, und so geht es weiter, von einem zum nächsten. Nimm die Hand des hinter dir Sitzenden erst, wenn dich der vor dir Sitzende aktiviert hat. Die Bewegung geht so lange weiter, bis der letzte in der heiligen Spirale erreicht worden ist.

Der Hüter der Schwelle nickt dem Gruppenleiter zu oder gibt ihm ein Zeichen, daß die Aktivierung abgeschlossen ist. Ihr haltet euch immer noch an den Händen. Diesmal drückt zuerst der hinter dir Sitzende die Hand, und du gibst die Bewegung nach vorn weiter. Laßt einander nicht los und unterbrecht die Bewegung nicht, bis sie vorn beim Gruppenleiter in der Mitte der Spirale angekommen ist.

Wenn dies abgeschlossen ist, dann laßt einander los und steht auf. Tönt jetzt euren persönlichen Klang und singt zusammen das Lied des Einen. Vielleicht verspürst du den Wunsch, während des Tönens dein Mudra oder andere heilige Gesten auszuführen, um den Energiefluß lenken zu helfen.

Es gibt zwei verschiedene Möglichkeiten, die Spirale wieder aufzulösen. Einmal könnt ihr einander wieder an den Händen fassen. Der Hüter der Schwelle wickelt die Spirale in einen großen Kreis auf. Danach könnt ihr feiern und Musik hören.

Oder: der Gruppenleiter verläßt die Spirale als erster über den schmalen Weg, und die übrigen Mitglieder folgen ihm. Dabei könnt ihr singen: AN-NUT-TA-RA HU. Nehmt euch dann an den Händen und bildet einen großen Kreis.

Neue Bewegungen

Hier folgen neue Bewegungen der Einheit, die in Ägypten empfangen wurden. Sie waren kein Bestandteil der Kreise im Kreis, wurden jedoch in unserer 11:11-Meisterzylinder-Zeremonie angewendet, nachdem die Pforte geöffnet war. Diese Bewegungen öffnen das Tor, heben unsere wahrscheinliche Realität in ein völlig neues Muster, öffnen daraufhin eine weitere Tür und erlauben uns hindurchzuschreiten. Wenn wir sie wirklich konzentriert ausführen, können sie uns sehr machtvolle Erfahrungen bescheren. Sie sind hier aufgeführt, damit ihr sie weitergeben könnt. Wenn ihr die Bewegungen in der Gruppe macht, dann bewegt euch dabei in einem großen Kreis und singt die Silben AN-NUT-TA-RA HU dazu. Dann wirken sie besonders stark.

Schritt 1: Nimm die Arme angewinkelt zur Seite, die Handflächen nach außen, und töne AN (*sprich ON*). AN symbolisiert die Vereinigung unserer inneren Gegensätze, die Vollendung der Dualität und die Einheit von Sonne und Mond. Diese Geste zeigt, wie wir in unserer Vereinten Gegenwart durch die offene Pforte schreiten.

1. Handflächen nach außen
– halte die Zeit an.

198 / Die Öffnung des Tores

Schritt 2: Kreuze die Arme vor der Brust, die Handflächen zeigen zum Körper. Der linke Arm liegt innen. Töne dabei die Silbe NUT. Die Silbe NUT steht für den Mond, den empfangenden Teil unserer Natur. Die Geste stellt unsere altgewohnte wahrscheinliche Realität dar.

2. Kreuze die Arme über der Brust. Der linke Arm liegt innen, und die Handflächen zeigen zum Körper.

Schritt 3: Lege die Hände zusammen, richte sie nach unten und wende sie dann mit gekreuzten Handgelenken nach außen. Die Handflächen zeigen nach außen, wobei die rechte Hand vorn liegt. Töne dabei die Silbe TA, den Klang der Schöpfung, denn dieser Teil der heiligen Bewegung bestimmt die neuen Grenzen unserer wahrscheinlichen Realität.

3. Lege die Hände zusammmen, drehe sie nach unten, dann nach außen. Die Handflächen zeigen jetzt nach außen.

Schritt 4: Nimm deine Arme in dieselbe Position wie bei Schritt 1, die Handflächen nach außen. Töne dabe die Silbe RA, den Klang der Sonne oder des Einen. Wir begeben uns jetzt durch die neue Pforte in die erweiterte Einheit.

Die Öffnung des Tores / 199

4. Halte deine Arme
angewinkelt nach außen.

Schritt 5: Nimm die Arme, Handflächen nach außen, in einer Geste der Hingabe hinunter und töne dabei die Silbe HU. HU ist der Klang der Hingabe und der Atem des Neuen. Während du diese Geste machst, ist es wichtig, daß du dich bewußt der Neuen Oktave überläßt.

Wenn du die ganze Bewegungsfolge ausgeführt hast, kannst du alles noch einmal wiederholen, wobei jedesmal mehr Kraft frei wird. *Wir machten diese Bewegung, während wir die Straße der Sphinxen im Tempel von Luxor auf- und abschritten. Es war eine unglaubliche Erfahrung!*

5. Senke deine Arme und gehe
einen Schritt nach vorn.

Herausforderungen auf dem Weg der Einheit

Als mir zum erstenmal klar wurde, daß die Aktivierung der Pforte 11:11 ein Ereignis war, das die ganze Welt und alle Sterngeborenen betreffen würde, war ich tief angerührt. Eine Art ehrfürchtiger Panik stieg in mir auf. Wie sollten wir das in so kurzer Zeit mit so wenigen Mitteln schaffen? War ich physisch, mental und emotional so belastbar, das Ganze zu überstehen? Ich erkannte, daß ich diese Aufgabe unmöglich alleine bewältigen konnte und fragte mich, woher die notwendige Unterstützung kommen sollte.

Nachdem ich lange genug über diesen schwierigen Fragen gebrütet hatte, entschloß ich mich, die Sache rückhalt- und rücksichtslos anzugehen. Die Größenordnung überwältigte mich zwar immer noch, doch ich sammelte meine Energien und stürzte mich in die Arbeit, ohne zu wissen, ob mein Tun überhaupt Anklang finden würde. Mein Entschluß, alles zu geben, stand trotzdem fest.

Schon als Kind hatte ich das Gefühl, daß irgendwo am Wege eine wichtige, große Aufgabe auf mich wartete. Wenn die Leute mich fragten, was ich werden wollte, wenn ich groß sei, antwortete ich: „Eine berühmte Schauspielerin." „Warum denn berühmt?" wollten die Leute wissen. „Damit die Menschen mir zuhören", erwiderte ich. „Was willst du ihnen denn sagen?" fragten sie. „Das weiß ich noch nicht, doch es wird etwas Wichtiges sein", antwortete ich voller Überzeugung.

Mein Leben entfaltete sich, ohne daß sich etwas Außergewöhnliches ereignete. Ich befand mich zwar seit früher Jugend auf dem spirituellen Weg, doch meine Studien befaßten sich vor allem mit der Reaktivierung von Wissen aus anderen Zeiten. Ich erinnerte mich ständig an andere frühere Leben, doch wirklich neu war mir nichts, da ich noch immer alte Territorien durchforstete. Mitte zwanzig gab ich mein geliebtes Theaterspielen auf, eine der wenigen *sicheren* Möglichkeiten, mich in meiner ganze Kraft auszudrücken. Es gab jedoch einfach keine Stücke auf der Bewußtseinsebene, die ich so gerne zum Ausdruck bringen wollte.

Im Laufe der Jahre führte ich das zufriedene Leben einer Einsiedlerin, das ab und zu von Perioden intensiver Arbeit in der Öffentlichkeit unterbrochen wurde. Zwar blinkte am Horizont kein Schimmer der Großen Aufgabe, doch ich folgte meinem spirituellen Weg mit großer Hingabe. Zuweilen überlegte ich, ob die Große Aufgabe nicht nur ein Kindertraum gewesen war, da ich keinerlei Verhaftung an den Gedanken spürte. Doch der Same war gelegt.

Jahrelang beobachtete ich jene Menschen, die offen in der ersten Reihe das Banner des Neuen schwenkten und war ihnen dankbar, daß sie der Menschheit, das heißt auch mir, die Türen zu neuen Bewußtseinsebenen öffneten. Ich beobachtete aber auch, daß ihre Botschaft fast immer verzerrt und mißverstanden wurde, so daß sie letztlich ausbrannten und zuweilen sogar vom Weg abkamen. Für mich war dies ein wichtiger Lernprozeß und nicht gerade einer, der mich mit Begeisterung erfüllt hätte, nun selbst mit meiner Höchsten Wahrheit an die Öffentlichkeit zu treten.

Mich plagte die brennende Frage, ob die Menschheit für diese Dinge überhaupt bereit war. Vor der Veröffentlichung meiner Bücher schlug ich mich jedesmal damit herum. Würden die Menschen verstehen, oder würden sie sich über mich lustig machen und mich demütigen? Meine innere Veranlagung erlaubte mir jedoch nicht, das Wissen in meinen Büchern zu verwässern. Irgend etwas trieb mich stets dazu, so viel wie möglich in ein Buch zu packen, mochten die Menschen es verstehen oder nicht.

Mein erstes Buch hieß *„Dein goldener Sonnenengel, und wie du ihn erweckst"*. Ich schrieb darin, daß wir alle Engel sind. Gerade zu jener Zeit begannen die Leute, sich für Engel zu interessieren, doch sie hielten sie für eigenständige, von sich getrennte Wesen. Sie *arbeiteten mit* Engeln, anstatt zu erkennen, daß *wir Engel sind*. Der Unterschied ist riesengroß! Viele Leute liebten das Buch, doch oft genug wurde ich als „selbsternannter Engel" abgestempelt, was nicht nur töricht, sondern auch falsch ist, weil *jeder ein Engel ist*.

In der *„Legende von Altazar"* enthüllte ich Informationen über An und die Og-Min. Dies war äußerst schwierig, da mir das Thema sehr heilig war und ich fürchtete, daß die Menschen nicht verstehen würden. Statt dessen stimmten mir all jene begeistert zu, die sich ebenfalls an ihre Verbindungen mit AN und den Og-Min erinnerten. Ich kann dir gar nicht sagen, wie erleichtert und froh ich darüber war. In *„An die Sterngeborenen, Erinnerung für die Erwachten"* ließ ich alle Vorsicht beiseite und versuchte, alles hineinzuschreiben, was ich zu jener Zeit wußte. Dies Buch war wirklich eine Herausforderung! Doch wieder wurde ich mit Briefen überhäuft, in denen mir die Leute dafür dankten, daß ich ihre Geschichte erzählt hatte und wie erleichtert sie seien, nicht allein zu sein.

Danach forderte mich *„EL*AN*RA*"*, meine einfache intergalaktische Romanze mit der schwierigen Aufgabe, den Orion zu heilen. Ich hörte schon die Stimmen voraus, die mein tiefes Eintauchen in die Dunkelheit der Dualität kritisierten, doch ich wußte, daß auch diese Geschichte erzählt werden mußte. Bevor wir frei sind, durch das Tor 11:11 zu reisen, müssen wir die Dualität heilen. Viele Menschen haben seitdem ihre Verbindung mit den drei Sternfamilien EL*AN*RA gespürt und verstanden.

Wunderbarerweise durchdringt die Schwingung der Wahrheit alle Illusionen. Wenn auch nicht alle, verstanden doch viele Menschen, was ich zu sagen hatte. Sie spürten, daß ich auch ihre Wahrheit schrieb. Viele erwachten und begannen sich wie nie zuvor zu erinnern. Doch vor uns lag die Aktivierung von 11:11, und das war etwas ganz anderes als alles, was wir bis dahin erfahren hatten. Würden die Menschen die ungeheuren Auswirkungen begreifen? Würden sie fähig sein, sich über alle trennenden Gefühle, über ihre Individualität und die Begrenzung ihres Egos hinwegzusetzen und sich wahrhaft in Einheit zu versammeln?

Die Antwort ist, daß einige es können und andere nicht. Ich habe gelernt, damit zu leben und die darin enthaltene Vollkommenheit zu akzeptieren, obwohl es mir oft ernstlich schwerfiel. Die Bedeutung von 11:11 wurde zuweilen gänzlich mißverstanden und völlig verzerrt dargestellt. Oft fragen mich die Leute nach meinen nächsten Projekten, da 11:11 ja jetzt abgeschlossen sei. *Es ist nicht beendet; es hat gerade erst begonnen!* Oder sie erzählen mir von einem ähnlichen Sternentor wie 11:11, das sie demnächst öffnen werden. *11:11 ist kein Sternentor. Es ist unsere einzige Brücke zwischen zwei verschiedenen Bewußtseinsschablonen, und wir haben uns Äonen lang abgemüht, sie begehbar zu machen!* 11:11 entspringt einer unfaßbar höheren Ebene als ein Sternentor. Es ist so, als ob man einen Tropfen Flüssigkeit mit einem Weltenmeer vergleichen wollte!

Ich muß mich ständig daran erinnern, daß nicht alle 11:11 kennen müssen. Jeder größere Durchbruch auf diesem Planeten wurde von nur einer Handvoll Menschen erreicht, und viele, die wissen, wie ungeheuer wichtig 11:11 ist, haben dem Ruf bereits geantwortet.

11:11 hat uns bis in die Grundfesten erschüttert. Wir wurden gezwungen, uns zu entscheiden, wo wir unser Sein verankern wollen. Illusionsschleier wurden zerrissen, und wir mußten uns die Frage gefallen lassen, wie tief wir uns der Erfüllung unserer Göttlichen Mission auf der Erde wirklich widmen. Viele Illusionen des spirituellen New Age wurden offenbart und die Aufrichtigkeit unseres Handelns auf den Prüfstand gestellt. Außerdem brachte es die Schattenseiten in uns, die uns klein machen und Grenzen setzen, an die Oberfläche.

Es wäre viel einfacher gewesen, wenn die Aktivierung von 11:11 genau wie die Harmonische Konvergenz hätte erfolgen können – daß alle am 11. Januar 1992 einfach zusammengekommen wären und getan hätten, was ihnen richtig dünkte. Doch das hätte die Pforte nicht geöffnet. Wir mußten uns in konzentrierter Absicht versammeln, weiße Kleidung tragen, um die Reinheit unserer Vereinten Gegenwart darzustellen und die Kreise im Kreis schaffen. Kannst du dir vorstellen, welche Schwierigkeiten damit auf uns zukamen? „Warum sollen wir Solaras Bewegungen machen?" „Wer ist sie überhaupt?" „Ich werde nicht die gleiche Farbe tragen wie alle anderen!" „11:11 ist nur eine Masche." Ich versuchte allen klarzumachen, daß die Bewegungen nicht von mir stammten. Da Bewegungen der Einheit nötig schienen, um die Pforte zu öffnen, mußten sie von *irgend jemandem* empfangen werden. In diesem Fall war es meine Person, doch es hätte auch jemand anderes sein können. Ich hatte mich vor langer Zeit entschieden, die Vision von 11:11 aufzunehmen und alles bis zum erfolgreichen Ende durchzuführen, und so erfüllte ich damit meinen Teil unserer Göttlichen Mission, etwas, wozu wir alle aufgerufen sind.

In der ersten Reihe

Es wäre sehr hilfreich, wenn sich die Menschen bewußter wären, was es bedeutet, in der vordersten Reihe zu stehen und ein Pionier des Neuen zu sein. Auf den ersten Blick mag das Leben eines solchen Menschen glanzvoll erscheinen, aber so ist es nicht. Die meiste Zeit bedeutet es einfach sehr viel Arbeit, deren überwiegenden Teil niemand zu Gesicht bekommt. Die wenigen Stunden, die du vor einer dich bewundernden Zuhörerschaft stehst, werden gut durch die zahllosen Reisetage, das Warten auf Flughäfen und die einsamen Abende in den verschiedensten Hotels ausgeglichen. Zu Hause türmt sich die Büroarbeit, warten Unmengen langweiliger und dennoch wichtiger Einzelheiten.

Der weitaus schwierigste Teil ist jedoch die Zeit, die man allein auf der Reise durch ferne Reiche und höhere Bewußtseinsebenen verbringt. Ich habe unter anderem die Aufgabe, neue Bewußtseinspforten zu entdecken, sie zu durchschreiten und auf jeder Ebene meines Seins zu erfahren. Habe ich sie gemeistert, gebe ich dieses Wissen zusammen mit den nötigen Hilfen weiter. Dann scheint alles ganz einfach, die Reise problemlos zu sein. Wir können jetzt jeden in wenigen Minuten lehren, die Zeit anzuhalten oder durch das allsehende Auge ANs zu blicken. Doch ich verbrachte Jahre in manchmal zermürbender, einsamer Arbeit, um diese Dinge beherrschen zu lernen!

Es gibt noch einen anderen Faktor: Oft ist es notwendig, das Sein bei der Erforschung neuer Bewußtseinsebenen auseinanderzuziehen. Das bedeutet, daß du nur mit halber Kraft auf der dreidimensionalen Ebene funktionierst, damit sich der Rest auf die innere Arbeit konzentrieren kann. Dabei pflegst du normale soziale Kontakte und verrichtest deine Arbeit, eigentlich ein Ding der Unmöglichkeit. Zm Beispiel bin ich oft bei Seminaren so sehr damit beschäftigt, den Strahl zu verankern und eine Heilung für die gesamte Gruppe zu bewirken, daß sich die Leute fragen, warum ich mich von ihnen distanziere und die Mahlzeiten allein einnehme.

Manchmal werde ich hart dafür verurteilt. Wenn die Leute sehen, daß ich müde, traurig, ungeduldig oder mutlos bin, glauben sie, daß ich unmöglich spirituell sein könne. Dabei mache ich es nur wie die Schamanen, wenn sie Heilmittel gegen bestimmte Krankheiten suchen. Sie schlucken oft das Gift und lassen es so vollumfänglich wirken, *daß sie fast sterben.* Dabei finden sie jedoch das Mittel, das zum Nutzen eines jeden angewendet werden kann.

Obwohl ich hier nur für mich selbst spreche, habe ich diesen Prozeß bei vielen beobachtet, und ich bin dankbar, so viel Liebe, Achtung und Unterstützung auf meinem Weg gefunden zu haben. Ich kann mir sehr leicht vorstellen, wie es Politikern und Filmstars geht, und empfinde nur noch Mitgefühl für sie. Denk doch nur, wie oft die Leute sagen: „Den kann ich nicht ausstehen", obwohl sie den Menschen gar nicht kennen und ihn wahrscheinlich auch nie kennenlernen werden. Jedesmal, wenn so etwas geschieht, wird der Mensch mit einem psychischen Sperrfeuer negativer Energie beschossen. Diese alte Gewohnheit können wir leicht aufgeben. Wir müssen erkennen, daß jeder zu jeder Zeit sein Bestes gibt. Vielleicht hat die nörglerische Bedienung die ganze Nacht am Bett ihres kranken Kindes gewacht oder sich gerade von ihrem Freund getrennt. Laßt uns Mitgefühl für alle Sternenbrüder und -schwestern entwickeln.

Endlich geschieht 11:11

Als nächstes begann das Star-Borne-Team, sieben Tage in der Woche zu arbeiten. Wir druckten Hunderttausende von 11:11-Broschüren und verschenkten oder verkauften sie zum Selbstkostenpreis. Daraufhin wurden wir von Anfragen aus allen Teilen des Planeten überflutet. Im Dezember 1991 gaben wir allein 12.000 Dollar aus, um meine Bücher und Kassetten zu versenden. Ich steckte mein ganzes Geld in diese Sache. (Denk daran, ich hatte mich entschieden, alles zu geben.) Die letzten vier Jahre verbrachte ich ausschließlich damit, die Sterngeborenen aufzuwecken. Ich bereiste unermüdlich den ganzen Planeten und gab mein persönliches Leben völlig auf. Das ist die Ebene meiner Hingabe.

Als dann mehr Leute mitmachten, begannen Reisebüros 11:11 – Fahrten zu verschiedenen Orten des Planeten zu organisieren. Viele Teilnehmer dieser Gruppen wußten nichts über 11:11 und hatten auch kein Interesse, an den Bewegungen der Einheit teilzunehmen. Die Leute buchten und glaubten, damit Teil unserer Gruppe zu sein. In den verschiedensten Zeitungen erschienen Artikel mit Überschriften von Journalisten, die ich gar nicht kannte, doch der Text der Artikel stammte von mir. Manchmal mischten sie ihre eigene Interpretation über die Bedeutung von 11:11 mit hinein, etwa, daß damit die vierte Dimension verankert würde. *(Das stimmt natürlich nicht, denn das hatte die harmonische Konvergenz 1987 schon bewirkt.)* Dann bildeten sich überall Star-Born-Clubs, deren Mitglieder wir nicht kannten und die sich auch nie bei uns gemeldet hatten. Kritische Artikel erschienen über mich und behaupteten, daß 11:11 nur ein Trick sei. Die Autoren hatten jedoch nie mit mir gesprochen. All dies forderte mich außerordentlich heraus und erwies sich als gewaltige Lektion im Loslassen.

Richtig komisch wurde es eines Morgens beim Frühstück in einem Hotel in Los Angeles, wo wir die „Whole Life Expo" veranstalteten. Der Mann am Nebentisch beugte sich zu uns herüber und fragte, ob wir auch beim Solarakult mitmachen würden. Verblüfft und amüsiert gelang es mir zu antworten, daß ich Solara *sei*. Dann wollte er wissen, wo meine Kirche oder mein Zentrum sei. „In den Herzen aller Menschen auf der ganzen Erde", antwortete ich. Das Komische am Kultgedanken ist, daß ich dadurch zu einer Art Guru werde, und so fühle ich mich ganz sicher nicht. Ich weiß nicht, doch vielleicht schleppen andere Gurus ihre Koffer auch selbst, bügeln ihre Kleidung und leeren das Katzenklo, doch ich hatte eigentlich gehofft, daß wenigstens *sie* ein strahlenderes Leben führen.

Dies sind meine Erfahrungen mit den Herausforderungen auf dem Weg der Einheit. Bemerkenswerterweise fanden sich am 11. Januar 1992 genug Menschen zusammen, um die Pforte 11:11 zu öffnen. Wir kleideten uns in Weiß und führten die Bewegungen der Einheit aus; es war eine äußerst schöne, machtvolle Erfahrung. Und es hat funktioniert! Das Tor 11:11 öffnete sich für uns alle, und ich danke jedem, der mitgemacht hat.

Die Öffnung des Tores

Viele Menschen glauben, daß 11:11 schon vorüber ist. Dabei hat es gerade erst begonnen! Dies ist das große Tor, das uns zu Freiheit und Meisterschaft führen wird, das Tor unseres Aufstiegs.

Während der ganzen Meisterzylinder-Zeremonie in Ägypten befand ich mich in einer Hochstimmung. Ich hörte ständig die Worte: „Gut gemacht!" und war so erfüllt wie noch nie zuvor. Wenn du mich fragen würdest, ob ich es noch eimal täte, würde ich antworten: „Ja, natürlich!", schon wegen der Erinnerung an unsere magische Zeit im Hofe ANs und die Energien, die wir dort in der Erde verankerten. Das Lob würde ich übrigens gern an euch weitergeben: „Gut gemacht!"

So geht die große Arbeit weiter. Obwohl ich auch zukünftig in jeder nur denkbaren Form dienen werde, schaffe ich die Arbeit nicht mehr allein. Wie nie zuvor ist eure Hilfe nötig. Wir müssen einen ganzen Planeten wecken und ihn auf den Aufstieg in die Neue Oktave vorbereiten, die bereits auf uns wartet. Wir wollen jetzt alle Schwierigkeiten auf dem Weg zur Einheit loslassen und die Reise nach Hause antreten...

Erfahrungen mit 11:11

Hier folgen Berichte von Teilnehmern bei der Öffnung der Durchgangspforte 11:11.

Δ Meister-Zylinder: Die großen Pyramiden Δ

Es ist Mitternacht bei den Großen Pyramiden in Gizeh. Zu Füßen der dritten Pyramide des Mycerinus befinden sich die Ruinen eines alten Tempels. Verschieden hohe Fragmente der alten Tempelmauer umgeben dieses große rechteckige Areal. Man munkelt, daß unter diesen Ruinen die legendäre Stadt AN ruht. Die Sterne EL AN RA leuchten hell am Himmel und beobachten, wie immer, die Aktivitäten auf der Erde. Dieser heilige Tempel verwandelt sich jetzt in den Hof ANs und offenbart seine ihm vor langer Zeit bestimmte Aufgabe. Überall flackern weiße Kerzen – es müssen Tausende sein – auf den Simsen und in den Nischen der Tempelmauer, ja selbst auf dem Boden rund um die Felsbrocken und Steine, die dort überall verstreut herumliegen. Erinnerungen an andere Zeiten und Orte, alte Durchgangspforten und andere Bewußtseinsebenen beginnen sich zu regen und erwachen...

In stiller Ehrfurcht betreten wir den heiligen Hof ANs. Die weiß gekleideten Gestalten reisten weit, um hier an diesem Ort im diesem Augenblick der Nicht-Zeit in den ersten Minuten des 11.Januar 1992 zusammenzukommen: fünfhundert zeitlose Reisende aus zweiunddreißig Ländern. Jeder von uns hat den Aufruf vernommen und sich entschieden, ihm mit ganzer Kraft zu folgen. Obwohl wir verschiedene Sprachen sprechen, singt unser Eines Herz das Lied des Einen.

210 / Die Öffnung des Tores

An den äußeren Toren stehen zwei Wächter in ruhiger Wachsamkeit. Jeder, der herein will, muß sich mit seinem Sternennamen und seinem Mudra vorstellen. Dann treten wir in den langen Korridor, den Geburtskanal zum Hofe ANs, vorbei an den Wächtern der Inneren Tore, die sich in stiller Achtung verneigen.

Innerhalb der Tempelmauern bildet sich der große Sonnen- und Mondkreis, in dessen Mitte acht innere Kreise von je elf Personen aufgestellt werden. Die Musik erklingt, und zusammen als ein Wesen beginnen wir die Kreise im Kreis. Mit fließenden Bewegungen gleiten wir durch Nicht-Zeit und Nicht-Raum. Es ist unbeschreiblich schön, schöner als alles, was wir bis jetzt auf der Erde erlebt haben. Ich habe nur einen Gedanken: Shamballa ist zurückgekehrt. Wir haben die Größere Wirklichkeit tatsächlich auf dem Planeten verankert.

Die Nicht-Zeit erweitert sich zu tiefer Stille. Niemals zuvor habe ich sie so machtvoll erlebt. Als wir die Sternenprozession beginnen, wird ein großer Stern geboren, der Stern unserer Vereinten Gegenwart. Endlich ist er da! Wir beginnen mit der Drehung, und gleichzeitig drehen sich die Himmel.

So war es achtunddreißig Stunden lang im heiligen Hofe ANs zu Füßen der Mycerinus-Pyramide. Die Bewegungen der Einheit hörten die ganze lange, kalte Nacht nicht auf, sie

Die Öffnung des Tores / 211

gingen am darauf folgenden Tag weiter, die nächste lange, kalte Nacht hindurch und waren erst am Nachmittag zu Ende. Es war eine Erfahrung, die niemand von uns vergessen wird, denn sie *brannte* sich ins Zentrum unseres Seins. Wir wurden verwandelt und werden nie mehr die sein, die wir einmal waren. Nur durch unser Dabeisein wurden wir unendlich gesegnet, denn wir sahen, was nur wenigen Menschen zu sehen vergönnt ist. Wir tauchten in die Größere Wirklichkeit, bis jede Faser, jede Zelle unseres Seins unwiderruflich mit der Schablone der Einheit verbunden war.

Sicher trägt jeder von uns kostbare Erinnerungen wie winzige Juwelen in seinem Herzen. Das Bild der königlichen Wächter zum Beispiel, die die Heiligkeit der Zeremonie so beherzt bewachten und die kosmischen Strahlen verankerten. Während der langen Stunden dienten viele als Wächter, und jeder erhielt eine direkte Infusion aus dem Licht der Einheit. Als der eisige Wind in den langen Nachtstunden durch alle Kleidungsstücke drang, hielten sie standhaft ihre Arme empor. Zuweilen war es so kalt, daß wir sie alle halbe Stunde auswechseln mußten, doch immer fanden sich neue Wächter.

Am schwierigsten wurde es in den frühen Morgenstunden, in denen es am dunkelsten und kältesten war. Unsere Gruppe schrumpfte ständig, doch die Bewegungen gingen weiter... Ich erinnere mich an Menschen, die sich völlig erschöpft mit dem Gesicht nach unten in den Wüstensand gelegt hatten. Es gab aber auch solche, die den Tempel die ganze Zeit über nicht verließen, die in vollkommener Hingabe dienten und ihren Stern drehten. Nie werde ich den Ausdruck ihrer leuchtenden Sternenaugen vergessen, denn sie waren wirklich zu jenem transzendenten Ort des Allwissens, Allseins durchgedrungen. Ich hatte Hochachtung vor euch, und ich habe sie jetzt noch, denn ihr zeigtet eure wahre Größe, als sie wirklich gebraucht wurde.

Nach unserer außerordentlich kraftvollen Zeremonie wußten wir um 11 Uhr 11 MEZ abends (*1 Uhr 11 am 12. Januar in Ägypten),* daß das Tor endlich offenstand. Eine tiefe Verän-

Solara, Ramariel und Kumari während der Sternenprozession

derung wurde spürbar. Wieder schrumpfte die Gruppe bis auf die Unentwegten, und jetzt fühlten wir das Bedürfnis nach der Sternenprozession, die uns immer kostbarer wurde. Ich spürte, wie wir uns spiralförmig hoch durch die Pforte schraubten. Dann dämmerte der wunderbare neue Morgen, schöner als alle, die wir zuvor erlebt hatten. Die ersten Lichtstrahlen senkten sich auf uns und hoben unsere Energien. Kumari, mit der ich als Mutter des Sterns gedient hatte, verteilte mit mir Mandeln, Studentenfutter und Schokolade an die Mitglieder der Sternenprozession. Wir gossen ihnen Mineralwasser in die zusammengelegten Hände, und alle waren dankbar für unsere bescheidenen Gaben. Die ganze Zeit über drehte sich der Stern.

Als der Tag heller wurde, wärmte die Sonne unsere durchfrorenen Körper, und wir begannen, uns aus unseren Hüllen zu schälen. Unser Stern wurde wieder größer, denn die Leute kehrten zurück. Kumari und ich tanzten immer noch in der Mitte der Sternenprozession, bewegten uns mit langsamen, rituellen Schritten und hielten das Tor 11:11 geöffnet. Am späten Vormittag des 12. Januars wurden die Energien intensiver. Ein durchdringender, gewaltiger Weißer Lichtstrahl traf auf die Erde. Er durchfuhr mich wie ein

Die Öffnung des Tores / 213

Laserstrahl, ließ meinen Körper nach hinten schnellen und meine Beine weich werden. Hätte Kumari diese Energie mit ihrer Gegenwart nicht geerdet, wäre ich umgefallen. Ich spürte, wie sich unser ganzer gesegneter Stern in die Neue Oktave schraubte.

Es gäbe so viel zu erzählen. Die erstaunlichen Tage der Vorbereitung im palastartigen Ballsaal unseres Hotels. Wie einfach es war, sich in Einheit zu bewegen! Welch außerordentlich schöne, reine und ermächtigte Gruppe von Sternenwesen hatte sich aus der ganzen Welt zusammengefunden! Ich denke an unseren Ausritt in die Wüste. Wir betrachteten die Pyramiden vom Rücken der Kamele und Pferde, was mich an die Abreise der Himmlischen Karavane erinnerte. Wie natürlich wir mit unseren weißen langen Kleidern und den Schleiern auf den Kamelen wirkten! Wir sangen von Kamelen und Barken, und neue Energie erfrischte uns... Die köstliche Einweihung Melchisedeks wurde ein zweites Mal zur Erde gebracht... Die unermeßliche Liebe, die alle umhüllte... Ich habe Hochachtung vor allen, die daran teilnahmen.

Ich möchte unserem Team für seinen großartigen Einsatz danken: Kumari, die die Heiligkeit des Strahls aufrechthielt;

Elariul und Kala*ai, die mich am Mikrophon ablösten, um die Bewegungen achtunddreißig Stunden lang zu koordinieren; Etherium für seine Begeisterung und seine inspirierte Musik; Aquataine für seine machtvolle väterliche Gegenwart, die uns wie ein Zelt aus Liebe und Schutz umgab; Aarela für ihre Sorge um die dritte Dimension; Ramariel für die Stärke seiner Gegenwart in der Sternenprozession und auf dem Nil; Sternenkommandant Albion, weil er während der gesamten Zeremonie in drei Sprachen übersetzte; Solar, Solaris, Nova, Urith-Ra-El, Aya und Zaragusta.

Eines will ich hier noch anfügen: unsere heilige Zeremonie im Hofe ANs geht weiter. Sie hat kein Ende, denn sie wurde im ewigen Augenblick der Nicht-Zeit verankert. Sie ist die für alle zugängliche Manifestation der Größeren Wirklichkeit auf der Erde. Wenn du dich dort mit uns zusammentun willst, dann kleide dich in ein weißes, fließendes Gewand, lege die Kassette *The Starry Processional* auf und schraube dich zusammen mit uns als Ein Wesen in die Neue Oktave!

Solara Antara Amaa-Ra

∆ ∆ ∆

Viele hatten in Ägypten wunderbare Visionen, doch ich bin sicher, niemand sah etwas Herrlicheres als ich. Worte reichen nicht aus, um zu beschreiben, was ich schaute, doch auf dem mir zugeteilten Nicht-Raum gebe ich mein Bestes... Ich sah fünfhundert schöne Engel frei und offen auf der Erde wandern, deren Leuchten den dreidimensionalen Glanz des prächtigen Ballsaales in den Schatten stellte. (*Sollte er nur für uns gebaut worden sein?*) Diesen Saal schmückten elf große, vergoldete maurische Bögen, Kristalleuchter hingen von der Decke, und den Boden bedeckte ein Teppich, in den das Zeichen 11:11 gewebt worden war.

Die Nacht, in der wir mit den Bewegungen begannen, war kalt und klar. EL AN RA strahlte über der Spitze der dritten Pyramide. Zu Füßen dieser Pyramide befindet sich eine Tempelruine, die wir von jetzt an nur noch den „Hof ANs" nennen. Der Boden dieses Tempels war voller Löcher und mit Steinen übersät. Überall auf den Tempelmauern, die zwischen 1,80 m und 9 m hoch waren, flackerten Kerzen. (*Wie Solara die Erlaubnis bekam, diesen Tempel für die Zeremonie zu benutzen, ist eine eigene Geschichte.*)

Hier waren wir also, führten die Bewegungen der Einheit aus und verbanden die Sterne wieder miteinander. Zu den christlicheren Stunden drehten sich große Formationen als ein Wesen über die Steine und durch die Löcher. Die Spitzen der Sterne waren eins mit ihren Strahlen, und niemand, ob jung oder alt, kam während des unablässigen Kreisens beim Rückwärtsgehen aus dem Takt. In den frühen Morgenstunden drehten sich die wirklich engagierten Engel todmüde, kalt und zitternd immer weiter in kostbaren kleinen Kreisen. Und wie soll man die Hingabe der Wächter beschreiben, die unsere Zeremonie stundenlang mit wehem Rücken und schmerzenden Beinen bewachten?

Wenn wir hier schon über die Unzulänglichkeit der Worte reden, wie, frage ich dich, sollen wir der Frau danken, die ihr Leben einsetzte, um diese Vision zu manifestieren? Wenn ich an Solara denke, dann sehe ich eine Frau vor mir, die mit ganzen zweihundert Dollar in der Tasche ihre fünfzig Kilo schweren Bücherkoffer auf dem Weg nach Brasilien über den Flughafen von Miami schleifte, wobei ihr niemand half. Ich denke an eine Frau, die ihre privates Familienleben und all die kleinen Freuden aufgab, die für dich und mich so selbstverständlich sind.

Doch vor allem sehe ich einen makellosen Engel, den einzigen, den ich kenne, der dieses Licht, ohne zu straucheln, tragen konnte und sich selbst durch einen drohenden körperlichen Zusammenbruch nicht aufhalten ließ. Wie kann ich ihr danken, daß sie das Licht so lange hochhielt, bis auch ich es sehen konnte? Es gibt keine Worte. Der einzige Weg ist, selbst vollständig ermächtigte, allumfassende Liebe zu werden. Denn das bist du wirklich, Solara! ICH DANKE DIR ...

Ich bin Aquataine

216 / Die Öffnung des Tores

∆ ∆ ∆

Ab und zu gab Solara Zeit und Land bekannt, mit dem wir gerade verbunden waren. Sie sprach über die fortziehende Kamelkarawane der Alten Schablone und über die Himmlische Barke des Neuen, die jetzt hereinglitt. Wir sangen das Lied der Karawane: AN-NUT-TA-RA HU, einen langsamen, ruhigen Gesang, der mich an den Ritt auf einem Kamel erinnerte. Das Lied der Himmlischen Barke wirkte äußerst belebend: AH AIEEEE HA WA, begleitet von starken Bewegungen der Arme, so als ob jemand ein Boot zielgerichtet und energiegeladen vorwärtsstaken würde. Bei den Silben HA WA wurde die Luft kraftvoll ausgestoßen. (*Nach dem Luftmangel während der langen, intensiven Einweihung in der Königskammer der Cheopspyramide früher bei unserem ägyptischen Abenteuer war dies ein gesundes, befreiendes Gefühl.*)

Wir hatten bereits viele Bewegungen der Einheit gemacht, die Kreise im Kreis, die Sonne-Mond-Bewegungen und die Sternenprozession. Dabei ergab es sich, daß ich viel öfter rückwärts als vorwärts ging, und meine Schritte wurden unsicher. Aquataine bemerkte es sofort, nahm sanft meine Hand und drehte mich um, so daß ich nun vorwärts lief. Ich war ihm zutiefst dankbar.

Die Öffnung des Tores / 217

Nach einer Ruhepause im Hotel kehrte ich am frühen Morgen zur Zeremonie zurück. Der Sternenkreis war auf eine kleine Gruppe von ungefähr fünfzig müden Menschen zusammengeschrumpft. Solara schwebte anmutig barfuß mit geschlossenen Augen in der Mitte des Kreises, wobei sie von einem großen dunkelhaarigen Mädchen geführt wurde. Als ich den Kreis betrat, öffnete sie die Augen und lächelte mich dankbar und anerkennend an. Mein Herz floß über, und Tränen traten mir in die Augen. Ich dachte daran, was dieses Ereignis alles nach sich ziehen würde. Inzwischen kamen immer mehr Menschen, und der Kreis wurde wieder größer.
Valoriel An Ra

∆ ∆ ∆

Mein Sohn und ich reisten zum 11:11-Ereignis zu den Großen Pyramiden. Es war eine der größten Erfahrungen unseres Lebens, und wir sind beide sehr dankbar, weil es uns vollkommen verändert hat. Solara, es ist jetzt schwieriger geworden, in dieser dreidimensionalen Welt zu leben. Nichts ist so, wie es war, doch wir wissen: das ist unser Weg!

Ich sende dir einige Fotos von einem großen Wandgemälde in meinem Meditationsraum. Ar Mon Re, mein Sohn, malte es kurz nach unserem Ägyptenaufenthalt. Es heißt: *die himmlische Welt* und zeigt ein Wesen auf dem Weg nach Hause.
Ramra Sawi aus Schweden

∆ Meister-Zylinder: Queenstown, Neuseeland ∆

Am Sylvesterabend reiste ich zusammen mit meinen liebsten Freunden Luna und Aztah nach Neuseeland, um dort das Abenteuer meines Lebens zu bestehen. Wir fuhren mutig los, ohne zu wissen, was auf uns zukommen würde, doch wir spürten die Erwartung der neuen Pforte, endlich geöffnet zu werden.

Queenstown begrüßte uns mit hohen schneebedeckten Bergen, kristallklaren Seen und herrlichen Wäldern. Obwohl uns die lange Reise rund um die Welt erschöpft hatte, hielt uns nichts in unseren Zimmern; wir mußten den Schatz draußen erforschen. Neuseeland ist wirklich das Land des Neuen. Die Leute pflegen Sportarten wie Fallschirmspringen, Windsurfen oder Bungy-Springen. Es scheint, als ob immer, wenn du in den Himmel schaust, Menschen vorbeifliegen. Niemand hat Angst vor der Schwerkraft oder dem Neuen.

Am zweiten Tag fühlten wir uns bereits völlig zu Hause. Das Radio und die Lokalzeitung interviewte uns. Dann aßen wir rauhe Mengen des leckeren neuseeländischen Essens. Als der Rest der Gruppe eintraf, benahmen wir uns wie Einheimische.

Es war herrlich, unsere Freunde hier zu treffen und die anderen kennenzulernen, die voller Hingabe um die ganze Welt gereist waren, um die Pforte 11:11 zu öffnen. Der erste Abend diente der Erholung, und die Gruppe machte Streifzüge durch die Stadt Queenstown. Am nächsten Morgen trafen wir uns und stellten uns vor. Langsam verschmolzen wir in Einheit. Als wir am Abend wieder zusammenkamen, waren wir uns so nahe wie an den letzten Tagen einer Engelvereinigung. Matisha ließ sich durch die schönen Engel inspirieren und schrieb ein neues Lied.

Am 9. Januar machten wir uns sehr früh auf den langen Weg zum Milford-Sound. Der Wirbel in Neuseeland umfaßt ein großes dreieckiges Gebiet, und wir besuchten alle drei Spitzen des Dreiecks: Queenstown, Te Anau und Milford Sound. Die Busfahrt dauerte lang, und die Witze des Busfahrers waren schrecklich, doch die Landschaft überwältigte uns. Wir hielten am Mirror-Lake und am Chasm (Abgrund) und tranken aus einem Gletscherfluß. Unzählige Wasserfälle stürzten die steilen Felsen hinab. Nie zuvor sah ich eine so großartige, unberührte Szenerie.

In Milford Sound mieteten wir ein Boot und fuhren direkt in die Tasmanische See. Nach der letzten Landzunge erreichten wir das Gebiet des Hauptwirbels. In aller Stille füllte sich das Deck mit Engeln. Wir machten unsere Mudras, verankerten einen Lichtstrahl und verschmolzen mit der ungeheuren Energie.

Freitagnacht gaben wir ein öffentliches Konzert, erklärten 11:11 und führten die Bewegungen der Einheit vor. Matisha sang, und Grace las ihre Gedichte und Geschichten. Während ihrer Lesung gab es sogar ein kleines Erdbeben. Für uns war es wunderbar, mit den Einheimischen zusammenzutreffen. Neuseeland ist durch seine Bewohner wirklich gesegnet. Sie sind die klarsten, freundlichsten und lebendigsten Menschen, die ich je getroffen habe.

Der 11. Januar fing vielversprechend an: hell und sonnig. Pünktlich um 11 Uhr 11 morgens begannen wir mit den Bewegungen der Einheit. Ein riesiger Zeitberg türmte sich vor uns: wir mußten noch volle achtunddreißig Stunden durchhalten! Die Kreise drehten sich, *natürlich links herum*, und ich spürte ihr langsames Mahlen. Die Sternenprozession veränderte sich mit jeder Stunde und spiegelte das Universum in seinem ständigen Wandel. Beim Platz in der Mitte wechselten wir uns ab, denn dort floß eine so wunderbar stärkende Energie, daß wir die Erfahrung mit allen teilen wollten. Unser Stern wandelte sich und pulsierte freudig und lebendig. Ich war so glücklich wie noch nie. Wir atmeten und bewegten uns wirklich als Ein Wesen, unser großer Körper drehte sich, verband die Himmel und verankerte sie hier in der Materie.

Gegen Abend wurde die Gruppe kleiner. Wir zählten aber immer noch fünfzig Personen, die die ganze Zeit dabeisein wollten. Die Energie im Raum steigerte sich ständig, und es wurde immer schwieriger, Wächter zu sein und diese hohe Energie so lange auszuhalten. Jede Stunde erneuerte sich unsere Begeisterung und Freude. Als die Morgendämmerung den Himmel nach den sanften frühen Morgenstunden erröten ließ, war es für uns, als ob der erste Tag geboren würde. Trotz geschwollener Füße und schmerzender Muskeln wußten wir, daß wir es schaffen würden. Ich habe noch nie einen so herrlichen Morgen erlebt. Die Vögel sangen, und der See glitzerte im Sonnenlicht.

Neue Leute stießen dazu, und ihre Energie gab uns allen Kraft; der Kreis drehte sich lebendig und neu. Auf den Tischen türmten sich Speisen. Unbekannte Spender wollten so das leibliche Wohl des Kreises sicherstellen. Ich danke allen, die auf den verschiedenen Ebenen so meisterlich geholfen haben. Sie haben meine Hochachtung und Liebe. Alle waren voller Hingabe und Liebe. Wir hätten es nicht geschafft, wenn nicht jeder sein Bestes gegeben hätte.

Am Abend des zweiten Tages waren unsere Beine geschwollen, und die Rücken ächzten, doch der Kreis drehte sich, *natürlich links herum,* und die Bewegungen wurden jedesmal wertvoller. Die Sonne ging unter, und die Energie im Raum stieg unermeßlich. Im Schein der Kerzen schraubten wir uns höher und höher. Bei den letzten drei oder vier Bewegungen spürte ich den Boden nicht mehr. Der Raum sah völlig anders aus, und ich fühlte mich den Menschen im Kreis in tiefer Liebe verbunden. Als die Bewegungen schließlich zu Ende waren, hätte ich noch weitere achtunddreißig Stunden anhängen können, obwohl ich kaum noch laufen konnte.

Die Öffnung des Tores / 221

Am nächsten Morgen blies ein wilder Wind durch das Tal. Sechzig Menschen trafen sich zum letzten Lebewohl. Jeder, der die Bewegungen mitgemacht hatte, und sei es nur für ein paar Stunden, war verwandelt. Diejenigen, die die ganzen achtunddreißig Stunden dabei gewesen waren, leuchteten. Obwohl wir vollauf mit Erledigungen beschäftigt waren, wollten die Menschen unbedingt Abschiedslieder mit uns singen und uns noch einmal umarmen. Sie legten Aztah, Luna, Grace, Matisha und mich auf den Boden, sangen ein schönes Lied und hoben uns langsam über ihre Köpfe. Die Neuseeländer waren voller Liebe und Hochachtung für unsere Tat. Jetzt verstanden sie die Verantwortung, die sie mit einem Leben hier im Land des Neuen übernommen hatten. Vollständig aktiviert und ermächtigt begannen sie, ihre nächsten Schritte zu planen.

So schieden wir vom schönen Queenstown und all den neuen Freunden und stürzten uns in die Abenteuer, die auf der anderen Seite des Tores auf uns warten mochten. Kia Ora Aeotearoa! ...

Elara Zacandra

∆ ∆ ∆

Aus der ganzen Welt kamen Menschen nach Queenstown, eine herrliche Mischung. Die Leitung des Ganzen war ausgezeichnet. In meinen Augen verdienen diese Leute wirklich einen Orden! Sie ließen keinen Augenblick nach, folgten der Energie flexibel und reagierten sensibel darauf. Jeder dort war bereit, sein Möglichstes zum Gelingen beizutragen. Es gab viel Freude, Hingabe, Entspannung, Großzügigkeit, drohende Erschöpfung und Erleichterung, als die letzte Stunde schließlich anbrach. Es hat sich so gelohnt, denn wir nahmen an etwas teil, das unser gewöhnliches Leben auf der Erde in den Schatten stellt.

Mir persönlich machte es besonders viel Freude, mich mit jeder Stunde auf einen anderen Ort der Erde einzustellen.

Dadurch hatte ich eine klare Vorstellung, wie sich die Aktivierung spiralförmig ausweitete. Als ich mich am Morgen des 13. Januars einstimmte, wußte ich, daß wir geholfen hatten, die Energie nachhaltig zu verändern.
Omni Imlhara

∆ Findhorn, Schottland ∆

Morgendämmerung! Großvater Sonne kriecht langsam und zielgerichtet hinter den alten Bergen hervor. Auch er weiß es. Fünfundsiebzig Meilen das Tal hinunter und die Küste entlang liegt der ausgewählte Ort. Die Universal Hall erwartet uns unter Pinien versteckt wie ein Mutterleib. Lichtwesen in Weiß und Gold bereiten sich vor, und immer mehr treffen ein. Ruhig und ehrfurchtsvoll betreten sie den Raum, in dem sich ihr Schicksal erfüllt. Sie grüßen voller Liebe. Das Band ist stark.

Der Augenblick bricht an. Die Energie wird herabgezogen und festgehalten. Jeder spielt die Rolle, an die er sich die ganze Reise lang erinnert hat. Stille Freude breitet sich aus und erfüllt uns alle. Dies ist der Weg nach Hause! Am Ufer des Moray Firth spiegeln die nassen Kiesel das Sonnenlicht mit neuer Strahlkraft, und der Himmel färbt sich in einem tieferen Blau. Der Wind erfrischt und erzählt von Veränderungen. Dieser Tag ist schön und kostbar.

Wir kommen zur festgesetzten Zeit zusammen, verbinden, verankern, öffnen die Pforte. Herzen weiten sich. Trennendes schmilzt dahin. Unzählige Lichtpunkte erhellen den Planeten, und der ganze Kosmos hört das Lied.

Das war 11:11 in Findhorn. In dieser Nacht leuchtete ein blaues Licht über meinem Bett, ein Stiller Wächter. Sagte er „Gut gemacht!" zu mir?
Espirion

∆ Aus einer Gefängniszelle in Japan ∆

Am 11. Januar verwandelten wir meine Zelle in einen Tempel. Wir, das sind ich und all die Engel, die mich besuchen und mir zeigen, was rund um den Globus geschieht. Meine Freunde schickten mir viele Blumen, die wir in den Zellen haben dürfen, so daß mein Altar besonders schön aussah.

Ich hatte mir für diese Gelegenheit weiße Kleidung aufgespart. Voller Ehrfurcht machte ich die Bewegungen, die in *den Kreisen im Kreis* beschrieben stehen, und tatsächlich gelang es mir, Nicht-Zeit, Nicht-Raum und Nicht-Dualität zu verwirklichen. Um 11 Uhr 11 MEZ fühlte ich euch alle sehr kraftvoll und sah mir eure Bilder im *Starry Messenger* an. Ich stellte mir die Kreise in Ägypten vor und wurde so ein Teil von euch.

In der Haftanstalt ist die Bettruhe vorgeschrieben. Die Leuchtstoffröhren werden um 21 Uhr abgedunkelt, jedoch nie ganz abgeschaltet. Der Wachmann erlaubte mir, um 11 Uhr 11 nachts wieder geweckt zu werden. Nun, ich erwachte, bevor der Wachmann kam, zog mich an, führte die Bewegungen aus, betete, meditierte und war mit euch zusammen. Diesmal war es noch besser, denn ich konnte den Einen und die Vielen wirklich spüren. Ich dankte der Direktion von ganzem Herzen, die mich ganz gegen die normale Routine beten ließ. Dann hielt ich eine kleine Feier in meinem Tempel ab und las einige von Grace erstaunlichen Gedichten. Ich ließ viele alte, unnötige Bürden los, vergab und fühlte mich wirklich geheilt.

Solastar Qua-Y-El

Δ Long Island, New York Δ

Ein neuer Heiliger Tag ward geboren, der 11. Januar 1992! Es war kraftvoll und ekstatisch, visionär und vereinigend! Ich hatte den ganzen Tag über Visionen. Ich begann mit einer Gruppe von Engeln im Himmel. Einige hatten sehr große Flügel. Ich sah riesige weißgekleidete Wesen mit gefalteten Händen, die über der Erde im Raum standen und die Ereignisse beobachteten. Erst Tage später erkannte ich, daß ich sie deshalb so gut gesehen hatte, weil auch ich mich im Raum befand.

224 / Die Öffnung des Tores

Ich sah die ganze Erde aus der Ferne. Auf ihrer Oberfläche und in der Atmosphäre bewegten sich so viele weißgoldene komplizierte Energiemuster, daß man Land und Wasser kaum noch sehen konnte. Plötzlich drehte sich die Erde durch eine riesige Pforte. Im Laufe unseres Treffens wurde die Energie immer intensiver, explodierte während der Bewegungen und drehte sich immer wieder in den Himmel hinauf und in die Erde hinab.

Gegen Ende des Tages sah ich einen riesigen, mächtigen Weißen Lichtstrahl, der von der Großen Zentralen Sonne ausging, durch den Raum schoß und die gesamte Erde traf. Nach einer längeren Pause durchdrang ein weiterer Weißer Lichtstrahl die Erde. Danke, Solara, daß du uns den Weg nach Hause gezeigt hast!
Elohim Anarsim Rubyar

∆ Wien, Österreich ∆

Unsere Gruppe traf sich dreimal vor 11:11, um die Bewegungen der Einheit zu üben. Am 11.Januar kamen in unserer Stadt mindestens neun Gruppen zusammen. Jetzt integrieren wir die Erfahrung 11:11 in unser tägliches Leben, jeder auf seine Weise.
Robert Unterluggauer

∆ Toronto, Ontario, Canada ∆

In Toronto versammelten sich ungefähr 250 weißgekleidete Menschen aus der ganzen Provinz von 10 Uhr morgens bis Mitternacht. Zu allen Schlüsselzeiten machten wir die Bewegungen der Einheit. Für uns war die Heilige Spirale das kraftvollste Erlebnis. Beim Aufrollen der Spirale tönten wir unsere himmlischen Klänge, und es schien uns, als ob die gesamte Galaxis antwortete. Danach war es Zeit für die Zeremonie um 11 Uhr 11 MEZ abends, die jeder sehr kraftvoll und tief heilig empfand. Wir hatten einen Hohen Heiligen Tag erlebt.
Elan Nanu und Le'eema Rheema

∆ Central Park, New York City ∆

Es war ein klarer, kalter, erfrischender New Yorker Morgen. In den nüchternen, blätterlosen Bäumen leuchteten die Flügelspitzen der weißen Tauben wie Sterne im Sonnenlicht des neuen Tages. Als Boten des Neuen und des Heiligen Geistes ließen sie sich auf dem friedvollen Engel über der Bethesda-Quelle nieder.

Der Kreis der weißgekleideten leuchtenden Engel wurde immer größer. Die öden Winterfarben der Natur schufen einen deutlichen Kontrast zu den leuchtendweißen sonnengeküßten Gewändern unserer geliebten Sternenfamilie. Eine sich wandelnde Energie pulste durch die eisigen Venen der Felsen, bis sie zu summen und zu vibrieren schienen.

Als Etheriums prachtvolle Musik *Starry Processional* melodisch durch die Winterluft tönte, mußte man sich nur umdrehen und zum Dakota aufschauen, um John Lennons unglaublich friedliche Gegenwart durch die Menge streichen zu spüren. Die Hingabe von Sha-lin, Das Ra und Shandra an diesem Tag war inspirierend. Während der Bewegungen konnte man die reine Essenz in ihren Gesichtern sehen. Der Fokus war so machtvoll!

Der Duft verbrennenden Salbeis mischte sich mit den Kreisen im Kreis harmonisch zu einer herrlichen Kulisse, einem himmlischen Zeitmesser, und alle Hände wiesen auf 11:11.

Eliana Raphaela Shamriel

∆ Mit den Delphinen in der Kealakekua Bucht, Hawaii ∆

Aloha, Solara, meine Heilige Schwester und Botin, Aloha ihr Mitglieder des Stammes des Einen. „Ich bin Venusolari von AnRa-AnRat und grüße euch von A-Qua-La A-Wa-La. Wir bringen euch Frieden, Liebe und Verständnis." Diese

Worte, diese Invokation sollte ich verwenden, wenn ich mit meinen Brüdern und Schwestern, den Delphinen, in den Monaten vor 11:11 zusammenkam. Wenn ich die Bewegungen im Wasser übte, würden die Delphine unter mir mitmachen.

Am Heiligen Tage schwammen wir still in die Bucht hinaus. Als wir unser Dreieck bildeten und gemeinsam die Bewegungen machten, weilten unsere Gedanken auch bei Makua im Kreis der Elf am Kilauea-Krater und bei EloRa, der den Tag mit vielen Stammesgefährten auf dem Gipfel des Mauna Kea verbrachte. Jeder von uns war Teil eines größeren Dreiecks.

Unter uns machten die Delphine die Bewegungen und tönten die ganze Zeit über. Ihre Klänge halfen, das Gitter neu auszurichten. Unsere Körper ragten halb aus dem Wasser heraus. Wir dienten als Leitung und ließen die Energie durch uns fließen. Die Bewegungen im Wasser erlaubten uns eine einzigartige Perspektive: wir konnten die Veränderung tatsächlich fühlen und sehen, wie die Taube durch die Offene Pforte flog. Als wir das Wasser verließen, tönten die Delphine immer noch.

Danach führte uns unsere heilige Reise nach Honaunau, der nächsten Bucht südlich der Kona Küste. Hier war das Wasser sehr bewegt, ja majestätisch! Wir sprachen erst sehr viel später darüber, doch uns allen war aufgefallen, daß sich das Meer anders als sonst verhielt. Der Ozean nahm aktiv Anteil! Als wir die Bewegungen machten, bewegte sich das Wasser auf seine Weise, und als die Pforte offenstand, strömte das Wasser hindurch.

Als wir das Meer an diesem Tag zum zweiten Mal verließen, hatten wir das Gefühl, etwas vollendet zu haben. Wir hatten unsere Rolle im Drama des Ganzen gespielt. Danach fuhren wir zu unserem Stamm nach Mauna Kea, um mit ihnen die Heilige Spirale zu tanzen. Wie gesegnet wir sind, daß wir unsere Rolle im Ozean spielen durften!

Venusolari

∆ Kilauea Krater, Hawaii ∆

Aloha, Solara, Aloha den 144 000 königlichen Sternenlichtern, die mit uns die Bewegung der Zeit veränderten:

Ich möchte euch an unserer magischen Erfahrung teilhaben lassen, daran, wie elf von uns, sechs weibliche und fünf männliche Energien zusammen mit einem besonderen Gast aus dem Lande der *Langen Weißen Wolke* der Aeotearoa sich verpflichteten, uns dem Dienste an anderen hinzugeben und dem Einen Unendlichen Schöpfer, dem Atem des Lebens, O Mauri Ora, treu zu bleiben.

In der frühen Morgendämmerung sandten uns die Sterne ihren ersten Gruß. Als die Sonne mit ihren Strahlen durch die Dunkelheit brach und über den Horizont lugte, fiel ein Stern, grüßte uns funkelnd, und schien den Himmel für alle Ewigkeiten zu erhellen. Er erblühte zu dem goldenen Licht, das mit dem Hüter der Dämmerung in KUMUKAHI, der Ersten Quelle, der Leiter der Sonne verschmolz.

Alle elf Mitglieder unserer Gruppe und der Maori Aoteara – ein besonderer Pohaku -, der dem „Rat der Ältesten der Vereinigung" von den Ältesten Taranakis, des königlichen Volkes der Whanga Nui, gesandt wurde, trafen sich in Halemaumau, *dem ewigen Haus*, einem der zwölf Mysterien. Genau um 8.00 Uhr morgens betraten wir die Stille Kilaueas, der Kraft, die auf der Insel Hawaii das erhabenste lebendige Wasser, den Göttlichen Atem, in die Welt des Licht führt. Die sechs Frauen betraten den Krater durch das nördliche Tor, das Tor der Träume und Vorstellungen. Die fünf Männer betraten die Stille durch das südliche Tor, die entgegengesetzte Polarität, das Tor der Integration im Meer der Häuptlinge, und näherten sich dem Tor der Träume. Ich gab unseren Eintritt mit meinem Muschelhorn Ku Keao Loa, dem Boten, bekannt. Wir empfingen dafür die Musik dreier Muschelhörner, die unser Geschenk – uns selbst – ankündigten.

Die Männer und Frauen wollten zusammentreffen, um in der feurigen femininen Mana von Pele Hanau Moku im Zentrum des ewigen Hauses zu verschmelzen. Ihre Herrlichkeit ist nicht in Worte zu kleiden, und dort, wo wir saßen, war der Mittelpunkt, der Busen von Mutter Natur, deren ungeschliffene Energie das Potential der Form herausschleuderte: Pele, die Feuergöttin.

Wir tauschten häufig Aloha aus, nicht nur zwischen den Anwesenden, sondern mit jedem, der zu dieser schönen Gemeinschaft gehört, die kraftvoll begründet und aufgebaut wurde und uns in der Zeit der verwirrten Gesetze als Quelle des Lernens und der Entscheidung in der Welt diente. Hier wuchsen wir spirituell und entdeckten das größte Mysterium im Universum – uns selbst. Wir überwanden die Grenzen, die wir selbst uns gesetzt hatten, und brachen durch den Schleier, um in dieser großen Schule für auszubildende Götter bewußt zu werden.

Im Osten stand das Tor der Geburt und der Anpassung und im Westen das Tor der Vollendung und des Schauens, wo Hina diesen vollendeten Kreislauf zur Ruhe betten wird.

Ich bat die vier Ecken des Universums, mein Gebet und meine Bitten zu erhören; daß wir im Dienst der anderen gekommen waren; daß wir eine Versammlung des Einen und seine Familie seien; daß wir die Fortsetzung des Einen seien und die beste seiner Schöpfungen.

Denn Leben für Leben haben wir alles geläutert, was geläutert werden mußte; wir entwickeln uns zur Vollendung, zur Erfüllung unserer Aufgabe. Wir alle werden die Erde spirituell durch die Münder zahlreicher Sternenlichter anheben, welche diesen Tag zu ihrer Pflicht, zu ihrem Vorrecht und zu ihrer Verantwortung machen, der Verantwortung des bloßen Seins. Wir übergeben der Zweiten Welle unser mana'o, mana'olana und kuli'a, unsere Gedanken, Hoffnungen, unser Vertrauen und unseren großen Wunsch, uns dem Einen zu nähern, indem wir die kosmische Frucht Hua der Dinge, die kommen werden, essen und davon in Besitz genommen werden. So lautete mein Gebet – frei zum EINEN zurückzukehren.

Die Öffnung des Tores / 229

An unserem höchsten Punkt, dem Punkt ohne Widerkehr, gaben wir jeder unser persönliches Mudra und tanzten den Tanz des elften Hauses, den Tanu von Ho'oku'ikahi, der Vereinigung, ungehindert durch Schwierigkeiten im Zustand freier Bewegung, vermischt mit Mana. Wir waren grenzenlos wie die Winde Kumukahis. Wir gaben unserer höchsten Hoffnung Ausdruck, daß die Zweite Welle alle Grenzen überschreiten und Freiheit erreichen möge, nicht nur für sich selbst, sondern für alle.

Hier sitzen wir im roten Meer des Feuers und wissen, daß eine Gruppe Sternenlichter ihren Sternenglanz über die Naia, *die Delphine*, in der Kealakekua Bucht, dem steigenden Pfad zur Gottheit, zum Einen, verstreut. Eine andere Gruppe Sternenlichter steht auf dem Thron Mauna Kea. Wir alle bilden das Dreieck des Tau, der Elemente, und erfahren unsere eigene Transzendenz, wo jedem Suchenden das transparente Mana offenbart wird und jeder sein Gottsein und Sternensein entdeckt, das zu der inneren Lichtermusik schwingt. Dadurch dürfen wir durch uns hindurch die Wahrheit sehen und erkennen, daß wir nie von ihr getrennt waren.

Um genau 11 Uhr 30 kehrten wir in die Welt des Klangs zurück. Dreieinhalb Stunden lang schwammen wir dort, wo alle Mystiker schwimmen, in einem unbeschreibbaren Raum.

Wir hatten den Fischern der Maui und den Himmeln kampflos gestattet, uns in ihren Busen zu heben, um ihrer Lichtmusik im inneren Lichtermeer zu lauschen. Wir besangen die Ehre unserer Ahnen, die den Weg vor uns gegangen sind und die Ehre jener, die die Herausforderung der Zukunft angenommen haben.

Es gibt so viel, was jeder einzelne dabei, danach und immer noch erlebt. Ich möchte allen danken, die bei dieser Vollendung mitgeholfen haben, allen, die dem Flüstern, dem Aufruf folgten, die sich getrieben fühlten, das Lied der Einheit zu singen. Euch allen: Mahalo Nui Loa.

Dieses Ereignis geschieht nur einmal. Es wird nie wieder geschehen und ist jetzt schon Erinnerung. Die Tür, das Tor, das Fenster steht jetzt offen. Vergeßt eure Eintrittskarten nicht und seid pünktlich. Zum letztenmal durch diese Pforte zu schreiten bedeutet, die Herausforderung anzunehmen. Es ist eine Entscheidung des freien Willens, aus der Liebe des Einen Unendlichen Schöpfers zurück ins Licht zu steigen. Ich werde euch alle dort treffen.

Hono Ele Makua, der Rat der Ältesten, A me O Maori, Aotearoa

∆ Guatemala City, Guatemala ∆

Mit großer Freude möchte ich euch von unserer 11:11-Feier in Guatemala berichten. Nachdem die Information durch die Bücher *„Die Kreise im Kreis"* und *„Dein Sonnenengel, und wie du ihn erweckst"* zu uns gelangt waren, begannen wir, uns an unsere Engelnamen, unsere Töne und Mudras zu erinnern, und so waren wir am heiligen Tag bereit.

Wir bildeten unseren Mandalakreis und sahen, wie sich überall auf der Erde die Kreise formten, dann wurde die Tür 11:11 geöffnet, und aus allen Lichtarbeitern entstand die Taube. Es war wunderbar! Von Anfang an nahmen wir eine Lichtkuppel über uns wahr. Viele hatten Visionen über das, was auf der planetarischen, der örtlichen und der persönlichen Ebene geschah. Verschiedenfarbige Lichtstrahlen umgaben uns. Die folgende Botschaft wurde empfangen: „Auf diesen Augenblick habt ihr seit Tausenden von Jahren gewartet!"

In unserer Stadt feierten außer uns noch zwei Gruppen, außerdem wissen wir von zwei weiteren Gruppen an anderen Orten unseres Landes. Uns wurde berichtet, daß die Menschen an jenem Tag etwas Besonderes spürten, denn viele Altäre, mit weißen Blumen geschmückt, säumten die Hauptstraße zum Pazifik. Menschen, die nicht mit unserer Gruppe in Verbindung stehen, änderten plötzlich ihr Leben. Wir danken dir und allen Lichtarbeitern auf der ganzen Welt für das, was ihr getan habt.

Aaiska An Ta Ra

Δ Phoenix, Arizona Δ

Sie kamen am 11. Januar in Frieden, Liebe und in einer Anzahl, die all unsere Erwartungen übertraf. Sterngeborene Lichtarbeiter standen bereit, um den Tausenden, die das 11:11 auf ihren Digitaluhren einrasten sehen und sich über ihre innere Bewegung wundern, bei der Erleuchtung zu helfen. Als die weißgekleideten Sternenlegionen auf Stühlen und auf dem Boden der überfüllten Halle Platz genommen hatten, begann augenblicklich die Transformation: die neugierigen, hoffnungsvollen Blicke verwandelten sich alsbald in Staunen. Einige zitterten, einige weinten, andere wurden geheilt. Das Gesicht eines jeden strahlte Liebe und Erneuerung aus.

Die Organisatoren hatten mit dreihundert Menschen gerechnet, doch über sechshundert kamen, um zu lernen und an dem Licht teilzuhaben. In den Zeiten des Aufruhrs war dies ein Tag des Friedens. In einer haßerfüllten Welt wurde dieser Tag durch die Kraft der Liebe befreit. In diesen Tagen der Krankheit und der Isolation war dies eine Reise gesegneter Einheit.

Yolanda

Δ Rhayader, Wales, Großbritannien Δ

Unsere siebenköpfige Gruppe hingebungsvoller Seelen verankerte in Mid-Wales das Licht und öffnete dort die Pforte. Unsere Feier fand im Versammlungsraum des Kindergartens in einem wunderschönen Garten statt. Die Energie in der Halle war ungeheuer, und im Zentrum unseres heiligen Kreises konnten wir Lichtstrahlen wahrnehmen. Nach unserer letzten 11:11-Zeremonie am späten Abend gingen wir durch die klare Sternennacht. Der Frost ließ die sanften Hügel und Täler glitzern, und wir waren alle tief bewegt von den Ereignissen des Tages.

Alta Ra und El Atar Amin Ra

∆ Vancouver, British Columbia, Canada ∆

Wir haben es geschafft! Unwiderruflich verankerten wir eine Neue Oktave der Einheit. Die höheren Energiefrequenzen wirken auf jeden. Das Licht des Einen leuchtet mir aus allen Herzen und Augen entgegen. Welch ein Segen! 11:11 hier in Vancouver war verblüffend! Wir trafen uns auf dem Platz der Nationen und wurden den ganzen Tag über von erstaunlich schönen, pulsierenden Lichtenergien gereinigt. Ich bin immer noch voller Ehrfurcht vor der mächtigen Größe und Strahlkraft des Lichtes, das wir verankerten. Ich danke Gott für die Chance, den Samen des Erwachens für die Vielen säen zu dürfen. Ich weiß, daß dies nur der Anfang einer unglaublichen Reise nach Hause ist. Ich danke dir, Solara, für deine standhafte Hingabe und dafür, daß du die Vision von 11:11 empfängst.
Solarius Andradea Azatara

∆ Kingman, Arizona ∆

Die ganze 11:11-Feier war nicht von dieser Welt! Während der Bewegungen der Einheit konnte man im Raum ein strahlendes Licht sehen, in dem sich immer mehr Engel einfanden. Danach hatten alle Tränen in den Augen und staunten still lächelnd über das mystisch-magische Gefühl der Einheit in diesem Krafthaus der Liebe.
Aceremma

∆ Chitzen Itza, Mexico ∆

Über tausendfünfhundert Menschen aus vielen Ländern versammelten sich zu Füßen der Kukulcan-Pyramide, um an der Zeremonie teilzunehmen. Ungefähr achtzig Prozent der Leute erschien in weißen Kleidern, sogar die Kinder waren in Weiß. Andere wollten nur zuschauen: „Gestern, am Strand in Cancun, hat man uns davon erzählt, und wir dachten, wir schauen einfach mal vorbei."

Der Morgen war grau, wolkig und bedeckt. Wir sangen sechsunddreißigmal „Evan Maya, He Ma Ho", um den Regen zu vertreiben. Um 11 Uhr 11 morgens versammelten wir uns zu den Bewegungen der Einheit. Eine Gruppe aus Kanada bildete ihren Kreis oben auf einer der rituellen Platformen. Die meisten standen im Halbkreis zu Füßen der Pyramide. Der junge Mann vor mir war blind, doch seine Mutter stand hinter ihm, übersetzte ihm alles ins Spanische und nahm seine Arme, um ihm die Bewegungen zu zeigen. Als wir durch die Pforte traten, überströmte uns die Liebe. Alle Teilnehmer waren sehr ernsthaft bei der Sache, hielten Stille und bewegten sich gemeinsam mit uns.

Mein Lehrer Reinaldo Torres sprach in Englisch und Spanisch. Dann sprach ein Mayapriester aus Merida zu uns. Er sagte: „Dieser Tag ist uns in unserer Geschichte vorhergesagt worden. Ich bin tief bewegt, hier so viele Menschen aus so vielen verschiedenen Teilen der Welt anzutreffen." Er ließ uns elfmal die Silbe „IN" singen, den Mayanamen für den Sonnengott. Plötzlich verzogen sich die Wolken, und die Sonne brach durch. Unsere Klänge erreichten den Kosmos, und der Priester segnete uns alle. Wir waren nach Hause gekommen.

Hunderte strömten nach vorne, um sich die Hand auflegen zu lassen. Sie bildeten lange Schlangen vor den Priestern, von denen einige gerade erst vom Geist erwählt worden waren. Vier Stunden später standen immer noch Menschen an. Als wir zurück nach Cancun fuhren, begann es zu regnen. Es hatte übrigens den ganzen Nachmittag in Cancun geregnet, während in Chitzen-Itza die Sonne schien.

Geo-Ni Elohim

∆ Teotihuacan, Mexico ∆

Tausend Menschen bei den Sonnenpyramiden!

∆ Palenque, Mexico ∆

In Palenque führten wenige Amerikaner und Europäer dreitausend Mayas durch die Zeremonie!

∆ Melbourne, Australien ∆

Für uns ist das Wochende des 11. Januar immer noch nicht vorbei. Es ist bei uns geblieben und wird sich immer weiter entfalten. Neue Verbindungen wurden geschlossen, und auf verschiedenen Ebenen geschah sehr viel. Die Wochen bis zu diesem Augenblick vergingen hektisch. Das Telefon lief heiß. La Re'el und ich versuchten, nicht wie die sprichwörtliche hängengebliebene Schallplatte zu klingen, wenn wir die Leute noch in letzter Minute über 11:11 informierten. Besonders nicht bei demjenigen, der kurz vor Mitternacht des 10. Januar anrief, um sich über 11:11 zu erkundigen. Wir haben jetzt eine Vorstellung davon, wie das Leben im Star-Borne-Team aussieht.

Hier waren die Menschen großartig und unterstützten uns sehr. In Victoria gab es viele Gruppen wunderbarer Menschen. Die Liebe, der Zusammenhalt, die Konzentration und die Aufrichtigkeit der Leute war außergewöhnlich. Jeder brachte die ganze Fülle seines Seins mit ein. Wir waren Eins!

Es gibt immer noch eine dreidimensionale Welt, doch für Tausende von uns auf der ganzen Erde ist etwas anders geworden, das über unseren Verstand gehen mag. Die Dinge werden nie mehr so sein, wie sie waren. Ich bin demütig und dankbar, daß ich an diesem Ereignis teilhaben durfte, welches Gruppen auf der ganzen Welt bewegte und bis ins Universum reichte. Wir sind wirklich Kreise im Kreis!

Aumanarius

∆ ∆ ∆

Ich hatte keine Ahnung, was ich als Wächter zu erwarten hatte. Ich dachte, daß ich vielleicht Fokus für Energien wer-

Die Öffnung des Tores / 235

den würde, doch für was für eine bemerkenswerte Energie! Während der ersten Bewegungsreihe vollführten meine Hände die verschiedensten Mudras und arbeiteten sich durch die Chakras der Gruppe. Ich schien die Energie zu lenken, bis jede Ebene von der Farbe und der Schwingung aller anderen Ebenen durchdrungen war. Wenn ich jetzt darüber nachdenke, vereinten sich alle Farben ganz subtil zum alles durchdringenden Weißen Licht. Dieses Licht strahlte in den schönsten Regenbogenfarben und mischte sich zu Einem Licht. Dann veränderte sich die Energie plötzlich, und der Raum füllte sich mit dem elektrisch blauen Licht des Erzengels Michael, einer sehr mächtigen, klaren Energie, wodurch die Gruppe gereinigt und geschützt wurde. Danach schien sich der Kreis in besonderer Einheit und Zeitlosigkeit zu drehen. Alle waren von der Wärme und Liebe im Raum bewegt.

Die Bewegungen um 11 Uhr 11 MEZ waren außerordentlich, vollkommen, erstaunlich! Ich will versuchen, dir neben der Qualität, der Quantität und der Intensität der Energie meine eigenen Erfahrungen zu beschreiben: Während sich die Kreise drehten und auch während der Sternenprozession nahm ich eine goldene Energiescheibe wahr, die sich um die Gruppe drehte. Ich folgte meiner inneren Stimme, die mich aufforderte, die Scheibe festzuhalten, was mir irgendwie gelang. Als ich die Scheibe umdrehte, geschah etwas absolut Verblüffendes: Der ganze Raum schien seine dimensionale Ausrichtung zu verlieren, so als ob er von innen nach außen gekehrt würde! Plötzlich befanden wir uns nicht mehr in einem Zimmer, sondern hingen gemeinsam vor einer riesigen magentafarbenen Kugel, die AN genannt wurde. Diese Kugel dehnte sich aus, bis sie den gesamten Gesichtskreis einnahm. Alle hatten sich, samt dem Planeten, hier eingefunden, und eine Stimme wiederholte: „Ihr seid die Familie ANs!" Ich brach in Tränen aus, doch das beste sollte noch kommen.

Der Erzengel Michael erschien und überschüttete uns ganz sanft mit seiner Liebe und seinem Segen. Das Gefühl war unbeschreiblich. Er erhob sich in seiner ganzen Herrlichkeit und dankte uns mit einer tiefen Verbeugung für unser Hiersein und für all die Arbeit, die wir äonenlang geleistet hatten. Er war wie ein siegreicher General, der am Ende der Schlacht zu seinen Truppen sprach. Zum Schluß gab er uns allen sein Mudra mit ungeheurer Liebe, Zartheit und Würde.

Die Energie veränderte sich und wurde sehr froh und warm. Metatron und der Erzengel Uriel kamen mit ausgebreiteten Armen und winkten uns alle durch die geöffnete Pforte. Engelchöre sangen begeisterte Lieder, Lieder der Freude, der Erleichterung und der Einheit. Dann gossen diese Engel strahlendweißes Licht über die versammelten Menschenmengen und umschlossen uns mit einer Kugel Goldenweißen Lichts. Alle sangen und tanzten als Ein Wesen.

An dieser Stelle schaute ich in die Gesichter derer, die sich in der Sternenprozession drehten, und sah bei vielen von ihnen erhebende Freude, Staunen und Licht. Eine Stimme wiederholte immer wieder: „Jetzt tragen wir die Verantwortung." Ich verstand das so, daß wir jetzt, wo die Pforte offensteht, als Einzelwesen und als Ein Wesen die Aufgaben zu Ende bringen müssen, die noch vor uns liegen.

Nachdem die Zeremonie beendet war, kehrte ich nach Hause zurück und fühlte mich, als ob ein schweres Gewicht endlich von mir gewichen war. Ich hatte die Empfindung, daß ich wenigstens eine Sache getan hatte, die meinem Leben Bedeutung gab. Ich fühle mich immer noch so. Wie sollen wir Solara für ihre Vision und ihre Mühen danken, dem Star-Borne-Team für die Leitung und den zahllosen anderen, die an diesem Tag mit uns feierten? Es beschränkt sich wirklich nicht nur auf das, was wir bei 11:11 bekamen, sondern umfaßt auch, was wir alle gaben.

La Re'el Iathraan

∆ Nambour, Queensland, Australien ∆

Der Wetterbericht dieses Tages sagte einen Wirbelsturm voraus, wodurch für eine gewisse Aufregung und das Gefühl

kommender Veränderung gesorgt war... Die Spirale bewegte viele Menschen, auch mich, zu Tränen. Am Nachmittag saßen wir im Kreis zusammen, stimmten uns auf all die anderen Gruppen in der ganzen Welt ein und teilten einander mit, was wir erlebt hatten. Die Energie der Abendsitzung überstieg die der anderen beiden. Am 12. Januar kamen wir wieder zusammen, machten die Bewegungen und verbanden uns mit dem Rest der Welt. Die Energie an diesem Tag war ganz besonders. Ich selbst nahm sie als ein- und ausströmende Liebe wahr. Ich fühlte mich dem Einen sehr verbunden und war zu Tränen gerührt, als ich in die Gesichter der anderen Menschen blickte und unsere Einheit spürte. Dann sah ich die geöffnete Durchgangspforte, durch die sich viele Menschen in weißen Sternenschleiern drängten.
Solara Itara

∆ Adelaide, Australia ∆

Also, 11:11 war in jeder Beziehung ein magisches Ereignis! Wir hielten unsere Feier im botanischen Garten ab, einem herrlichen grünen Ort im Zentrum ab. Fast alle trugen Weiß, ein großartiger Anblick in einem öffentlichen Park, denn wir hatten außerdem ein großes 11:11-Symbol mitgebracht, was allein schon für Aufsehen sorgte. Doch die Energie war so enorm, daß Leute, die hätten stören können, einfach mit dem Geschehen verschmolzen und das Ganze (*fast möchte ich sagen – ehrfürchtig*) von weitem beobachteten. Für mich war es das Eingehen in eine große Stille und das Ruhen in dem absoluten Wissen, daß wir es gemeinsam schaffen werden, zu uns selbst zurückzufinden.
Beylara Ra

∆ Montrose, Colorado ∆

Wenige Tage vor dem 11.Januar wurde ich in ein neues Altersheim (*unser altes war verkauft worden*) auf der anderen

238 / Die Öffnung des Tores

Seite der Stadt verlegt. Der Umzug war für uns alle schwierig, und das kurz vor 11:11! Doch diesen Tag nahm ich mir trotzdem frei, fastete und verankerte das Licht. Hier im Altersheim ist es fast wie in der Psychiatrie, denn die meisten Bewohner sind körperlich und geistig gebrochen. An diesem Tag reagierten sie negativ. Es gab fünf Unfälle, und das ganze Haus stand Kopf, doch schließlich wendete sich alles zum Licht.

Ich war wirklich stark genug an diesem Tag und konnte alles handhaben. Mein Vater und Göttlicher Geist ließ mich wissen, daß das Neue Gittermuster jetzt auf der Erde aktiviert ist. Ich sah Zwölf Große Lichtstrahlen aus der geöffneten Pforte kommen und überall auf der Erde mächtige Energie verankern. Ich sah außerdem zwölf große aktivierte Lichtstrahlen über unserem Universum. Jetzt wird alles schnell gehen.

In mir ist gegenwärtig viel Energie. Alle, die mir nahe sind, spüren sie. Ich fühle, daß Gott in meinen Zellen lebt. Ich werde nicht mehr lange in meinem verkrüppelten Körper in diesem Altersheim bleiben. Solange ich noch da bin, helfe ich den anderen, zu einem höheren Bewußtseinszustand zu gelangen. Es wird ein großes Jahr für die Licht- und Sternenmenschen werden. Ich liebe euch alle. Macht weiter mit der großen Arbeit.
Le Estria

Δ Baton Rouge, Louisiana Δ

Um 5 Uhr 11, dem 11 Uhr 11 MEZ, als alle Gruppen auf der ganzen Welt ihre Bewegungen der Einheit machten, fühlten wir, wie sich eine machtvolle, gewaltige Lichtsäule im Planeten verankerte.
Mark Stupka

Δ Houston, Texas Δ

Wie soll ich unsere herrliche Feier in Houston beschreiben? Zahllose Stunden, Tage, Wochen und Monate der Vorbereitung für diesen einen Tag, und was war es für ein Tag! Die Menschen kamen so bereitwillig zu einem Ereignis, das weit über sie hinausreichte. Einige wußten nicht genau, warum sie überhaupt hier waren; sie fühlten sich einfach *angezogen*. Andere hatten mit den Ziffern 11:11 tiefe Erfahrungen gemacht, und an diesem Tag erfüllte sich ein Traum für sie.

Jede der drei Aktivierungen hatte ihre ganz eigene Atmosphäre. Die morgendliche 11-Uhr-11-Aktivierung war von süßer Einfachheit und Reinheit, 5 Uhr 11 (*11 Uhr 11 MEZ*) stellte mit ihrer stark erhöhten spirituellen Energie den Gipfel dar, und 11 Uhr 11 abends löste ein ursprüngliches, eher physisches Gefühl aus. Ich hätte mir so gewünscht, daß jeder die Schönheit der Kreise im Kreis so hätte sehen können, wie ich es von der Bühne aus sehen konnte. Wir hatten tatsächlich alle einen Fokus, und so bewegten wir uns als Ein Wesen.

Liebste Solara, meine tiefste Liebe und meinen herzlichsten Dank dafür, daß du wieder einmal in Göttlichem Auftrag vorgetreten bist, dafür, daß du die Vision empfangen und diesen kosmischen Augenblick hier auf der Erde manifestiert hast. Ich fühle mich geehrt, ein Mitglied unserer Sternenfamilie zu sein.
Antara

∆ Charlottesville, Virginia ∆

Fünf Mitglieder des Star-Borne Teams blieben hier, um den Strahl 11:11 zu verankern und ein Dreieck mit Neuseeland und Ägypten zu bilden. Natürlich wurden wir auch im Büro gebraucht, um alle Anfragen, die noch in letzter Minute an uns gerichtet wurden, zu beantworten. (*Wir waren so ausgelastet, daß unser Faxgerät den Geist aufgab!*) Wir hielten eine achtunddreißigstündige Wache und verankerten die Energie für die Gruppen bei den Meisterzylindern. Es war so intensiv, daß wir das Gefühl hatten, mit den anderen dort zusammen zu sein. Wir sandten ihnen unsere Liebe, unsere Unterstützung und unser Lachen, um ihnen ihre pausenlosen Bewegungen ein wenig zu erleichtern.

Am 11. Januar versammelten sich über hundert Sternenmenschen in Swannanoa, um die Kreise zu drehen und die Pforte zu öffnen. Fremde gehörten sofort zur Familie, als uns die erhöhten Energien in die Einheit führten. Ich tauchte ganz in diese feine, mächtige, fröhliche Energie ein und sagte mir immer wieder: „Wir haben es geschafft, wir haben es geschafft!" Ich schaute die anderen in ihrer Schönheit an, die unter dem Einfluß der neuen Energien zuerst golden und dann transparent wurde.

Ich bin so dankbar, daß ich bei dieser wunderbaren Zusammenkunft mitmachen durfte, die der Menschheit bei ihrer Geburt in eine neue Entwicklungsspirale half. Ich möchte dem Star-Borne-Team Akiel, Elestariel, Elona und Garjon für all die Liebe und die Unterstützung danken, die sie während dieses bedeutsamen Ereignisses gaben. Doch vor allem danke ich Solara für ihre standhafte Hingabe an ihre Vision. Du hättest es allein nicht tun können, aber ohne dich hätten wir es niemals geschafft!
Paloma Antara Rameesh

Δ Dove Mountain, Tennessee Δ

Dove Mountain übertraf all unsere Erwartungen. Fast zweihundert Menschen aus zwölf verschiedenen Ländern kamen. Vollkommenes Wetter, UFOs, Engel, indianische Geister, Devas, Zeichen, Wunder, Pforten, Pyramiden im Himmel, mächtige Gesänge, Tanz, Einheit und Liebe!
Medicine Bear

Δ Δ Δ

Die Nebel über dem Moor erinnerten mich an eine Zusammenkunft von Seelen. Als ich in der dunkelsten Stunde vor der Morgendämmerung die Serpentinen zum Gipfel emporstieg, zog die Kraft der vertrauten Gedanken, Wünsche und

Hoffnungen sanft an mir. Mit jedem Schritt, dem ich mich dem Tafelland auf Dove Mountain näherte, wuchs die Erwartung in meinem Herzen. Ich hielt einen Augenblick inne und trank den süßen Duft der Liebe aus der Luft. Meine Hand streckte sich aus, ein anderer ergriff sie. Ich spürte, daß ich diese Hand festhalten wollte. Die andere Hand (*ich weiß nicht, wem sie gehörte*) hielt die meine, ohne vor dem verzweifelten Bedürfnis zu erschrecken.

Unsere Stimmen vereinten sich, so als ob wir die Sonne rufen wollten, und wir warteten darauf, daß das warme Feuer aufsteigen und den Tag erhellen würde. Die Spannung stieg, und meine Hand verstärkte den Druck. Die Scheibe erhob sich hoch in die Himmel und in unsere Herzen. Wir waren aus weit verstreuten Orten gekommen, doch jetzt waren wir hier und Eins. Die zurückgewonnene Erde, die kühle, klare Luft, das Gras unter unseren Füßen, der Mond auf seinem höchsten Stand, das Zwinkern der Sterne am Himmel. Ein Liebesstrom floß durch alle Anwesenden.

Ich erkannte, wie sehr ich diese Einheit vermißt hatte. Hast du dich schon einmal nach etwas gesehnt und nicht gewußt wonach? Wird es dir dann endlich klar, dann sagst du: „Ja, genau, das war es, was ich brauchte!" Ich koste die Erinnerung an das Zusammensein aus. Meine Seele war vom Licht der Einheit erfüllt. Der Faden, der uns verband, webte ein Gewebe rund um die Welt und über die Welt hinaus. Wir waren nicht allein. An diesem Tag und in dieser Nacht veränderte sich das Universum. Ich sah, wie sich die Himmel hoben.
Carol Bilbrey

∆ ∆ ∆

Ich sah, wie sich die Rädchen in der Großen Kosmischen Uhr drehten, als sich Männer, Frauen und Kinder still in den Kreisen im Kreis bewegten. Ich sah den Geist Gottes. Ich hörte, wie Gott sich selbst in Harmonie sang, indem er unsere Stimmen übernahm und sie zu etwas verschmolz, das so weit über uns hinausging, daß mein Kopf durch die Hochspannung zurückflog und mein Herz die Ekstase wiederentdeckte. Und ich liebte es, auf diese Art mit meinen Brüdern und Schwestern zusammen zu sein, größer gemacht durch die vielfältigen Energien von immer neuen göttlichen Ebenen, schätzte es mehr als die edelsten Augenblicke unserer Menschlichkeit.

Das Fenster zur allerletzten Erweiterung öffnet sich. Wir gehen durch die Pforte, doch unschuldig, frisch, wie spielende Kinder. Wir gaben ruhig kreisend, spielerisch und mit fröhlichen Herzen unser Allerbestes und wurden mit den Schwingungen Göttlicher Liebe und Freude gesegnet. Es ist so einfach, daß ich vor Freude lache!

Dr. Louise Mallary-Elliot

∆ Philadelphia, Pennsylvania ∆

Die Independece Hall pulsierte vor Kraft und Licht, als sich am Morgen des 11. Januars fast zweihundert Menschen versammelten, um die Kreise zu drehen, die Pforte zu öffnen und das Sternenmandala zu tanzen. Als wir durch das Tor traten, sprachen wir gemeinsam: „E Pluribus Unum – der Eine in Vielen!"

Ein Visionär berichtete: „Der Himmel füllte sich mit abertausend Engeln, die goldene Kronen trugen und gelbrosa Kreise voller Liebesenergie schufen, welche sie zur Erde sandten." Ein anderer sagte: „Als sich die Kreise drehten, sah ich das hellweiße Christuslicht in der Mitte, und goldenes Licht bewegte sich um den Kreis herum." Eine dritte Person beschrieb ihre Erfahrung: „Ich spürte die anbrandenden Energiewellen der anderen Gruppen auf der Welt, die ebenfalls die Bewegungen machten. Ich fühlte einen Strom der Liebe. Wir hatten das Gefühl, daß unser Tun sehr wirklich und sehr wichtig für den Planeten war."

Aloyus Aletria

Die Öffnung des Tores / 243

∆ Sao Paulo, Brasilien ∆

Das Tor wurde wirklich aktiviert! Du kannst dir nicht vorstellen, wie großartig es war! Es begann damit, daß die großen Zeitungen und Fernsehsender erstaunlich viel darüber berichteten. Am 11. Januar kamen alle Fernsehteams in unseren Saal, in dem sich etwa dreitausend Menschen versammelt hatten, um allen Menschen Brasiliens unsere ersten Bewegungen der Einheit live zu übertragen!! Den ganzen Tag über sendeten die Stationen das Neueste über unsere Aktivitäten und luden alle Menschen zu Hause zum Mitmachen ein. Die großen Zeitungen berichteten in langen Artikeln auf der ersten Seite über das Ereignis.

Als krönender Abschluß wurden die Abendbewegungen wieder live in Goularts Programm gesendet. (*Er interviewte dich bei deinem Besuch hier und filmte deinen Workshop.*) Goulart ist seit sechsunddreißig Jahren beim Fernsehen, und jeder sieht sein Programm. So bekam die Bevölkerung Brasiliens noch einmal die Möglichkeit, zu Hause mitzumachen. Die dreitausend Leute blieben von 10 Uhr 30 bis morgens um 2 Uhr und taten die ganze Arbeit. Es war so wunderbar! Au-

ßer uns gab es weitere 516 11:11-Ankergruppen in allen Staaten Brasiliens. Pax!
Carmen Balhestero

∆ Joshua Tree, Californien ∆

11:11 war und ist in vieler Hinsicht bedeutend. Die Gruppenseele der Engel, zu denen Solara gehört, beendet bald ihre irdische Mission und kehrt in ihren eigenen Sektor des Universums zu ihrer ursprünglichen Lebenswelle zurück. Von dort steigt sie zur nächsten Ausdrucksebene auf. Sie brachte, wie alle Freiwilligen hier, viele Opfer auf der Erde und hat sich eine lange Ruhe- und Integrationspause verdient. Ihre Arbeit, die Lebensweisen der Menschen und der Engel aufeinander abzustimmen, ist unschätzbar wichtig für den Göttlichen Plan. Durch die Betonung ihrer Einheit hilft sie, das Eine Vereinte Feld der Liebe, in dem alle Barrieren schmelzen, beträchtlich zu stärken. Dadurch wird es möglich, daß jeder seine Einheit fühlt.

Am 11. Januar trafen sich Tausende auf dem ganzen Planeten, um die Bewegungen der Einheit auszuführen. Hierzu identifizierten wir uns zuerst mit einer größeren Verkörperungsebene und suchten Zugang zu den funktionalen Möglichkeiten dieser Ebene. Dann bewegten wir Arme und Hände, um den Energiestrom zu unserem Zentrum, in welchem wir unendlich, ewig und Eins sind, zu leiten. Wir erreichten dieses Zentrum und schufen ihm Raum in unserer Aufmerksamkeit. Dadurch enstand eine Null-Zone, in der das unendliche Feld nicht-manifesten Potentials zugänglich wurde und uns neue Strukturen ermöglichte. Es bildete sich eine vollkommen andere Energie. Der Überfluß in den Involutionsströmen, die durch den „Fall" entstanden waren, wurde in die Evolutionsströme geleitet, so daß die Kraft des Evolutionsflusses jetzt vorherrscht. Dies gleicht die unausgewogenen Jahre aus, in denen die Rückentwicklung dominierte. Dann verschmolzen die kleineren inneren Kreise jeder Grup-

pe in der Einheit und aktivierten durch die Veränderung ihrer Positionen den inneren Neuordnungsprozeß.
Anschließend folgte die Sternenprozession. (*Ich erlebte sie als eine Neuordnung der Schwingungsebene dieses Planeten und anderer Kugeln im wirbelnden galaktischen Körper.*) Zusätzlich zu diesen Aktivitäten bildete sich genau in der Mitte der Zeitspanne um 5 Uhr 11 nachmittags lokaler Zeit eine sehr wichtige Spirale, wodurch jede Gruppe als Ein Wesen aufsteigen konnte. (*Ich selbst hatte die Wahrnehmung, daß sich die Öffnung bis zu den Grenzen des Planeten weitete und die Erde anhob, wobei jeder ihrer Sphärenkörper immer höher bis zu seiner entsprechenden Schwingungsdimension im galaktischen Mutterkörper aufstieg. Ich erlebte außerdem, wie andere zusammengebrochene dimensionale Kugeln in der galaktischen Mutter gefüllt und angehoben wurden, bis sich alles wieder im Gleichgewicht befand.*)
Solara sprach die Wahrheit, als sie sagte: „Wir sind die Werkzeuge des Göttlichen Handelns." Durch unsere gemeinsamen Anrufungen, durch unsere konzentrierte Absicht und die Hilfe unserer Körper, die auf jeder Ebene die entsprechenden Körper der Erdmutter berührten, waren unsere Göttlichen Eltern fähig, Terra zu weiten und in Schwingungsbereiche zu heben, die sich mit dem Rest der Universalen Familie Himmlischer Wesen in Harmonie befinden. Das Gleichgewicht zwischen dem Involutions- und Evolutionsstrom ist wiederhergestellt. Mir wurde gesagt, daß der Weg unserer Entwicklung neu ausgerichtet ist. Die Entwicklungsgeschwindigkeit wurde beschleunigt, und die Schablonen des Neuen Himmels und der Neuen Erde sind verankert.
I Yin

Δ Pyramid Lake, Nevada Δ

Am 9.Januar trafen sich dreizehn Mitglieder unserer Gruppe am See, wo wir als erstes ein Lagerfeuer entzündeten, um uns aufzuwärmen. (*Es war einige Grad unter 0°C*) Die Kälte konnte uns jedoch nicht lange ablenken, denn bald wurden wir durch einen herrlichen Regenbogen begrüßt, der sich um den Mond schmiegte. Wir begannen am 11. Januar um 11 Uhr 11 morgens mit einem Tempel der Reinigung. Alle wurden mit Salbei und Myrte eingerieben, mit tibetanischen Glocken gereinigt, und wir verteilten die 11:11-Blütenessenzen. Wir bildeten einen Kreis um den Pyramidenwirbel, stellten uns vor und beanspruchten unseren Raum. Dann wurden wir der Wächterin der Pyramide, AAh-She-Na, vorgestellt und schlossen ihre Schwingungen in unser Lied des Einen mit ein. Jeder war so machtvoll.

Wir sammelten uns um das Feuer, ich führte alle durch die Pforte 11:11 in den Order Melchisedeks, und wir bildeten eine Trinität mit Metatron. Wir alle wußten, daß es wirklich geschah. Ich leitete eine Reise jenseits des Jenseits bis in die Kammern der Schöpfung. Als wir mit unserer Gegenwart verschmolzen, reisten wir auf dem intergalaktischen Sternenweg bis zum Ursprung jedes Engels und erhielten ein Geschenk, unseren persönlichen Beitrag für den Planeten.

Es war jetzt 1 Uhr 11 morgens, und wir schwiegen zwei Stunden, um uns für die erste Aktivierung vorzubereiten. Um

Die Öffnung des Tores / 247

3 Uhr morgens begannen wir mit den Kreisen im Kreis und schlossen mit der Spirale. Am 11.Januar um 11 Uhr morgens begannen wir mit der nächsten Aktivierung. Alle spürten die Anwesenheit der Engel, und folgende Botschaft wurde empfangen: „Ihr habt es geschafft! Es ist beendet! Es hat begonnen! Danke, danke, danke!"

Um 4 Uhr 44 am Nachmittag drehten wir uns wieder. Als wir die Spirale in einen Kreis aufrollten, sank das Merkabah Lichtfahrzeug auf uns nieder, und wir erhoben uns hoch in die Sternenhimmel. Gott sei Dank, daß wir uns an den Händen hielten und in der Schablone der Einheit verankert waren, sonst wäre niemand mehr hier, um diese Geschichte zu erzählen. Wie unbeschreiblich ist das Gefühl der Einheit!

Ra

∆ Kolumbien ∆

Viele tausend Menschen feierten 11:11 in siebzehn Städten in ganz Kolumbien.
Maria Christina

∆ Im Traum ∆

Ich las erst später über 11:11 und war traurig, nichts davon gewußt zu haben. Doch diese Trauer ging schnell vorüber, denn ich hatte das unvernünftige Gefühl, davon gewußt, ja sogar daran teilgenommen zu haben. Dann erinnerte ich mich an einen Traum und suchte eilig mein Tagebuch. Natürlich las ich am 11. Januar 1992:

Ich stehe allein nachts auf einem Berg. Mein Führer kommt näher und deutet auf ein Licht, das der Aurora Borealis gleicht. Er will, daß ich mich dorthin begebe. Ich springe in die Luft und fliege über die Baumwipfel hinweg dem Licht entgegen. Plötzlich sehe ich viele Menschen, die sich alle an den Händen halten und Kreise in einem Kreis bilden. Ich möchte zu ihnen, spüre jedoch, daß ich nur beobach-

ten soll. Lichtspiralen steigen in den Himmel, und ich folge ihnen. Bald befinde ich mich über der Erde. Sie ist in goldenes Licht gebadet, pulsiert, heilt und gebiert etwas, das ich nicht sehen kann. Ich erwache, rufe einen Freund an und erzähle ihm meinen Traum. Er sagt, er habe dasselbe geträumt, und ich erschrecke. *Dann erst wache ich wirklich auf!*
Larry McKane, British Columbia, Canada

∆ Norwegen ∆

In Oslo versammelten sich viele Menschen zur 11:11 Zeremonie. Die Energien waren sehr stark, und die Menschen fühlten sich mit uns in Ägypten verbunden. Dann spürten sie, wie sich die Pforte öffnete. Eine Gruppe machte die Bewegungen der Einheit in Tonsberg Tor, welches direkt mit Glastonbury verbunden ist. In Nordnorwegen gab es einen Menschen, der die Bewegungen ganz allein im Wald machte.
Lilina

∆ London, England ∆

Die 11:11-Aktivierung war zweifelsohne ein großer Erfolg. Im Dezember letzten Jahres begannen die Leute sich in der typisch britischen Art, für die wir in der ganzen Welt bekannt sind, damit auseinanderzusetzen: Desinteresse bis lauwarme Anteilnahme. Als der Zeitpunkt näherrückte, steigerte sich das Interesse jedoch derartig, daß wir eine Botschaft auf einen besonderen Anrufbeantworter sprachen, um Fragen und Buchungen zu behandeln. Wir halfen, in Deutschland, Holland, Belgien, Frankreich, Spanien, Portugal, Italien, Monako und auf den Kanalinseln Gruppen aufzubauen. Am Morgen des 11.Januar sendeten wir eine Meldung in russischer Sprache durch die russischen BBC Nachrichten. So waren die Lichtarbeiter auf der ganzen Welt miteinander verbunden.

Als Vorbereitung für das Einströmen und Verankern der neuen dynamischen Energie wurde die große Pforte wirklich

geöffnet. Mutter Erde, die Menschheit und die Lebensformen aller anderen Dimensionen wurde beim Einsetzen der Neuen Oktaven des kommenden Zeitalters angehoben.
Philip Dawes

∆ Glastonbury, England ∆

Das Wissen um das Große Erwachen in ihren eigenen Herzen zog viele Menschen zum Herzchakra des Planeten. Hier erwarteten sie all die anderen, die die Pforte 11:11 durchschreiten wollten. Der große Schlüssel wurde durch die Meisterschwingung, die LIEBE, umgedreht.
Antares Surya An Ra

∆ ∆ ∆

11:11 war für mich die anregendste Erfahrung meines Lebens. Die Schönheit und Reinheit der Liebesenergien half jedem, sich als der Engel zu fühlen, der er wirklich ist. Als wir den Spiraltanz tanzten, öffnete sich mein Herz, um die Einweihung für den Einen zu empfangen. Die nährende Fürsorge und die bedingungslose Liebe, die das Herz eines jeden erfüllte, ließ mich nur noch Segen fühlen. Aus den Augen der Menschen strahlten mich Seelen an, die dem Wunder begeg-

net waren. Ich verehrte sie wirklich alle! Jetzt weiß ich aus der Tiefe meiner Seele, daß sich die Welt durch das Mitgefühl und die Liebe des Einen heilen kann.
Solra Elania Sankara

∆ ∆ ∆

Der Morgen war kalt und klar, und das Wunder begann augenblicklich. Als wir den Hügel hinaufstiegen, standen die weißen Engel in der aufgehenden Sonne. Die fernen Trommelschläge, die uns von der Hügelkuppe zu sich riefen, erfüllten uns mit großer Freude. Atemlos warteten wir und ließen goldene Sterne in uns hinein. Den ganzen Tag über drehten wir uns unablässig im Kreise, aufgeregt, erwartungsvoll und voller Ehrfurcht vor dem Ziel. Die Kälte war unwirklich, doch wir wärmten einander durch Liebe.

Die Spirale um 5 Uhr 11 überwältigte durch die tiefe Hingabe jedes einzelnen Engels und der Besucher, die einfach mitmachten. Wir sangen uns durch die verschiedenen Kreise. Der letzte Stern war so groß, daß wir den ganzen Hügel mit dem St. Michaels-Turm umrundeten! Der Schlüssel drehte sich, es gab Klänge und Bewegungen, die Sonne sank in leuchtend orangefarbigem Feuer und glitt langsam in die dunkle Landschaft. Wir wußten, daß das Tor offenstand.
Mu sindar Porfin Saar

∆ ∆ ∆

Dieser wunderbare Tag hat mir viel Spaß gemacht. Als wir die Kreise und die Spirale machten, hatte ich das Gefühl, als ob alle Engel sich mit dem Hügel in die Lüfte erhoben.
Gabriell Sar Andar, 9 Jahre alt

∆ ∆ ∆

Ich fühlte, wie sich mein Herz mit unserer Mutter Erde und der Großen Zentralen Sonne verband. Ich stand zusammen mit meiner Sternenfamilie auf dem Hügel und fühlte, wie die Kraft der offenen Pforte in mein Herz strömte. Die Erinne-

rung an die Einheit, die wir früher gefühlt hatten, regte mein Bewußtsein an: Ich bin eine göttliche Ausdrucksform, die sich jetzt auf dem Planeten verkörpert hat, um mitzuhelfen, den Himmel auf Erden zu schaffen. Der Segen des 11. Januars ist tief in meinem Sein gegründet. Als ich Tage später auf den Hügel stieg, sah ich, daß jetzt im Zentrum von Shamballa, dem Herzen Avalons, einen weißleuchtender Lichtstrahl verankert ist.
Xeron

Δ   Δ   Δ

Wir spürten alle Frieden und Ruhe, als wir an dem hellen, sonnigen Morgen kurz nach der Dämmerung in weißen Kleidern still den Hügel hinaufstiegen. Es bedurfte keiner Worte. Die Mandalakreise drehten sich den ganzen Tag über, doch erst nach Sonnenuntergang durchströmte uns ein wahrhaft heiliges Gefühl. Wir wollten Stille, und die Musik verstummte. Wir berührten etwas Unendliches und tief Göttliches in uns und fühlten den Frieden, der aus der Erde durch unsere Füße aufstieg und über unseren Köpfen vom Sternenhimmel herabsank, den Frieden, der über alle Vernunft geht. Das Tor ist geöffnet. Seit diesem Tag bin ich in Einheit und Liebe nach Hause gekommen.
Mikael

Δ Puerto Rico Δ

Große Neuigkeiten, wundervolle Neuigkeiten – die 11:11-Feier in Puerto Rico war ein Erfolg. Etwa dreihundert Menschen versammelten sich in Isla de Cabras. Im ganzen Land machten viele andere Gruppen ebenfalls die Bewegungen der Einheit. Ich kann unmöglich das Unbeschreibliche beschreiben. Wir begingen den Tag der 11:11-Aktivierung an einem Ort nahe des Bermuda-Dreieck-Wirbels in der offenen Natur. Die Sonne schien, es war wie ein Traum. Die Menschen waren so glücklich und vereint. Als wir die Spirale machten, leuchtete in ihrer Mitte goldenes Licht wie göttlicher Segen. In der Nacht sahen wir ein seltsames Licht am Himmel, ein Merkabah oder ein UFO. Etwa dreißig spirituelle Gruppen vereinten sich liebevoll zu Einem Wesen. Es gab starke Gefühle. Die meisten Leute weinten vor Freude. Als die Arbeit gegen Abend getan war, wollte fast niemand gehen.

Seit diesem Tag sind wir nicht mehr dieselben. Es ist, als ob sich die Erde erneuert hat. So viele Menschen haben mir das berichtet. Sie wollen noch mehr Feiern dieser Art, doch ich bezweifle, daß so etwas noch einmal auf diesem Planeten geschieht. Ich bin gespannt, die Nachrichten aus anderen Ländern zu hören. ES STAND GESCHRIEBEN ... ES WAR VERSIEGELT -UND ES WURDE ERFÜLLT!
Luah An-Ra

∆ Kurze Nachrichten zu 11:11 ∆

Antarktis:
11:11 wurde an zwei Stellen verankert.
Australien:
Tausende sahen ein orangefarbenes Licht über **Sydney**. Die Kreise wurden im ganzen Land, von **Tasmanien** bis **Darwin**, getanzt.
Ecuador:
Elf Menschen wanderten vier Tage lang durch den Regenwald zum alten Heiligen Tigerplatz, um dort die Bewegungen der Einheit zu machen.
Ägypten:
Jean Houston leitete eine neunzigköpfige Gruppe bei den Bewegungen der Einheit im Tempel von Karnak in **Luxor**.
Ungarn:
Im ganzen Land trafen sich die Gruppen.
Malaysia:
Eine kleine Gruppe traf sich auf dem Magick-Fluß in der Nähe von **Kuala Lumpur**
Neuseeland:
Eine Frau stieg auf den **Mt.Cook**, und ein Maori sah eine riesengroße Gestalt in **Auckland**.
Nigeria:
Eine kleine Gruppe traf sich in **Lagos**.
Nordpol:
Ein Mensch verankerte hier die Energie.
Philippinen:
Viele tausend Teilnehmer im ganzen Land.
Großbritannien:
Hundertachtzig Menschen versammelten sich zwischen den heiligen Steinen von **Avebury**
Vereinigte Staaten:
Ein Mensch hielt die Energie am verborgenen Wirbel des **Crystal Mountain** in **Arizona**.

Es gab eine große Gruppe am **Haleakala Krater** in Maui **Hawaii**.

In **Washington D.C** wurden die Bewegungen der Einheit am Washington Monument ausgeführt.

Viele, viele Menschen haben uns ihre 11:11-Erlebnisse noch nicht geschrieben. Bitte, nehmt euch die Zeit und schickt sie uns, damit wir sie mit unserer Sternenfamilie teilen können.

Die stillen Wächter

Seit Anbeginn der Zeit wurden all die unzähligen Aktivitäten innerhalb dieses Universums von ganz besonderen Wesen ruhig beobachtet. Diese Wesen werden „Stille Wächter" genannt. Die Wächter von Ganz Oben sehen alles, nichts kann ihrem feinen Blick entgehen. Nichts ist zu klein, zu unbedeutend oder auch zu groß, das ihrer sorgfältig abgestimmten Aufmerksamkeit entschlüpfte. Die Stillen Wächter sind die Zeugen. Die Zeitalter vergehen, doch sie verlassen ihre Posten nie. Sie beobachten still, wie Sternsysteme geboren werden und zusammenbrechen, wie Planeten ins Dasein treten und ihrer Vollendung entgegenreifen, wie sich große Zivilisationen erheben und niedergehen.

Die Stillen Wächter übersehen nichts. Ihnen entgehen die Tränen des Schmerzes nicht, die ein Einsamer reinen Herzens auf einem kleinen Planeten weint, keine erblühende Blume bleibt ihnen verborgen, kein Akt der Freundlichkeit wie der Gemeinheit. Die Stillen Wächter beobachten auch jene, die wir „Gefäße des süßen Schmerzes" nennen, jene, die auf jedem Planeten die Tränen des Einen weinen. Denn es gibt an jedem Tag in jeder Lebenszone und auf jedem Planeten immer eine bestimmte Anzahl von Wesen, die für die Vielen weinen, auf daß sie Eins werden. (*Wenn du als „Gefäß des Süßen Schmerzes" dienst, dann wirst du Zeiten kennen, in denen du nicht wegen dir, sondern wegen allen weinst. Damit leistest du einen großen Dienst für die ganze Menschheit.*)

Obwohl die Stillen Wächter alles sehen, suchen sie nur nach einem Zeichen. Dies ist ihre heilige Aufgabe. Sie gleicht den irdischen Feuerwächtern in den großen Wäldern, jenen Menschen, die, mit Ferngläsern bewehrt, auf ihren Aussichtstürmen sitzen und nach Rauch Ausschau halten.

Das Öffnen des Tores 11:11

Wir wollen uns wieder der 11:11-Feier zuwenden, diesmal aus dem Blickwinkel der Stillen Wächter. Morgens um 11 Uhr 11 am 11. Januar 1992 beginnen die Bewegungen der Einheit. In Ägypten und Neuseeland werden die beiden Meisterzylinder aktiviert. Sie bleiben während der nächsten achtunddreißig Stunden ständig in Bewegung. Schau, wie sie sich pausenlos drehen, die Kreise im Kreis gefolgt von der Sternenprozession und dann wieder die Kreise, bis die letzte Zeitzone des Planeten ihre 11-Uhr-11-Bewegung abgeschlossen hat.

Während die Meisterzylinder aktiviert werden, erreicht die erste Zeitzone der Erde, *Neuseeland*, 11 Uhr 11 morgens und beginnt mit den Kreisen im Kreis. Mit jeder Stunde wird eine neue Zeitzone aktiviert und führt die Bewegungen der Einheit aus. Wenn du diesen Ablauf von Ganz Oben betrachtest, dann wirkt er wie ein mächtiger Flügel, der über den Planeten wischt, wie eine Welle unermeßlicher Liebe, die von unserer Gemeinsamen Gegenwart geschaffen wurde. Gleichzeitig drehen sich die beiden Meisterzylinder als Stabilisierungsräder und verankern die Energien für die gesamte Erde.

Wenn es in Neuseeland 11 Uhr 11 abends geworden ist, beginnt dort die zweite Bewegungsreihe der Einheit. Jetzt ist es Zeit für die zweite Welle. Zwei Flügel oder eine doppelte Welle wischen gleichzeitig über den Planeten hinweg und umgeben ihn mit allumfassender Liebe.

Die dritte Schlüsselzeit ist 11 Uhr 11 MEZ. In dieser Stunde machen alle Gruppen auf dem ganzen Planeten die Bewegungen der Einheit in konzentrierter Absicht vollkommen gleichzeitig. Genau dann öffnet sich die Pforte 11:11. Wenn wir dies von unserem Aussichtspunkt von Ganz Oben betrachten, sehen wir unzählige Kreise im Kreis, große und kleine, die sich gleichzeitig wie innere Zylinder in einem riesigen Schloß drehen.

Das Zeichen

Es wird gesagt, daß eine Lebenszone, in der zwei Flügel über einen Planeten wischen und in der die Kreise im Kreis aktiviert sind, bereit ist, zu einer neuen Entwicklungsschablone aufzusteigen. Dies ist das Zeichen, auf das die Stillen Wächter gewartet haben. Es bedeutet, daß unser Planet die Spirale wechseln und in ein Größeres Zentrales Sonnensystem aufsteigen will.

Am 11. Januar 1992 vereinten sich die erwachten Sterngeborenen auf der Erde und manifestierten zwei Flügel, aktivierten die Kreise im Kreis und sandten die Botschaft aus, daß wir uns auf die Schablone der Einheit begeben wollen. Die Stillen Wächter bemerkten dies mit tiefer Freude. Sie erstatteten unverzüglich Bericht, daß wir bereit seien, in die Neue Oktave der Größeren Wirklichkeit aufzusteigen. Und dieser Prozeß hat begonnen...

Erkennst du jetzt, was wir erreicht haben, indem wir in bewußter Einheit an diesem gesegneten Tag zusammengekommen sind? Es ist die größte Tat, die wir je auf der Erde vollbracht haben. Von diesem Augenblick an ist nichts mehr so, wie es war, denn jetzt befinden wir uns unwiderruflich auf der Reise in die größere Einheit. Wir sind wahrlich gesegnet. Von Ganz Oben werden wir für diese geleistete Arbeit mit Dankbarkeit überschüttet. Bitte erlaube dir, diesen Segen zu spüren. Achte dich für die Vollendung, die du erreicht hast, denn du hast als Instrument des Göttlichen Plans gedient. Es ist wirklich eine große, erfüllte Zeit!

Die Stillen Wächter warten und beobachten zutiefst beglückt, daß wieder ein Sonnensystem bereit ist, den Aufstieg zu wagen.

Die Reise durch das Tor

Wenn du die
innere Vollkommenheit
der Aspekte deines Lebens
nicht zu erkennen vermagst,

dann dehn dich einfach aus.

Erweitere

dein Blickfeld,
bis die Vollkommenheit aller Dinge
sichtbar wird.

Vogelstern / Sternenvogel

Wir haben schon früher darauf hingewiesen, daß nur einer das Tor passiert: unsere Vereinte Gegenwart. Diese Vereinte Gegenwart bildet sich aus der tiefen Erkenntnis, daß wir in erster Linie keine individuellen Bewußtseinseinheiten sind. Wir akzeptieren unsere innere Einheit und erleben uns alle als Strahlen oder direkte Emanationen des Einen Sterns.

Sobald wir wissen, daß wir Eins sind, nimmt unsere Vereinte Gegenwart die Gestalt eines großen weißen Vogels an. Dieser große weiße Vogel besteht aus unzähligen kleinen weißen Vögeln, die als Ein Wesen fliegen. Wir können ihn „Merkabah" oder „Vogelstern" nennen, das Fahrzeug des Aufstiegs in Scharen. (*Dieser Vogelstern ist kein Raumschiff. Er ist die Ausdrucksform unserer Vereinten Gegenwart!*) Unser weißer Vogel ist so unermeßlich groß, daß wir volle zwanzig Jahre brauchen, um durch das geöffnete Tor 11:11 in die neue Spirale des Größeren Zentralen Sonnensystems zu gelangen.

Dieser Vogelstern kommt nicht von irgendwo hergeflogen; wir selbst erschaffen ihn. Er wird vom Herzen aus von innen nach außen geboren. Zuerst müssen wir uns mit anderen Sterngeborenen vereinen und zu Einem Sein verschmelzen. Während wir unsere gewaltige Vereinte Gegenwart erschaffen, gebären wir das Herz des Vogelsterns. Vom Herzen aus strömt die Energie wie eine Quelle aus Licht nach oben und quillt dann nach außen, wobei sie immer größer wird, je mehr von uns zusammenkommen. So wird der gesamte Körper des Vogelsterns durch unsere stetig wachsenden Zusammenkünfte gebildet.

Im Vogelstern hat jeder von uns einen ihm angemessenen Platz. Es ist sehr hilfreich, wenn du diesen Platz innerlich ausfindig machen kannst, denn dies Wissen gibt dir Aufschluß über den Rahmen deiner Göttlichen Mission. Wenn du andere triffst, die diesen Platz im Vogelstern mit dir teilen, dann wird allein aus der Erkenntnis, an derselben Stelle zu arbeiten, tiefe Verbundenheit zwischen euch entstehen.

Wenn du nach deinem Platz im Vogelstern suchst, dann versuche, ihn so genau wie möglich zu bestimmen. Befindest du dich zum Beispiel im Flügel, dann finde heraus, in welchem Flügel du sein wirst und an welcher Stelle. Du kannst drei Augen im Vogelstern wahrnehmen: das rechte, das linke und das Eine Auge. Bist du im Schwanz, dann passierst du 11:11 als einer der letzten. In der Schwanzspitze wirst du dafür verantwortlich sein, das Tor wieder zu verschließen. Die Füße sind interessante Plätze, da du als einer der letzten abreist, jedoch unter den ersten bist, die ankommen. So kannst du viel aus deiner Position im Vogelstern ableiten.

Wenn du mit einer Gruppe arbeitest, macht es sehr viel Spaß, jeden auf seinen Platz zu stellen und einen großen Vogel zu bilden. Versucht dann einen Testflug. Diese Erfahrung ist für alle sehr erfrischend und öffnet garantiert die Tore der Erinnerung. Wenn sich der Schnabel unseres Vogelsterns bewegt, wirst du erleben, daß selbst die Schwanzfedern sofort reagieren, denn wir sind alle Fäden im Tuch der Einheit.

Bei unserer Reise durch das Tor 11:11 fliegt unser Vogelstern in einer unaufhaltsamen Kurve zu Oktave Sieben, für die meisten von uns die Endstation. Dort wird sich die Erde erholen, sie wird befreit und verwandelt. Oktave Sieben ist das Paradies der zweiten Welle, denn hier wird sie das Neue aufbauen. In den folgenden tausend Jahren Frieden werden sie vollauf damit beschäftigt sein, neue Formen der Kunst und des Gemeinschaftslebens zu entwickeln. Sie werden den Gebrauch natürlicher Energien fördern, kurz, in bewußter Einheit zusammenleben. Die Sternenkinder werden zur Reife gelangen und Führungspositionen übernehmen. Auf Oktave Sieben verwandelt sich 11:11 in 22.

Für die erste Welle ist mit der Ankunft auf Oktave Sieben die Zeit gekommen, eine neue Entscheidung zu fällen. Unser alter Vertrag ist erfüllt; wir haben das Neue unwiderruflich verankert. Jetzt können wir wählen, ob wir in den freudigen Schwingungen von Oktave Sieben bleiben und dabei helfen wollen, das Neue aufzubauen, oder ob wir weiterreisen...

Wenn die Mitglieder der Ersten Welle entdecken, daß sich ihre Müdigkeit vollkommen aufgelöst hat, werden die meisten auf Oktave Sieben bleiben. Dennoch wird es einige wenige geben, die weiterreisen wollen. Diese wenigen werden sich in enger Einheit zusammentun und einen Inversionsprozeß durchlaufen, der die Überbleibsel des Vogelsterns in einen Sternenvogel verwandelt. Man könnte diesen Prozeß am besten so beschreiben, daß sich der Vogelstern von innen nach außen stülpt. Der Sternenvogel ist das Transportmittel für alle, die weiter zu Oktave Elf reisen wollen.

Oktave Elf ist der Ort der Elften Pyramide, wo sich der Einweihungsprozeß der Neuen Oktave vollendet. Hier schachteln sich die Elf Aufsteigenden und die Elf Absteigenden Pyramiden ineinander und bilden ein neues Sternenmandala. Die 22 werden zu 44. Ist diese Umgestaltung abgeschlossen, müssen wir uns von neuem entscheiden. Einige von uns werden jetzt beschließen, immer weiter zu reisen, denn Oktave Elf ist das Sprungbrett ins Jenseits des Jenseits.

Wie du siehst, werden wir, sobald wir im Größeren Zentralen Sonnensystem angekommen sind, drei Hauptziele ansteuern. Diese Aufteilung ist jedoch keine Trennung: Wir können uns gar nicht trennen, da wir uns alle in der Schablone der Einheit befinden. Alle, die sich auf Oktave Sieben verankern, haben direkten Zugang zu den Bewohnern von Oktave Elf, während die Bewohner von Oktave Elf den Kontakt mit den Reisenden ins Jenseits des Jenseits aufrechterhalten.

Das Jenseits des Jenseits ist eine neue Schablone, die mit einer noch größeren Zentralen Sonne verbunden ist. Noch nie ist die gesamte Entfernung von der Schablone der Dualität bis zum Jenseits des Jenseits erfolgreich zurückgelegt worden. Einige von uns kennen Teile der Landkarte. (*Sie sind im Buch EL*AN*RA verborgen und warten auf ihre Entdecker.*) Wenn die Zeit gekommen ist, fügen sich diese Teile zusammen, und ein neues Tor tut sich auf. Dieses geöffnete Tor ins Jenseits des Jenseits wird all jene anziehen, die zur nächsten Spirale unserer Reise nach Hause aufgerufen sind...

Der letzte Abgrund ist überwunden.

Inmitten alter Tempelruinen
sehen wir eine steinerne Säule,
in die verwitterte Mayazeichen eingegraben sind.

Wir nähern uns der Säule
und entdecken hinter ihrem Sockel eine Öffnung.
Eine Treppe,
eine unendlich lange Treppe
führt die Säule hinab,
und wir klettern immer tiefer.

Das Nichts,
nur offener, leerer Raum
umgibt die Säule.

Diese Säule kann dich überall hinführen.
Sie kann sich biegen, kann sich drehen,
und alle Zeichen ändern sich beständig.
Doch du, du kannst sie nicht beherrschen.

Willst du sie wirklich durchqueren,
mußt du die Richtung ändern.
Wende dich nach innen,
dann wird sie dich nach oben führen.

Dies ist die nächste Einweihung.

Die Zone der Überschneidung

Jetzt, wo 11:11 offensteht und wir das Tor nach und nach passieren, reisen wir durch die Zeit des Übergangs, die auch *Zone der Überschneidung* genannt wird. Die Zepter der Verantwortung werden darauf vorbereitet, von der ersten an die zweite Welle übergeben zu werden.

Lange waren die Menschen der ersten Welle die Handelnden auf diesem Planeten. Sie dienten als Säulen des Lichts, verankerten die Erinnerung an das Tor davor, empfingen die Visionen von 11:11 und trugen in erster Linie die Verantwortung dafür. Da sie jetzt immer stärker von den Energien der Neuen Oktave durchdrungen sind und immer tiefer in die puren Reiche des Unsichtbaren eintauchen, erleben sie, daß sich ihre Ausrichtung grundlegend verändert. Sie sind nicht länger die *Handelnden*, sondern begeben sich in einen Zustand *reinen Seins*.

Diese tiefe, einschneidende Veränderung wirkt sich auf alle Ebenen unseres Seins und auch auf unser tägliches Leben aus. Dies zeigt sich in vielerlei Hinsicht. Alles, was aus der Schablone der Dualität stammt, erscheint uns unwirklich, ja, selbst die Festigkeit der Materie scheint sich vor unseren Augen aufzulösen. Alte Gründe, Werte und Träume werden unwichtig, bedeutungslos und verschwinden wie Rauchwolken im Nichts.

Wir begeben uns langsam in den Zustand des Nicht-Denkens, in dem unter anderem unsere Erinnerungen zu verblassen beginnen. Obwohl Nicht-Denken wirklich ein fortgeschrittener spiritueller Bewußtseinszustand ist, sind die ersten Erfahrungen damit überhaupt nicht komisch. Plötzlich erinnerst du dich nicht mehr an deine eigene Telefonnummer, du vergißt den Namen deiner Lieblingstante und weißt nicht, wie die Hauptstadt von Argentinien heißt. Noch schlimmer, du beginnst, deine Vergangenheit, die kleinen Einzelheiten deiner Lebensgeschichte, zu vergessen! Es erscheint dir alles so bedeutungslos wie die Pointe eines Films, den du vor zwanzig Jahren gesehen hast. Für deinen gegenwärtigen Bewußtseinszustand ist dies einfach unwichtig.

Nicht-Denken ist gar nicht so übel, wenn du die Vorstellung losläßt, daß du all die alten Einzelheiten im Gedächtnis behalten mußt. Der Zustand wirkt außerordentlich befreiend, wenn du deine anfängliche Panik überwindest, die allerdings gut ein Jahr andauern kann. Es kommt ganz darauf an, wie bereitwillig du das Neue umarmst. Wir müssen einfach lernen, die Dinge anders zu handhaben.

Wir können in der Entspannung des Nicht-Denkens Trost finden und den Wandel vom Handelnden zum Seienden vollziehen.

Immer, wenn wir das Tor 11:11 durchschreiten, gibt es eine Energieübertragung. Für den Verlust unserer irdischen Erinnerungen im Zustand des Nicht-Denkens erhalten wir unbegrenzten Zugang zum Einen. Das bedeutet, daß alles, was wir wirklich an Wissen oder Erinnerung brauchen, uns augenblicklich zur Verfügung stehen wird. Es ist gar nicht notwendig, all das alte Gerümpel in unserem bewußten Denken zu speichern. Der Zugang zum Einen ist unbegrenzt und befähigt uns, völlig neue Informationen aus der Akaschachronik und der dreidimensionalen Welt zu erhalten, um das Hologramm der Neuen Oktave noch umfassender verstehen zu lernen.

Gleichzeitig zum Nicht-Denken begeben wir uns in den Zustand zeitloser Ruhe. Das alte Gefühl der Dringlichkeit existiert nicht mehr. Zeit erscheint uns bedeutungslos, denn wir wissen, daß sie eine Illusion ist. So gehen wir anders als zuvor durchs Leben und handeln viel langsamer, jedoch mit neuer Effektivität. Nicht-Zeit durchdringt alles, wodurch sich der Augenblick bis in die Ewigkeit dehnt. Diese Ausdehnung der Zeit gibt uns völlig neue Möglichkeiten, sowohl das Handeln als auch das Sein zu leben. Wir fühlen uns viel freier, denn die Form kann uns nicht länger einschränken.

Dies führt uns zu einem weiteren Punkt: der Formlosigkeit innerhalb der Form. Die Verschmelzung unseres Sternenüberselbst mit unseren physischen Körpern bedingt ein neues, erhöhtes Selbstgefühl. Die Parameter unseres Seins befinden sich ganz einfach nicht mehr dort, wo sie zu sein pflegten. Wir sind groß geworden, so unermeßlich groß, daß wir nicht nur den gesamten Planeten und die Sternengalaxien umfassen, sondern den Einen und die Vielen verkörpern. Jetzt weiß ich natürlich, daß dies eine wunderbare Vorstellung ist und sich meistens herrlich anfühlt, doch versuche, in diesem Zustand Auto zu fahren! Das kann wirklich schwierig werden. Auf den irdischen Autobahnen begegnen dir daher viele von uns, die die ganze Zeit über ihren Autopiloten eingeschaltet haben!

Noch einmal, es besteht kein Grund zur Aufregung! Wir brauchen nur eine neue innere Feinabstimmung, um die Dinge zusammen mit unserem völlig erwachten Selbst tun zu können. Nach einer gewissen Zeit gleitest du entspannt und mühelos durch den Verkehr und stellst staunend fest, daß man so Auto fahren kann!

Die Mitglieder der ersten Welle, die das Tor passieren, stehen außerdem vor einem interessanten Widerspruch. Sie haben eine fortgeschrittene Wissens- und Erinnerungsebene erreicht, haben mehr zu sagen als jemals zuvor, und doch wird das Sprechen immer schwieriger. Sie leben in den machtvollen Reichen tiefster Stille, wo nichts mehr gesagt werden muß, da alles bekannt ist. Auch dies ist ein Teil des Übergangs vom Handelnden zum Seienden.

Dies Buch ist ein gutes Beispiel für solch einen Bewußtseinszustand. Ich habe mein Sein auf der anderen Seite der Pforte verankert, erinnere mich an alles und erhalte klare Einblicke in die Neue Oktave. Dennoch würde ich viel lieber in tiefer Stille durch feine Reiche voll schwingenden Lichts und allumfassender Liebe reisen, als an meinem Computer zu sitzen und dies hier niederzuschreiben. Es ist nicht so, daß ich mein Wissen nicht mehr teilen oder nicht länger dienen will; ich bewege mich so rasch in den Zustand reinen Seins, daß ich Schwierigkeiten habe, mein Wissen in die winzigen Segmente zu zerlegen, die die Informationen dieses Buches ausmachen.

Wenn wir das Tor passieren, begeben wir uns in die Reiche des Unsichtbaren. Alles, was früher sichtbar und wirklich war, verblaßt. Gleichtzeitig wird sichtbar, was früher unsichtbar war. Wir lernen, unsere Aufmerksamkeit nicht auf materielle Objekte zu richten, sondern darüber hinaus zu sehen – weiter zu schauen. Nimm zum Beispiel eine Lampe: Versuche, nicht auf die physische Anwesenheit der Lampe zu achten, sondern konzentriere dich auf ihr Licht und dessen Spiegelungen an Wand oder Decke. Das ist die Manifestation des Unsichtbaren.

Unser ganzer Wahrnehmungssinn wird verwandelt, denn wir richten uns immer mehr auf das Unsichtbare. Je öfter wir das tun, um so mehr wird uns offenbart. Dies eröffnet uns unter anderem völlig neue Möglichkeiten, unsere Wohnungen einzurichten. Sie werden leichter, leerer und sternenhafter, während die Einrichtungsgegenstände dazu dienen, das Unsichtbare sichtbar werden zu lassen. Unsere Häuser verwandeln sich, belebt von der Größeren Wirklichkeit, in Sternentempel, in denen Farben und Licht sich beständig wandeln und nichts von der herrlichen Manifestation des Unsichtbaren ablenkt.

Auch bei unserer Kleidung bervorzugen wir blassere Farben, wobei immer mehr von uns transparente oder schillernde Stoffe in den reinen Farben Weiß, Gold und Silber tragen. Für uns wirken sie wie eine unbemalte Leinwand, auf der wir das Unsichtbare besser wahrnehmen können. Wir werden weniger abgelenkt und können uns leichter auf die feinen Energien der Neuen Oktave einstimmen. Erwachte Mitglieder der ersten Welle neigen in ihrer Kleidung vor allem zu der Farbe Weiß, ab und zu mit Pastelltönen gemischt. Erwachte Mitglieder der zweiten Welle lieben leuchtende Farben, während nicht erwachte Mitglieder der ersten und der zweiten Welle Schwarz und schwere Brauntöne mögen.

Mit all diesen Dingen können wir als Pioniere des Unbekannten rechnen. Jede Existenzebene ist von unzähligen Veränderungen betroffen. Nun, wir begeben uns in das Größere Zentrale Sonnensystem. Dies ist wirklich ein großer Schritt, und natürlich wird alles anders sein. Aus diesem Grunde sind wir hier auf der Erde, denn jetzt ist die Zeit unseres Aufstiegs. Wenn du zu sehr an der alten Schablone hängst, kannst du dich immer noch für die Dualität entscheiden, in der Quantensprünge relativ langsam geschehen.

Das Zepter wird weitergereicht

Wie du siehst, erlebt die erste Welle einen ungeheuren Übergang vom *Handeln* zum *Sein*. Doch wie wirkt sich das auf die zweite Welle aus? Auch die zweite Welle erlebt den Wechsel in Nicht-Zeit und Nicht-Denken, doch für sie ist es kein so großer Sprung, weil sie nicht so tief in alten Mustern stecken. Sie erleben eine kleine Veränderung, die zu ihrem aufregenden Erdabenteuer gehört.

Die zweite Welle wechselt vom *Erfahren* zum *Handeln*. Die meisten begeistern sich an dieser Vorstellung, ja, sie wünschen, daß die erste Welle sich beeilte und die Kontrolle abgäbe, damit sie endlich übernehmen könnte. Doch *obwohl sie sich liebend gern aus dem Handeln zurückziehen würde*, wollen die Mitglieder der ersten Welle als die weisen Ältesten sicherstellen, daß die zweite Welle klar und deutlich sieht, was es bedeutet, Säulen des Lichts für einen gesamten Planeten zu werden.

Obwohl die erste Welle genau weiß, daß sich das *Handeln* auf Oktave Sieben völlig verändern wird, will sie so viel wie möglich aus dem reichen Lager ihres Wissens und ihrer Erfahrung an die Zweite Welle weitergeben, bevor die Zepter der Verantwortung endgültig überreicht werden. Sie erinnert sich gut an ihre eigene Ungeduld und den Eifer, die neue Rolle endlich zu übernehmen, als das Tor davor vor vielen Zeitaltern geöffnet wurde. Doch sie erinnern sich ebenfalls daran, wie gründlich sie von jenen, die aufsteigen wollten, unterrichtet, vorbereitet und eingeweiht worden war. Die erste Welle will ihre Aufgabe hier makellos vollenden und so viel wie möglich mit der zweiten Welle teilen, bevor sie ins reine Sein überwechselt.

Deshalb ermuntern wir euch Menschen der Zweiten Welle, jetzt vorzutreten, um dem Einen mit eurer ganzen Kraft zu dienen. Euch erwarten verantwortungsvolle Stellungen! Die alten Säulen sind brüchig und bereiten sich darauf vor, ausgewechselt zu werden. Dies ist die Zeit eurer Ermächtigung und Einweihung. Jetzt brauchen wir viele von euch, denn bald wird die erste Welle weiterreisen. Macht euch bereit, denn die Zeit eurer Führerschaft kommt rasch näher.

Je mehr wir in der Neuen Oktave leben, um so weniger wird sich die erste von der zweiten Welle unterscheiden. Wenn wir das Eine Herz verkörpern, werden wir entdecken, daß wir alle das Ein- und Ausatmen unseres Sterns der Einheit gewesen sind.

Die neue Oktave

Wenn wir die Pforte 11:11 passiert haben, gelangen wir allmählich in die feinen Reiche der Neuen Oktave. Wir befinden uns immer noch in der Übergangszone, in der die Schablone der Dualität mit der Schablone der Einheit verschmilzt, um die Brücke zur Größeren Zentralen Sonne zu bauen. Obwohl die Dualität immer noch existiert, wird sie blasser, sobald wir uns in der Spirale der Einheit bewegen. Und wieder werden Zepter übergeben...

Der Durchgang ist bis zum 31.Dezember 2011 geöffnet. Wenn unsere Vereinte Gegenwart in Form eines Vogelsterns durch die Zone der Überschneidung reist, werden wir immer dichter mit dem Gewebe der Größeren Wirklichkeit verwoben. Du kannst dir diese neue Schablone als ein feines Netz vorstellen, das aus den Vielen besteht, die im Einen verschmelzen. Während unserer Reise durch die Elf Pforten des Korridors verbinden wir uns immer tiefer und umfassender mit jener Einheit, und werden in jeder nur möglichen Weise transformiert.

Wir reisen mit einer völlig neuen Landkarte. Obwohl wir nur ganz allmählich in die Neue Oktave eintauchen, ist nichts mehr so, wie es zu sein pflegte. In der alten Schablone der Dualität hielten wir uns für fest mit der Erde verwurzelte Menschen. Wir glaubten, zu diesem Planeten zu gehören, und erlaubten uns nur ab und zu den Blick zu den Sternen. Unser höheres Streben richtete sich auf die Sternenhimmel, doch die physische Ebene war unser Fundament, unsere vorherrschende Wirklichkeit. Wenn sich etwas nicht materiell manifestierte, war es auch nicht real.

In der neuen Schablone der Einheit entdecken wir, daß die physische Ebene der letzte Ort ist, an dem sich die Wirklichkeit manifestiert. Unsere Haltung hat sich verändert. Wir sind nicht länger Menschen mit spirituellen Erfahrungen, sondern spirituelle Wesen mit menschlichen Erfahrungen. Wir existieren in einem weit größeren Umfeld als zuvor.

In der alten Schablone schufen wir alles, was wir brauchten, durch Gedanken. Dies ist nicht mehr notwendig, denn wir existieren jetzt auf einer Schablone von solch absoluter Vollkommenheit, daß wir weder kämpfen noch uns abmühen müssen. Der Schlüssel hierzu ist die Vollkommene Hingabe. *(Hier sind 100% gemeint, 99% reichen nicht aus!)* Durch die völlige Hingabe an das Gewebe der Einheit, das Netz der Größeren Wirklichkeit, erleben wir eine neue Leichtigkeit, die uns zuvor nicht möglich war. Wir müssen um nichts mehr bitten, alle Türen stehen uns offen. Überfluß und Vollkommenheit stehen jedem in grenzenlosem Umfang zur Verfügung. Du erhältst alles, was du brauchst.

Das neu entdeckte Gefühl Vollständiger Hingabe läßt uns unsere Göttliche Mission und die reinsten Wünsche unseres Größeren Herzens ungehindert ausführen, denn die Hindernisse waren in erster Linie Illusionen. Das reine Sein und die Verkörperung unserer Höchsten Wahrheit genügt, um auf allen Ebenen Erfüllung zu finden.

Erste Hilfe

Es ist durchaus möglich, daß wir auf unserer Reise durch die Übergangszone in die Neue Oktave Schwierigkeiten mit der Steuerung haben. Um dir beim Überstehen dieses Prozesses zu helfen, haben wir einen Erste-Hilfe-Katalog zusammengestellt, den du bei Bedarf anwenden kannst. Hier findest du einige allgemeinere Symptome, die du während deines Übergangs von der Dualität in die Einheit entwickeln könntest.

Die Heilige Achterbahn

Sie ist genauso, wie sie klingt: eine letzte wilde Fahrt durch die Höhen und Tiefen der Dualität. Wir besteigen die Heilige Achterbahn in dem Augenblick, in dem wir uns fast ganz aus der Dualität befreit haben. Das Gute dabei ist, daß wir wirklich frei sind, wenn wir die Fahrt überstehen. Was geschieht mit uns? Das einzig Beständige an dieser Achterbahn ist die Veränderung. Alles kann sich augenblicklich, unerwartet und in jeder nur möglichen Richtung ändern. Heute geht es uns gut, morgen stehen wir vor überwältigenden Hindernissen. Gestern waren wir frisch verliebt, morgen sind wir allein. Wir sind arm, plötzlich werden wir reich. Inzwischen hast du sicher verstanden. Alle äußeren Umstände unseres Lebens verändern sich *ohne Vorwarnung* rasend schnell und geraten völlig außer Kontrolle.

Das ist noch längst nicht alles! Kannst du dir vorstellen, daß sich deine Gefühle alle fünf Minuten ändern, bis du ein wandelnder Sammler für die ganze Skala menschlicher Emotionen geworden bist – und all das im Laufe einer einzigen Stunde? Aus einer absoluten Hochstimmung stürzen wir in tiefste Verzweiflung, schäumen vor Zorn und weinen kurz darauf vor Trauer. Wir verweilen in ernster Ruhe, um unmittelbar danach vor Ungeduld zu schnauben. So ungefähr fühlt sich eine Reise in der Heiligen Achterbahn an. Es ist, als ob wir all unsere noch nicht benutzten menschlichen Gefühle ausleben würden, weil wir sie bald nicht mehr brauchen.

Hast du bemerkt, daß selbst das Wetter diese verrückte Fahrt zu spiegeln beginnt? Der Tag beginnt mit einer herrlich rosigen Dämmerung, dann tauchen plötzlich aus dem Nichts Wolken auf, und wir werden tropfnaß. Keine Sorge, fünf Minuten später scheint wieder die Sonne. Und so geht es weiter.

Wie können wir die Heilige Achterbahn am besten überstehen? Der einzige mir bekannte Weg ist, alles bis zum Ende zu ertragen. Lege deinen Sicherheitsgurt an, damit du nicht hinausfällst, entspanne dich und genieße die aufregende Fahrt. Sie ist sicher nicht langweilig, oder? Sie hilft dir wirklich, dich an dein wahres Selbst zu erinnern. Wenn du weißt, daß du dich in der letzten Achterbahn der Dualität befindest, nimmst du ihre wilden Windungen vielleicht nicht so persönlich. Es besteht kein Grund, dir oder deinen Hormonen die Schuld zu geben, nur weil deine Emotionen verrückt spielen. Außerdem hast du gar keine Zeit, dich mit den Einzelheiten der Dinge, die dir um die Ohren fliegen, näher zu befassen, weil sich alles so schnell ändert. Wir sind so vollauf damit beschäftigt, die ganze Sache zu überstehen, daß wir sie gar nicht zu ernst nehmen können.

Lehne dich zurück und genieße die Spannung eines gesamten Lebens, *oder besser gesagt, ganzer Lebenszyklen.* Beobachte aus den Augenwinkeln, wie unzählige Veränderungen nebelhaft an dir vorüberziehen und denk daran, daß alle Achterbahnen irgendwann zu Ende sind.

Der-Heilige-Pausen-Blues

Geschieht nichts in deinem Leben? Ist alles erstarrt und festgefahren? Hat dein Leben plötzlich seine Bedeutung verloren? Hast du deine Göttliche Mission vergessen? Dann erlebst du gerade den Heiligen-Pausen-Blues.

Er spielt sich etwa so ab: *„Ich bin heute morgen irgendwie traurig aufgewacht. Am liebsten wäre ich liegengeblieben, doch der Wecker klingelte wie verrückt."* Du kennst das Gefühl, wenn du nicht mit dir im Einklang bist, wenn du in den Spiegel blickst und ein Fremder zurückschaut. Oder wenn du viel zu tun hast und dich trotzdem zu nichts aufraffen kannst. So nimmt der Heilige-Pausen-Blues seinen Lauf.

Die Heilige Pause geschieht genau in dem Augenblick vor einem Quantensprung – *was allerdings Wochen oder Monate dauern kann*. Die Veränderung hat sich bereits angekündigt, bis jetzt aber noch nicht auf der physischen Ebene manifestiert. Du bist vollkommen sicher, alle notwendigen Vorbereitungen getroffen zu haben, und trotzdem geschieht nichts! Dieser Zustand kann sehr frustrieren, wenn du die Heilige Pause vergessen hast.

Welchen Sinn hat diese Heilige Pause? Sie dient sicher nicht dazu, dir das Leben noch schwerer zu machen, sondern gibt dir Zeit, alles, was du in der letzten Phase deiner Entwicklung erlebt hast, aufzunehmen und zu verarbeiten. Du kannst jetzt alle unerledigten Dinge abschließen und alte Streitigkeiten beenden. Obwohl es oft so scheint, als ob *überhaupt nichts* geschähe, geht tatsächlich eine Menge vor sich. Die Zeit der Heiligen Pause ist absolut notwendig, damit du deinen nächsten Schritt sauber gehen kannst.

Was können wir also tun? Wir müssen nicht unbedingt ungeduldig oder frustriert mit dem Kopf vor die Wand rennen, denn es *gibt* Alternativen. Wir können uns der Heiligen Pause hingeben und mit ihr *zusammenarbeiten*. Erkenne zuerst, daß du dich in der Heiligen Pause befindest. Freue dich darüber, denn du stehst kurz vor dem Ziel. Dann laß dir Zeit, heil zu werden, reinige dich, kläre dein Sein und verdaue deine Erfahrungen. Bevor du dich versiehst, ist die Heilige Pause schon vorüber, und du nimmst mühelos deine nächste Hürde.

Die Spitzen unserer lieben Mitmenschen

Hier geht es um die Reaktionen unserer lieben Mitmenschen. Jeder scheint sich eine Meinung über uns und unser Leben gebildet zu haben. Einige halten uns für völlig abgehoben, während es andere vor unserem neu erworbenen Gefühl ermächtigter Freiheit graust. Kritiker gibt es im Überfluß: „Hältst *du* dich wirklich für einen Engel?"- gefolgt von spöttischem Gelächter. „Wann wirst du endlich erwachsen werden und auf den Boden der Tatsachen zurückkehren?"- mit ernster Besorgnis.

Es gibt viele Möglichkeiten, mit den Spitzen unserer lieben Mitmenschen umzugehen. Wir könnten diese Leute in Zukunft meiden und Einsiedler werden. Dieser Weg ist zugegebenermaßen äußerst wirksam, jedoch äußerst einsam. Eine andere Möglichkeit wäre, die anderen mit leidenschaftlichen Argumenten zu überzeugen, daß unser Weg der richtige ist. Die Erfolgsquote ist jedoch in Relation zur benötigten Zeit äußerst gering, und wer will schon Zeit damit verschwenden, Menschen zu überzeugen, die nicht wirklich interessiert sind?

Die wirksamste Methode, mit den Spitzen unserer lieben Mitmenschen umzugehen, besteht darin, fest in unserem Strahl stehenzubleiben und jedem in jeder Situation mit einem Überfluß an Liebe und Mitgefühl zu begegnen. Dann werden die Leute um uns herum wenigstens mit Liebe überschüttet. Es ist gar nicht nötig, daß sie uns verstehen, obwohl mir das natürlich immer lieber ist. Und wenn wir immer und überall unsere Gegenwart vollständig verkörpern, werden wir viele berühren, denn Liebe spricht immer lauter als Worte.

Angriffe Dunkler Mächte

Hier folgt ein weiteres Erbe aus der Schablone der Dualität. Wir spüren, wie sich dunkle Legionen um uns scharen und versuchen, uns einen Strich durch die Rechnung zu machen. Sie stellen uns Hindernisse in den Weg, versuchen gar, unsere Heilige Mission zu vereiteln, und greifen uns psychisch an. Wir *wissen* einfach, daß unsere Arbeit von Dunklen Mächten behindert wird! Daher türmen wir Schutzwälle auf, um uns vor der schlechten Hälfte der Dualität zu schützen.

Doch warte einmal! Hast du schon vergessen, daß wir nicht mehr in der Dualität verankert sind? Daher sind wir ihren hellen und dunklen Manifestationen nicht länger unterworfen. Wir stammen aus dem Großen Licht des Einen, welches alle Gegensätze in Einheit umschließt. Und dort sollten Dunkle Mächte existieren? Genau, das ist nicht möglich! Sie werden sich in dem Augenblick auflösen, in dem du dich daran erinnerst.

Zugegebenermaßen gibt es Momente, in denen die Energie ein bißchen trübe, undurchdringlich und neblig wird. All unsere Bemühungen scheitern, und wir können kaum noch atmen. Wir alle haben solch schwierige Zeiten erlebt, und früher war es außerordentlich bequem, die Dunklen Mächte dafür verantwortlich zu machen. Doch da sie in der Neuen Oktave einfach nicht mehr existieren, müssen wir uns etwas Neues einfallen lassen, mit solchen Situationen umzugehen.

Wenn wir uns das nächstemal von negativer Energie bombardiert fühlen, können wir diesem Phänomen verständnisvoller gegenübertreten. Zuerst lassen wir die Vorstellung von Dunklen Mächten los, da sie nicht existieren. Jetzt wollen wir nachsehen, was eigentlich wirklich geschieht. Jedesmal, wenn *gewaltige Hindernisse* unseren Weg zu blockieren scheinen, erhalten wir einen Hinweis, daß sich etwas in uns ändern muß. Dann hilft es sehr, wenn wir unser Inneres ein wenig unter die Lupe nehmen, was ich *Abstreifen der Haut* nenne. Wenn wir eine weitere Lage unseres eingebildeten Selbst ablegen, werden wir nicht nur klarer und mehr wir selbst, wir entdecken danach außerdem, daß zusammen mit dem nicht mehr angemessenen Teil auch die Hindernisse verschwunden sind.

Das wichtigste ist, daß wir nicht wieder auf die Dualität hereinfallen und uns nicht mit ihr einlassen. Im Leben begegnen wir unzähligen zwielichtigen Situationen und Menschen, die uns nur zu gerne wieder auf die alten Bewußtseinsebenen festlegen würden. Denk daran, daß dies nicht mehr für uns gilt.

Ich gebe dir noch ein Mittel gegen schwere Energien: Versuche, deine Moleküle auszudehnen und weite dein Sein bis ins Unermeßliche. Dann hat die Dualität keinen Angelpunkt mehr und läßt dich schnell wieder in Ruhe. Dieser Prozeß ist ebenfalls äußerst nützlich, wenn du krank bist. Wenn du der Krankheit keinen Widerstand entgegensetzt und dich in ein hohles Rohr verwandelst, kann sie sich nirgendwo festsetzen.

Wenn es für dich jedoch wirklich wichtig ist, die Vorstellung von Dunklen Mächten aufrechtzuhalten, dann kannst du etwas anderes ausprobieren, den Weg der äußersten Freundlichkeit. Begrüße die Dunklen Mächte fröhlich und mache ihnen Komplimente über ihre wirklich furchterregende Aufmachung. „Eure Kostüme sind einfach irre! Wie kriegt ihr das nur hin, daß das Blut so realistisch aussieht? Und eure Waffen sind phantastisch scharf gewetzt!" Nach diesem freundlichen Eingangsgespräch kannst du die Bombe zünden. „Also, Jungens, wißt ihr nicht, daß die Dualität bald vorbei ist und daß wir alle wirklich Eins sind? Früher oder später werden wir in Einheit verschmelzen, warum werft ihr eure Verkleidung also nicht gleich ab und kommt mit uns?"

Mach dir keine Sorgen, wenn es nicht funktionieren sollte, denn du hast einen wichtigen Samen gelegt. Jetzt ist es an der Zeit, zu Plan B überzugehen. So süß sie auch sein mögen, sind Dunkle Mächte nicht länger mehr Teil deiner annehmbaren Wirklichkeit. Da sie nicht real sind, kannst du weder mit ihnen spielen noch darfst du sie ernst nehmen. Manchmal reicht das schon, damit sie sich augenblicklich vor deinen Augen auflösen. Es kann aber auch sein, daß du geprüft wirst und deinen Stand in der Schablone der Einheit verteidigen mußt. Wenn du fest in deinem Strahl stehst, werden sie bald verschwinden. Dir ist damit ein größerer Durchbruch auf dem Weg in deine Freiheit gelungen.

Sternen-Faulpelz-Syndrom

Steckst du tief im Sumpf der Trägheit? Willst du morgens nicht aufstehen? Fühlst du dich so, als ob du fünf Tonnen wiegen würdest? Riecht die Luft schwer und bedrückend? Scheint dich selbst die kleinste Tätigkeit außerordentlich zu erschöpfen? Und könntest du jederzeit ungeheure Mengen essen? Herzlichen Glückwunsch, du erlebst gerade das Sternen-Faulpelz-Syndrom.

Entwickeln wir uns wirklich zu Faulpelzen, oder geschieht etwas ganz anderes? Entspanne dich, denn auch hinter diesem verblüffenden Phänomen steht ein höherer Sinn. Wenn wir große Mengen beschleunigter Energie empfangen, ist es oft notwendig, unsere physischen Aktivitäten drastisch einzuschränken, damit wir diese Energien aufmerksam in uns aufnehmen. Deshalb stehen uns scheinbar keine physischen Kräfte mehr zur Verfügung. Da wir auf anderen Bewußtseinsebenen dagegen schwer arbeiten, ist unser unersättlicher Appetit leicht zu erklären.

Wenn wir im Sternen-Faulpelz-Syndrom stecken, ist es am besten, *nichts* zu tun. Du hast richtig gehört, tue einfach, so oft wie möglich, gar nichts. Leg dich hin und mach ein Nickerchen. *(Natürlich nur dann, wenn du nicht gerade essen mußt!)* Wenn wir uns selbst den Raum lassen, unseren Assimilationsprozeß zu vollenden und auf höheren Ebenen zu wirken, arbeiten wir *mit* der Sternenträgheit und nicht gegen sie. Und bevor wir uns versehen, verwandelt sich die Trägheit in einen Schmetterling. Wir heben voll neuer Energien ab, um unsere Göttliche Mission zu erfüllen.

Es gibt nie mehr als Einen

Visionen von 11:11

1. Die elf ineinander geschachtelten Pyramiden in meinem Herzen werden immer kleiner, bis sie schließlich ganz verschwinden. Zur gleichen Zeit werde ich unendlich viel größer und erkenne, daß ich selbst zur Landkarte des Quadranten der Größeren Zentralen Sonne geworden bin.

Δ Δ Δ

2. Ein glattes weißes Ei mit dicker Schale erscheint in meinem Sonnengeflecht. Langsam, fast nicht wahrnehmbar, wird das Ei größer. Bald schwebt mein ganzes Sein in diesem Ei. Gleich dem Kokon eines Schmetterlings ist dies Ei unsere Einweihungskammer in die Neue Oktave. Eine Lotusblume beginnt in seinem Inneren zu wachsen. **Es ist die Geburt der Schablone der Wahren Liebe.**

Δ Δ Δ

3. Ein Delphin in Menschengestalt nimmt mir das Herz aus der Brust. Er faßt einfach in mich hinein und entnimmt das Herz, so wie bei dem Opferritual der Mayas. Ich fühle keinen Schmerz. *(Jetzt verstehe ich, was die Mayas ursprünglich mit dem noch unverdorbenen Ritual bezweckten.)* **Das kleinere Herz wird entfernt, damit das Größere Raum hat.**

Ich spüre dort, wo mein Herz zu sein pflegte, ein großes Loch. Es ist sehr kalt, wie weiße Hitze! *(So heiß, daß es kalt zu sein scheint!)* Das Loch ist leer, und ich wundere mich, warum ich kein Herz mehr habe. Plötzlich kommt mir der Gedanke, an einem anderen Ort danach zu suchen. *(In der neuen Schablone ist nichts mehr dort, wo es ursprünglich gewesen ist. Es befindet sich in der Nähe, doch ist es viel, viel größer. Du mußt weiter, ausgedehnter schauen, um es zu entdecken.*) Große konzentrische Ringe, die meinen ganzen Körper umgeben, umlodern dieses Loch gleich Sonnenkränzen oder flammenden Blumen. Dies ist mein Größeres Herz.

In diesem Loch erscheint später ein reiner, transparenter Tropfen gleich einer Tautperle; er ist das Zentrum meines Größeren Herzens, **das sich nach der Schablone der Wahren Liebe formt.** Wenn Menschen, die ihr Größeres Herz aktiviert haben, zusammenkommen, verschmelzen ihre reinen Tropfen zu Einer Essenz.

∆ ∆ ∆

4. In Gizeh müssen wir die drei Pyramiden so aufeinander ausrichten, daß das Unsichtbare aktiviert wird. Ist dies vollbracht, erscheint am Himmel über den Pyramiden ein riesiggroßer Diamant, in dem schillernd leuchtende Lichter tanzen. Der Diamant des Unsichtbaren war schon immer da, er wurde jedoch erst nach Ausrichtung der Pyramiden sichtbar.

∆ ∆ ∆

5. Wie scheintot liege ich in einem schmalen Kristallsarg. Statt eines Deckels bedecken mich viele viereckige Täfelchen aus Glas oder Keramik. Plötzlich fliegen sie alle weg. Einen Augenblick lang liege ich offen da, nur von einer unsichtbaren Decke verhüllt. Dann kehren die Täfelchen zurück, nur sind sie jetzt golden und silbern. Diese Täfelchen gleichen, schimmernd und lebendig, den Schuppen eines Fisches. In meinem scheintoten Zustand atme ich durch sie. Ich kann sehen, wie sie sich bei jedem Atemzug heben und senken und mich am Leben erhalten.

∆ ∆ ∆

6. Ich sehe viele Pilger, die durch eine gebirgige, unfruchtbare Steinwüste wandern. Sie tragen einfache lange weiße

Roben und kommen aus allen Richtungen. Einige gehen für sich allein, andere zu zweit oder zu dritt oder in Gruppen zu zwanzig oder dreißig. Wenn sie einander begegnen, ziehen sie gemeinsam weiter. *Alle treffen am selben Ort zusammen.* **Dies ist die Vereinigung am Ende der Großen Reise.**

△ △ △

7. Eine Himmelsbarke steuert durch die Sternenwellen der Erde entgegen. Sie kommt aus unermeßlich weiter Ferne. Den Weg erhellt ein wirklicher Stern; er ist winzig und hängt am Laternenmast im Bug. Die Himmelsbarke eilt zum Alpha-Punkt nach Neuseeland.

△ △ △

8. Ich sehe die Pyramiden in Ägypten und beginne, die ungeheure Bedeutung von 11:11 zu verstehen. Ein langer, spitzer Strahl Weißen Lichts fährt mitten in das Zentrum des Gebiets. Er ist ungeheuer stark und leuchtend, hat eine nadelscharfe Spitze und dringt tief wie ein Laserblitz. Er schwingt viel intensiver als alle Lichtstrahlen, denen ich zuvor begegnet bin. **Solch eine Lichtsäule gabe es noch nie zuvor auf dieser Erde.**

Jetzt durchdringt sie meinen Körper vom Scheitel bis zur Sohle. Es fühlt sich an, als ob eine brennende Lichtnadel in mich eindränge. Schließlich ziehe ich den Lichtpfeil wieder aus mir heraus. Dabei fallen meine Körperteile wie leere Hülsen auf den Boden. Ich betrachte die leblosen Bruchstücke und erkenne, daß sie mich nicht länger mehr begrenzen. Ich bin nicht mein Körper, wer bin ich also? Ich schaue nach oben und erkenne, daß ich in der langen, spitzen Säule aus brennendweißem Licht stehe. Die Säule weitet sich und wird immer transparenter.

△ △ △

9. Nachdem der Diamant des Unsichtbaren über den Großen Pyramiden sichtbar geworden ist, werden die äußeren

Häute der drei Pyramiden abgeschält und hinweggenommen. Die Himmel haben sie zurückberufen. Die Himmelskarawane macht sich zum ersten und letzten Male auf den Weg. **Dies ist die Vollendung des Omega-Punktes.**

Δ Δ Δ

10. Zu den beiden ineinander geschachtelten Reihen von je Elf Pyramiden, die eine Antarion Konversion bilden, gesellen sich zwei weitere ineinander geschachtelte Pyramidenreihen und bilden so das Neue Sternenmandala der Oktave Elf. Sie verwandeln die 22 in die 44. **Dies ist die Entschlüsselung von 4 – 7 – 11 – 22 – 44.**

Δ Δ Δ

11. In der Pforte 11:11 gibt es Elf Pyramiden. Jede repräsentiert eine Einweihungsebene und steht in Beziehung zu den Elf Toren.

Das Erste Licht

Die Geschichte von der Ankunft der ersten Himmelsbarke vor langer, langer Zeit.

Bei der Erschaffung des Planeten vor langer, langer Zeit kam schon einmal ein Himmelsschiff zur Erde. Dieses Schiff brachte das Erste Licht zum Haleakala-Krater auf die Insel Maui, Hawaii. Da wir uns jetzt in eine Neue Oktave begeben, ist die Zeit reif für eine neue Himmelsbarke.

∆ ∆ ∆ ∆ ∆

In der uranfänglichen Dunkelheit vor der Schöpfungsdämmerung senkte sich ein kleines Sternenstück, ein Funke potentiellen Lichts, AA-AA, sanft hinunter zur Erde. Es erreichte den Haleakala-Krater *(House of the Rising Sun, das Haus der aufgehenden Sonne)* auf der Insel Maui in Hawaii.

Sanft landete es außerhalb des rechteckigen Steintempels und nahm die Gestalt eines in reines Weiß gekleideten wunderschönen Mädchens an. Es kam vom Morgen der Zeit.

Die Wesen, die seine Ankunft erwarteten, hatten sich in zwei Reihen aufgestellt. Sie trugen Federumhänge gegen die Kälte und hielten Fackeln in den Händen, um ihm mit blassem, unirdischen Licht den Weg zum Tor des Tempels zu erhellen. Mit Willkommensgesängen luden sie es in den Tempel ein: „Sie ist gekommen, bald ist es vollbracht!"

Nachdem das Mädchen den heiligen Tempel betreten hatte, setzte es sich auf seinen vorbereiteten Platz , eine mit Blütenblättern geschmückte Matte. Der Kahuna-Priester näherte sich in unendlicher Ehrerbietung, bereitete die heilige weiße Wurzelpaste und malte feine Linien auf das Gesicht der Frau. Dann begannen die Wesen ein einfaches Lied – *zwei Töne, Pause, zwei Töne* – und erwarteten die Geburt des Ersten Lichts.

△   △   △   △   △

Aus dem unendlichen dunklen Himmel näherte sich eine Himmelsbarke, bemannt mit vier königlichen Brüdern. Im Bug saß RA-MU, Träger des Ersten Lichts des neuen Anfangs, im Heck sein Bruder RAMA, der die Gaben der Führerschaft und Autorität in sich vereinte. Auf den Auslegern saßen MANU mit der Gabe des Kosmischen Gesetzes und MANI mit der Gabe der Heilung. Als die Himmelsbarke durch die Sternenwellen glitt, folgte ihr im Kielwasser das Erste Licht der neuen Dämmerung.

Die vier Brüder sangen ein Lied: *zwei Töne, Pause, zwei Töne.* „Die Sonne ist gekommen, die Dämmerung zu gebären!" Hinter ihnen wurde der Himmel immer heller, und vor ihnen neigte sich die Herrschaft der Dunkelheit ihrem Ende zu.

△   △   △   △   △

Man konnte beide Lieder hören, das des Himmels und das der Erde, obwohl sie noch sehr weit voneinander entfernt waren. In den Pausen vereinten sie sich und wurden ein Ganzes. Langsam und beständig zogen sie einander an, und die Himmelsbarke näherte sich dem Hause der Aufgehenden Sonne...

△   △   △   △   △

Still und rein saß das Mädchen im Tempel. Der Priester hob mit Gebeteen an den Einen an, die nur einmal, am Anfang einer neuen Welt, in der Dämmerung des Ersten Lichts gesprochen werden.

Plötzlich drang eine Säule aus Licht durch die geöffnete Tempelpforte und ließ das Mädchen in seinem gleißenden Strahl aufblitzen. RA-MU stand auf der Schwelle und leuchtete so hell, daß nur die äußeren Linien seines Körpers zu erkennen waren. Die Sonne war gekommen!

RA MU schritt in den Tempel, setzte sich neben das Mädchen auf die Matte. Beide Lieder verbanden sich zu einem: „Oh, Eine Sonne, meine geliebte Eine Sonne!" Als Kahuna die Gebete des Willkommens sang, wurde die heilige Vereinigung vollzogen. Himmel und Erde wurden Eins.

△   △   △   △   △

Das sind meine Erinnerungen an die Ankunft der ersten Himmelsbarke, die das Neue Licht in die Dämmerung der Zeit brachte.

Himmelskarawane und Himmelsbarke

Die Öffnung der Pforte 11:11 bedeutet gleichzeitig die Vollendung des Omega- und die Aktivierung des Alpha-Punktes. Wir schließen das alte Tor und öffnen die Pforte zum Neuen. Der Wechsel ist jetzt fällig und wird bereits aktiviert...

Die Himmelskarawane

Am Omega-Punkt bei den Großen Pyramiden bereitet sich eine Himmlische Karawane darauf vor, die Erde zum letztenmal zu verlassen. Die müden Reisenden, Mitglieder der alten ersten Welle und die alten ägyptischen Götter, besteigen ihre Kamele und Pferde. Die Tiere werden von dem geheimen Orden der Sternensufis geführt, Al Ham'sa genannt, die zur Erde zurückgekehrt sind, um diese letzte Aufgabe zu erfüllen. Die Sternensufis, die ihr altes Schweigegelübde immer noch befolgen, werden von Hasseif El Sharif, dem Wandernden Sternenmeister der Morgendämmerung, geleitet. Sie sind in einfache weiße Gewänder gehüllt und haben sich weiße Tücher derart um die Häupter gewickelt, daß nur ihre durchdringenden Augen sichtbar sind.

Gemeinsam beginnen sie zu singen: AN-NUT-TA-RA HU. Bei jedem HU strecken sie die Arme in einer Geste der Hingabe nach oben. Mit schleppendem Schritt hebt sich die Himmelskarawane aufwärts. Je höher sie steigen, um so erfrischter fühlen sich die Alten. Die tiefe Müdigkeit ist abgefallen, welch großes Wunder! Mit wiegenden Schritten windet sich die Himmelskarawane weiter in die Sternenhimmel hinauf. „AN-NUT-TA-RA HU" tönt es unablässig ...

Alle werden verwandelt, selbst die Kamele laufen schneller und tänzeln mit neuer Lebensfreude neben den Pferden her. Sie tragen feine Kristallglocken um den Hals, welche hell und klar läuten. Mühelos überwindet die Himmelskarawane die Sternenwellen und mündet schließlich in den Weg des Himmels ein.

Diese Himmelkarawane verläßt den Planeten nur einmal. Die Vollendung des Omega-Punktes wird hiermit angezeigt. Die Zepter wurden übergeben ...

Die Himmelsbarke

Gleichzeitig mit dem Aufstieg der Himmelskarawane steuert eine Himmelsbarke durch die Sternenwellen und nähert sich der Erde. Sie stammt aus unermeßlich weiten Fernen. In ihrem hohen Bug hängt ein wirklicher Stern an einem Laternenmast und erhellt den Weg. Dieses Himmelsschiff erreicht zum erstenmal die Erde. Es bringt das Erste Licht der Neuen Oktave.

Unablässig tauchen die Paddel in die Himmlischen Meere und treiben die Barke mit starkem Schlägen zielgerichtet der Erde entgegen. Dabei erklingt ein kraftvoller Gesang: AH-AIEEE, HA-WA. Bei AH senkt sich das Paddel, bei AIEEEE hebt es sich; statt der Wassertropfen fallen kleine Funkelsterne von den Ruderblättern und bringen die Helligkeit des Ersten Lichts. Das HA WA klingt wie tiefes Atmen und wird erneut von starken Paddelschlägen begleitet. Dies Lied erfrischt und schafft neue Energie, welche die Barke rasch vorantreibt. Sie eilt zum Alpha-Punkt auf der Südinsel Neuseelands, um ihn zu aktivieren!

Der Diamant des Unsichtbaren

Wenn sich die Himmelsbarke niederläßt und die Himmelskarawane aufsteigt, kommt der Zeitpunkt, an dem sie beide die Grenzen der Zone der Überschneidung im Zentrum der Antarion Konversion überschreiten. Sie nähern sich von entgegengesetzten Seiten und treffen am 11. Januar 1992 dort ein. Die Barke und die Karawane brauchen neuneinhalb Stunden, um die beiden Spitzen der Überschneidungszone zu erreichen. Hier ändern sie zum erstenmal die Bahn. Während sie die inneren Grenzen der Zone der Überschneidung durchqueren, schlagen sie noch zweimal einen neuen Kurs ein. Schließlich, achtunddreißig Stunden nach Beginn der 11:11-Zeremonie, erreichen die Kamele und das Kanu den Ort, an dem sie die Zone der Überschneidung zum erstenmal betreten haben. Dies fällt mit der letzten 11:11-Bewegung auf dem Planeten zusammen.

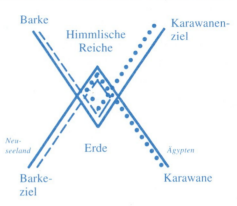

Die Durchquerung der inneren Grenzen der Überschneidungszone aktiviert den Diamanten des Unsichtbaren, der sich jetzt zum erstenmal im Zentrum der Antarion Konversion sichtbar macht. Dies bedeutet die Vollendung der Schablone der Dualität und die Verankerung der Schablone der Einheit. Das Tor 11:11 steht ganz offen...

    Jeder von uns reist sowohl in der Himmelskarawane als auch in der Himmelsbarke. Am 31.Dezember 2011 wird die Himmelsbarke mit dem Schließen des Tores 11:11 in Neuseeland eintreffen, und die Himmelskarawane erreicht das Größere Zentrale Sonnensystem der Neuen Oktave. Die beiden Schablonen werden sich endgültig voneinander trennen. Die Große Arbeit ist getan!

Wenn du das Unsichtbare sehen willst,
dann schau einfach dorthin,
wo das Sichtbare zu sein pflegte.
Jetzt dehne deine Parameter aus.
Blicke dahinter.
Erweitere deine Wahrnehmung.
Das Unsichtbare ist unendlich
viel größer und umfassender,
als du dir je vorzustellen vermochtest.

Jenseits des Physischen

Wenn wir uns in die Neue Oktave begeben, wird sich unsere Wahrnehmung ungeheuer verändern. Wir werden immer noch unsere physischen Körper tragen, doch sie werden sich völlig anders anfühlen. Außerdem werden wir uns nicht mehr so wie früher mit ihnen identifizieren. Zuerst einmal werden unsere physischen Körper mit all unseren größeren Körpern verschmelzen, jenen Körpern, die wir Engelgegenwart, Lichtkörper und endlich Sternenüberselbst nennen. Dies erweitert die Grenzen unseres Seins so sehr, daß der physische Körper nicht mehr die feste materielle Hülle ist, die er zu sein pflegte.

Einige Leute beschäftigt die Frage, ob wir in unseren physischen Körpern aufsteigen werden. Unsere Körper werden mitkommen, doch sie wirken, verglichen mit der Unermeßlichkeit unseres Sternenüberselbstes, nur noch wie die Spitze eines Fingernagels. Wir werden uns nicht mehr als vor allem physische Wesen verstehen. Die Begrenzung der Materie wird nicht länger die Grenzen unseres Seins bestimmen. Die Materie ist Teil von uns, nicht das Ganze.

Auch die Erdung unserer physischen Körper wird sich ändern. Wir werden uns nicht mehr in der alten Art und Weise mit der Erde verbunden fühlen, denn das Schweregefühl der Erdanziehungskraft und der Masse wird verschwinden. Das bedeutet nicht, daß wir von da an nur noch in der Luft herumspringen werden, doch wenn sich unser Fundament hebt, wird sich auch die Ebene seiner Verankerung ändern. Damit verbunden ist ein Gefühl des Schwebens ähnlich dem Gefühl im Mutterleib: – *wir schweben quasi über der festen Materie.* Wenn du dich in dieses Treiben und Schweben *jenseits* der Materie einfühlen kannst, dann wirst du leichter in die Neue Oktave gelangen.

Nachdem wir die Reiche des Unsichtbaren betreten haben, werden wir als erstes bemerken, daß sich die Qualität des Raumes um uns völlig verändert hat. Er ist flüssiger, hat viele Eigenschaften des Wassers, und könnte als wäßrige Substanz beschrieben werden. Wir können flüssige Ströme feiner Energien in der Luft sehen und spüren. Jede Form von Energie, seien es Menschen, Gefühle oder Klänge, die diesen Raum durchquert, hinterläßt in den veränderlichen Strömen feinster Energie einen spürbaren Widerhall ihrer Bewegung. Dies gleicht den Ringen, die ein geworfener Kieselstein im Wasser hinterläßt. Die Änderung der Schwingung bewirkt Energiewellen, die sich in konzentrischen Kreisen nach außen dehnen.

Die neuen Chakras

Auch unser Chakrasystem unterzieht sich machtvoller Veränderungen. Nachdem wir während unserer Verankerung in der Schablone der Dualität viel Zeit damit verbracht haben, unsere sieben *und manchmal acht* Chakras zu entdecken, zu reinigen und zu aktivieren, merken wir jetzt, daß sich die Chakras selbst ganz drastisch verändern. Dies geschieht, weil unser altes Chakrasystem nur für unsere Reise durch die alte Spirale ausgelegt war. Denk daran: Wir bewegen uns auf einer völlig neuen Landkarte und arbeiten daher mit einem völlig neuen Chakrasystem.

Wenn wir uns in die feinen Ströme der Schablone der Einheit begeben, werden wir immer klarer erkennen, daß sich unsere Chakras nach einem neuen Muster verwandelt haben. Hier sind Teile der neuen Ordnung:

Der Lotus, das erste, zweite und dritte Chakra

Die erste Veränderung findet im Gebiet unseres ersten, zweiten und dritten Chakras statt. Sie existieren nicht mehr in ihrer ursprünglichen Form, sondern haben sich zu einem einzigen Chakra zusammengeschlossen. Der tausendblättrige Lotus unseres alten Kronenchakras ist unsere neue Basis geworden. Von unserem alten Wurzelchakra senken sich die Lotuswurzeln tief in die wäßrigen Tiefen der feinen Ströme und verweben sich in Einheit mit den Lotuswurzeln der anderen Erwachten.

Die Basis unserer Lotusblume befindet sich dort, wo das zweite Chakra zu sein pflegte. Dies symbolisiert die Vereinigung unserer inneren Gegensätze. Die Blütenblätter des Lotus legen sich über unser altes Sonnengeflecht, was die Verbindung unseres Willens mit der reinen Liebe bedeutet. So vereinen sich das erste, zweite und dritte Chakra unlösbar mit der Schablone der Wahren Liebe und verkünden das Ende der scheinbaren Teilung zwischen Geist und Materie.

Eine Menge Leute befürchtet, daß wir die Freuden der sexuellen Vereinigung nicht mehr erleben können, wenn wir uns ins Unsichtbare begeben. Statt dessen werden wir merken, daß sich die sexuelle Vereinigung nicht mehr allein auf unseren physischen Körper beschränkt, sondern sogar das Sternenüberselbst miteinschließt. Wenn wir diese Ebene vollkommener Vereinigung einmal erfahren haben, werden wir uns kaum mehr nach den langweiligen Begrenzungen durch die alte Praxis zurücksehnen. Rein physisch-körperliche Liebe ist wie die Vereinigung mit nur einem winzigen Teile unseres Seins. In der Schablone der Wahren Liebe bringen wir unser vollständiges Sternenselbst mit ins Spiel und verschmelzen zu einer Einheit, die wie uns früher nicht vorzustellen vermochten.

Das Größere Herz: viertes Chakra

Wenn wir unsere kleinen Herzen in das Größere Herz verwandeln, begibt sich unser Herzchakra in eine größere Schablone. Dieses Größere Herz befindet sich *jenseits* der Stelle, wo dein kleines Herz zu sein pflegte. Es ist viel, viel größer und erinnert an Sonnenkränze, die den physischen Körper in konzentrischen Ringen umgeben.*(Ungefähr so wie das Cover meines Buches „An die Sterngeborenen".)* Das Zentrum unseres Größeren Herzens scheint leer zu sein, doch wenn du genau hinschaust, wirst du einen reinen Tropfen entdecken, die Essenz des Einen. Immer wenn sich zwei Menschen treffen, die ihre Größeren Herzen aktiviert haben, verschmelzen ihre reinen Tropfen im sogenannten Einen Herzen.

Das Eine Auge: sechstes Chakra

In der Schablone der Dualität wurde unser Drittes Auge geöffnet, um unsere psychischen Sinne zu aktivieren und unsere Intuition zu wecken, wodurch unsere Wahrnehmung über die rein physischen Reiche hinaus erweitert wurde. Jetzt erkennen wir jedoch, daß die Bewußtseinsebenen, die dem Dritten Auge entstammten, ihre Grenzen haben. Wenn wir uns in die Neue Oktave begeben, wird unser Drittes Auge mit den beiden physischen Augen trianguliert. Dies schafft eine Ebene erhöhter Wahrnehmung, welche „Aktivierung des Einen Auges" genannt wird. Das Eine Auge repräsentiert die Verbindung zwischen dem Allsehenden Auge ANs und dem Allsehenden Auge Gottes. Wenn unser Eines Auge vollständig aktiviert ist, erhalten wir unmittelbaren Zugang zum Einen, wodurch wir fähig werden, alles zu sehen oder alles zu wissen. Wir müssen nur unsere Aufmerksamkeit auf einen bestimmten Bereich richten, dann wird uns die Erkenntnis übermittelt.

Die Lichtsäule: siebtes Chakra

Die tiefste Veränderung macht unser altes Kronenchakra durch. Es verschmilzt mit unserem achten und neunten Chakra und verwandelt sich in die Lichtsäule. Diese durchdringende Säule aus Licht ist eine direkte Emanation aus unserem Einen Stern. Ist sie aktiviert, dann werden wir zu lebendigen, atmenden Säulen aus Licht, vollkommen verbunden mit der Großen Zentralen Säule. Dieser erstaunliche Lichtstrahl durchflutet unser ganzes Sein. Er ist die Kuppel unseres Sternenüberselbst. Jetzt verkörpern wir die Größere Wirklichkeit in jedem Molekül und in jedem ewigen Augenblick Nicht-Zeit.

Das fehlende Chakra: fünftes Chakra

Vielleicht hast du bemerkt, daß wir das fünfte Chakra ausgelassen haben. Das rührt daher, daß seine Funktionen von den neuen Chakras übernommen wurden. Wir kommunizieren jetzt durch die Liebe unserer aktivierten Lotusblume mit dem Größeren Herzen und verbinden uns mit dem Verständnis der Einheit, das unserem Einen Auge entspringt.

Die feinen Ströme

Wenn wir uns tiefer in die feinen Ströme begeben, bemerken wir, daß wir uns auf andere Dinge als zuvor konzentrieren. Wir achten nicht länger auf Objekte aus fester Materie; statt dessen schauen wir *dahinter* in das früher Unsichtbare. Ein gutes Beispiel hierfür ist das sich verändernde Sonnenlicht in unseren Häusern. Die Manifestationen des Unsichtbaren werden immer wichtiger für unser Leben. Selbst beim Autofahren, fühlen wir uns mehr mit dem Energieband verbunden, auf dem wir reisen, als mit den unzähligen Einzelheiten, an denen wir vorbeirauschen.

Je mehr wir uns dieser machtvollen feinen Energien bewußt werden, umso mehr werden sich die veränderlichen Ströme des Unsichtbaren sichtbar machen. Wir werden sie nicht nur sehen und fühlen, sondern entdecken, daß wir uns nach ihnen richten. Sie werden zu einem immer wichtigeren Teil unseres Alltagslebens. Die Festigkeit der Materie wird mehr und mehr verblassen. Zwar werden wir die Materie immer noch wahrnehmen, doch sie wird immer unwirklicher und transparenter.

Ganz im Gegensatz zu dem, was viele glauben mögen, macht uns das weder abgehoben noch orientierungslos. Wir erhalten viel mehr ein erhöhtes Gefühl für die Größere Wirklichkeit und sind friedlicher, lebendiger und aufgeschlossener als je zuvor. Wir sehen die Fäden der Einheit, die alles miteinander verbinden, und wissen, daß wir ein integraler Teil des Einen sind. Ein neues, unglaubliches Gefühl von Freiheit und Leichtigkeit erfüllt unser ganzes Sein.

Wie übersetzt sich dieses Gefühl in die Empfindungen des physischen Körpers? Obwohl wir uns nicht länger mit den einschränkenden Bestimmungen unserer alten Parameter identifizieren, sind wir doch vollkommen gegenwärtig. Unser neues erhöhtes Bewußtsein umfaßt die Ganzheit des Einen, *was bedeutet, daß wir mehr und nicht weniger fühlen.* Wir haben ein tiefes Gespür für alle unterschwelligen Schwingungsströme. Dies Gespür unterscheidet sich grundlegend von der Sensitivität während unseres Erwachens, denn damals reagierten wir überempfindlich und sprunghaft auf alle störenden Energien. Statt dessen entdecken wir jetzt, daß wir ruhig und ungestört von negativen Schwingungen durch viele verschiedene Energieebenen gleiten können, weil wir uns in der Schablone der Einheit verankert haben.

In den feinen Zonen erreichen wir mehr mit weniger Aufwand. Ein einziger Blick vermittelt uns das Wissen vieler Bände und verändert geschichtliche Abläufe. Die leise Berührung deines Fingers kann heilen, ermächtigen, die Zeit anhalten oder massive Veränderungen in den Bewußtseinsebenen auslösen. Tiefe Offenbarungen oder Gefühle werden gleichzeitig von vielen wahrgenommen. Obwohl wir uns langsamer bewegen, erreichen wir mühelos viel mehr. Wir ruhen im Herzen der Großen Stille, haben offenen Zugang zum Einen und erkennen, daß wir das Hologramm des Allwissens entziffert haben. Deshalb müssen wir niemandem mehr etwas beweisen, und es ist kaum noch nötig, Worte zu gebrauchen, es sei denn, wir wollen es.

Denk daran: Wir werden viel größer.

Wir haben die Grenzen unserer wahrscheinlichen Wirklichkeit ausgedehnt.

Wir begeben uns in ein Größeres Zentrales Sonnensystem.

Wir müssen uns nicht vor dem Eintauchen ins Unbekannte fürchten. Es wird dir ähnlich gehen wie mir, als ich mit vier Jahren zum erstenmal baden gehen sollte. Ich war bei meiner Großmutter, die eine Hütte an einem kalifornischen Bergsee besaß. Den ganzen Morgen schon war ich sehr aufgeregt, denn ich hatte endlich die Erlaubnis, im See schwimmen zu dürfen. Wir gingen hinunter zum Steg, und die Erwachsenen zogen mir eine Schwimmweste an. Bis jetzt war ich begeistert gewesen, doch plötzlich überfiel mich die Angst vor dem Unbekannten. Ich schaute in das tiefe Wasser des Sees und fürchtete mich. Schreiend und weinend versuchte ich, zum Haus zurückzulaufen, doch die Erwachsenen ließen mich nicht. Ich schlug wild um mich, doch sie hoben mich hoch und warfen mich einfach ins Wasser. Ich tauchte unter, kam sofort wieder an die Oberfläche und entdeckte, daß ich das Wasser *liebte*. Ich wollte gar nicht wieder heraus. Seit damals verlor ich jede Angst, neue Bewußtseinsbereiche zu erforschen.

Das Unbekannte ist nicht furchterregend. *Es ist nur völlig anders* als alles, was wir seit langem erfahren haben. Wenn wir den Sprung gewagt haben, entdecken wir ganz schnell, wie vertraut und tröstlich die neue Umgebung ist. Das Schwimmen in den feinen Strömen der Größeren Wirklichkeit erfrischt uns wunderbar, und für diejenigen unter uns, die dazu bereit sind, bedeutet es den nächsten Schritt auf unserer Reise nach Hause.

Auf der Himmelsbarke

Weitere Einweihungen in Ägypten

   Nachdem wir unsere 11:11-Zeremonie bei den Pyramiden abgeschlossen hatten, kehrten wir zu unserem Hotel in Gizeh zurück. Eine Stunde später fuhren wir zum Flughafen in Kairo, um abends in Luxor zu landen. Dann stieg unsere außerordentlich müde, aber *leuchtende* Sternenfamilie in einen weiteren Bus, der uns zu unserem Kreuzfahrtschiff auf dem Nil, der „Cheops", brachte.
   Obwohl ich vollkommen erschöpft war *(ich hatte in den drei Tagen nur wenige Stunden geschlafen),* fand ich es sehr aufregend, hier auf diesem Schiff zu sein, das wir ganz für uns allein hatten. Bald erklang über die Bordanlage Matishas Lied *„Die Familie von AN"* und Elariuls herrliche Harfenmusik. Wir fühlen uns ganz zu Hause. Für mich war wirklich bemerkenswert, daß sich unsere Reise durch das Tor jedesmal dann beschleunigte, wenn sich das Boot im strömenden Wasser des Nils in Bewegung setzte.
   Es schien mir so, als ob wir wie scheintot sanft in einem Ei schwebten, ähnlich wie im Mutterleib oder bei einer interdimensionalen Reise. Alles war so fein, erhaben und schimmernd. Meine Stimme senkte sich zu einem Flüstern, und ich konnte mich nur noch sehr langsam bewegen. Die Luft wurde flüssig, erfüllt von feinen Strömen. Wir schwebten, glitten in einem so hohen Gefühl der Nicht-Zeit, wie ich es noch nie zuvor erlebt hatte. Wir reisten auf der

Himmelsbarke, dem Himmelsschiff, das uns durch unglaublich erhabene und feine Lichtreiche führte.
Am Morgen besuchten wir unseren ersten Tempel. Es war wirklich sonderbar! Mein ganzes Leben über habe ich mich verzweifelt nach einer Ägyptenreise gesehnt, um noch einmal die vielen heiligen Orte zu besuchen, wo ich zahlreiche Leben verbracht habe, und nun, wo ich endlich da war, spielte es keine Rolle mehr! Ich identifiziere mich nicht mehr so stark mit meinen vergangenen Leben, da ich weiß, daß sie nur einen kleinen Teil meines Selbst berührten. Zuerst glaubte ich, nur diese alten Energien freisetzen zu sollen, doch bald entdeckte ich, daß sie mich noch vieles lehren konnten.

Luxor

Wir kamen in der Abenddämmerung beim Tempel in Luxor an und begannen damit, die Straße der Sphinxe in einer langen Prozession auf- und abzuschreiten. Unsere Gruppe zählte über hundert Teilnehmer, von denen viele in lange, fließende ägyptische Gewänder oder Star-Borne-Sweatshirts gekleidet waren, und wir sangen die Silben „AN-NUT-TA-RA HU" zu unseren neuen Bewegungen der Einheit, die unsere mögliche Realität erweitern sollten. Wir fühlten uns wunderbar, offen wir selbst sein zu können und mit unserer Erinnerung zu diesen heiligen Tempeln zurückkehren zu dürfen.

Wir entdeckten ein riesiges 11:11, welches in die steinerne Tempelfront gemeißelt war, um auf seine Rolle als verschlüsselter Auslöser zu warten. Also hatten die alten Ägypter Bescheid gewußt! Dann mußte ich lachen, denn *wir* waren ja in Wirklichkeit *die alten Ägypter. Wir* hatten diese Tempel erbaut und in vergangenen Zeiten als Götter gedient. Und hier weilten wir immer noch in menschlichen Körpern auf der Erde und bereiteten uns auf die Zeit unserer Vollendung vor. Die Reise nach Hause hatte gerade erst angefangen!

Irgendwie schafften wir es, unsere gesamte Gruppe in das Innere Heiligtum zu quetschen. Ich wußte, daß dies der Aufstiegstempel von Seraphis Bey gewesen war, der lange als Ort der letzten Vorbereitung und Einweihung für den Aufstieg innerhalb der alten Schablone gedient hatte. Die wirkliche Aufstiegskammer befand sich im Äther über der physischen Kammer. Wir setzten unseren Gesang im Inneren Heiligtum fort, und ich erkannte, daß wir dem Tempel bei seinem eigenen Aufstieg halfen, denn auch seine Zeit der süßen Freiheit war endlich gekommen. Ich sah, wie er 11:11 passierte. Wir beendeten unsere Zeremonie mit einer abschließenden fröhlichen Prozession auf der Straße der Sphinxe.

Unsere Erfahrung in Luxor fühlte sich gut an, doch für mich war es nur ein weiterer Dienst am Planeten und nichts, was mich persönlich betroffen hätte. Wir befreiten einfach die alten Energien, damit sie aufsteigen konnten. Dann kam Abydos...

Der Osiristempel in Abydos

Ich wachte früh am Morgen lange vor der Dämmerung auf und kostete bewußt das Gefühl aus, mich immer tiefer in die Neue Oktave zu begeben, während unser Boot nilaufwärts tuckerte. Ich schwebte sanft im Zentrum meines Eies und lauschte dem Lied der Himmelsbarke. Die neue Weise klang sanfter, süßer und noch feiner. Ich ließ es in mir singen und reiste konzentriert und mühelos durch die Neue Oktave. Schließlich schlief ich wieder ein. Morgens mußte ich zu meinem Schrecken feststellen, daß ich das neue Lied vergessen hatte. Ich konnte seine Schwingung in mir fühlen, die Worte jedoch waren mir entfallen.

Später an diesem Morgen traf ich zwei ganz besondere Menschen, Kumari und Ramariel, die mit mir zusammen in der Schnabelspitze unseres Vogelsterns reisen. Unsere tiefe Verbindung begann, als wir gemeinsam die Sternenprozession tanzten. Ohne zu sprechen, hatten wir drei uns in

Einheit verbunden, und während der langen Stunden des Tanzes schufen wir ein unauflösbares, stilles Verständnis zwischen uns.

Zuerst sah ich Kumari. Sie hatte von dem neuen Lied geträumt und erinnerte sich an die Silben, jedoch nicht an die Melodie. Als sie „AH-TA-SA-RA" sprach, wußte ich sofort, daß ich dasselbe gehört hatte. Danach trafen wir Ramariel, der das Lied auch gehört hatte und sich an die Melodie erinnerte! Von diesem Zeitpunkt an war das Lied uns dreien immer gegenwärtig. Es klingt in feinen Wiederholungen und zarten Varianten in uns, während wir immer tiefer in die neuen Reiche des Lichts vordringen.

Als wir den Bus nach Abydos bestiegen, hatte ich die ganze Zeit über Offenbarungen. Ich sah, daß wir uns einem tiefen Einweihungsprozeß unterzogen und daß sich in unseren Eiern der Same einer Lotusblume befand. Die Bestimmung dieser Reise war die Geburt des Lotus der Wahren Liebe, nicht nur für uns, sondern für den gesamten Planeten. Denn wenn einer von uns die Wahre Liebe erfahren kann, wird diese Tür uns allen geöffnet, denn wir sind wahrhaftig Eins!

Im Tempel des Osiris erlebten wir vier Einweihungsebenen. Im ersten Tempel, in dem Osiris getötet worden war, fühlten wir die Trennung aller Teilstücke unseres Seins. Als ich darüber zu sprechen begann, weinten einige in der Gruppe. Hier erlebten wir das Ende dieser Trennung.

Danach betraten wir den kleinen Isistempel. Irgendwie schafften wir es wieder, unsere große Gruppe hineinzudrücken. *(Es hilft, wenn alle wissen, daß wir Eins sind!)* Hier konzentrierten wir uns auf den Aspekt der Isis, den ich „die suchende Isis" nenne. Sie forscht nach den Teilen ihrer Wahren Liebe Osiris, die über ganz Ägypten verstreut liegen, und bittet Osiris, zu ihr in das Boot der Millionen Jahre zurückzukehren. Danach führte ich unsere Gruppe durch eine Meditation, in der wir nach unserer Wahren Liebe riefen. Es war sehr machtvoll. Ich spürte, wie meine Wahre Liebe und ich durch einen leuchtenden Lichtkanal aufeinander zugingen. Wir beide waren uns unserer Bestimmung sicher und verfolgten sie in konzentrierter Absicht, beide bereit, einander zu begegnen.

Dann betraten wir den Horustempel und baten alle Teile unserer selbst, sich wieder mit uns zu vereinen. Das Lied „Netula, Netala, Ima Botek" erschallte kraftvoll in der kleinen Kammer. Wir spürten, wie all die verstreuten Teile in die Einheit zurückkehrten, brachten all die Fragmente zurück, die während unserer unzähligen Inkarnationen auf der Strecke geblieben waren, und verankerten sie mit unserem intergalaktischen Selbst und unserem Engelselbst in unserem riesigen Sternenüberselbst.

Jetzt waren wir bereit für den Tempel des Osiris. Die Zeit war gekommen, unsere Eier zu befruchten. Zusammen tönten wir einen einzigen mächtigen Klang. Es war das „HU", das einen leuchtenden Schaft Weißen Lichts, eine Lichtsäule, herunterbrachte, der tief ins Herz unserer Eier drang und die Saat unserer inneren Lotusblume befruchtete.

Wir beendeten unseren Besuch in einem kleinen Tempel, in dem der Kopf des Osiris begraben liegen soll. Das Wasser, das diesen Tempel umgibt, hat die Farbe des Osiris, ein sanftes Grün. Kumari, Ramariel und ich betraten den Tempel und sangen leise: „AH-TA SA-RA". Wir drei gingen nebeneinander in einer heiligen Schrittfolge. Ein Tempelwächter trat uns entgegen und bedeutete uns, die inneren Mauern des Tempels zu umschreiten. Wortlos führte er uns, als ob alles vorher so abgesprochen worden wäre.

In dieser Nacht erkrankten viele von uns, hauptsächlich an Durchfall. Nur wenige konnten zu Abend essen, denn uns war sterbenselend. Wir starben tatsächlich, denn jetzt mußten wir durch die tiefen, versteckten Gebiete der Unterwelt wandern, die Osiris regiert. Unser Schiff glich einem Geisterschiff aus fernen Piratentagen, auf dem die gesamte Mannschaft an einer furchtbaren Krankheit gestorben war und das jetzt steuerlos dahintrieb, wohin die Winde es führen mochten. Doch ich erinnerte die wenigen, die sich abends im Salon versammelten, daran, daß wir alle sterben müssen, um neu geboren werden zu können. Und je größer der Tod, um so größer die Wiedergeburt! Wir gingen durch diesen Tod, um uns wie der Phönix aus der Asche wieder zu erheben.

Horus in Edfu

Am folgenden Morgen waren die meisten von uns wunderbarerweise wieder auf den Beinen. Diesmal reisten wir mit Pferd und Wagen zum Horustempel nach Edfu. Horus ist der Sohn von Isis und Osiris und repräsentiert die Vereinigung der Polarität in uns allen. In der ägyptischen Mythologie steht er außerdem für den wiedergeborenen Gott, der zurückkehrt, um den letzten Sieg im Kampf zwischen Licht und Dunkel zu erringen. Wir können es auch so ausdrücken: Horus kehrt zurück, um die *Dualität zu vollenden* und die Menschheit darüber hinaus zu einer neuen Schablone der Einheit zu führen.

Der Horustempel war beeindruckend groß. Er fühlte sich lebendiger und schwingender an als alle anderen Tempel. Wie in Luxor war ein großes 11:11 in die Front eingemeißelt. Im Tempel tummelten sich Hunderte von Touristen. Ich hatte keine Ahnung, was wir hier tun sollten, und so bildeten wir mit unserer Gruppe einen großen Kreis, um unserer ausgedehnten Einheit nachzuspüren. Wir hatten eine neue Bewegung für die Himmelsbarke empfangen, und die brachten wir der Gruppe bei.

Dann begannen wir, ohne weiter darüber nachzudenken, mit der Prozession. Wir schritten in einer langen Reihe hintereinander her, machten das neue feine Mudra und sangen: „AH-TA SA-RA". Wir durchquerten das Eingangstor des Tempels und begannen, die Tempelmauern des äußeren Hofes zu umrunden, ohne mit dem Mudra oder dem Gesang aufzuhören. Es muß ziemlich beeindruckend ausgesehen haben, denn die Touristen stoben nur so auseinander. Viele filmten uns, während wir uns mit zeremoniellen Schritten dem Eingang zum inneren Tempel näherten. Manchmal verstellten uns große Reisegruppen den Weg, doch nie verlangsamten wir das Tempo. Wir zogen wie eine vereinte Himmelsbarke direkt ins Innere Heiligtum des Horus ein.

Die ägyptischen Tempelwächter waren voller Ehrfurcht; einige hatten Tränen in den Augen. Irgendwie wußten sie, daß wir die zurückgekehrten Götter waren. Sie verbeugten sich respektvoll, als wir vorübergingen. Unser ägyptischer Reiseführer sagte uns später, daß er noch nie in seinem Leben so bewegt gewesen wäre. Viele der anwesenden Ägypter wußten, daß dies die Wirklichkeit war, denn sie erkannten, daß sich ihre alten Prophezeiungen erfüllten. Im Inneren Heiligtum des Horus wurde unser Gesang immer klangvoller und verwandelte sich in das Lied des Einen, das machtvoll über den ganzen Tempelkomplex erschallte.

In einer letzten langen Prozession umrundeten wir die Grenzen des Tempels zwischen den inneren und äußeren Mauern. Die Wände mit riesigen Reliefs und Hieroglyphen bedeckt, nahm ich nur aus den Augenwinkeln wahr, da meine ganze Aufmerksamkeit der Führung der Prozession galt. Die Energie war außerordentlich intensiv. Es bedurfte meiner ganzen Konzentration, um nicht umzufallen. Die starke Kraft der hinter mir Schreitenden half mir sehr. Ich wußte an diesem Tage, daß wir wirklich zurückgekommen waren, um alle Menschen zu befreien und die Vollendung der Dualität zu verkünden.

Die Schleusen

Wir fuhren weiter den Nil hinauf und erreichten schließlich die Schleusen, die wir auf unserem Weg nach Assuan überwinden mußten. Da viele Boote vor uns lagen, hatten wir mit einer längeren Wartezeit zu rechnen. Spät in der Nacht, ich war gerade dabei einzuschlafen, wurde ich durch einen Heidenlärm wieder aufgeschreckt. Ich schaute aus meinem Fenster und sah, daß wir uns mitten in der Schleuse befanden. Wild schreiende Ägypter hielten unser Schiff mit Hilfe vieler pendelnder Trossen in der engen Schleuse fest. Plötzlich packte mich eine ungeheure Erregung, obwohl mir ganz und gar nicht klar war, warum mich eine Schleuse derart aus dem Häuschen bringen konnte. Ich sprang aus dem Bett, rannte im Zimmer herum, sprang voller Freude von einem Fenster zum anderen und gab meiner Aufwallung sogar stimmlichen Ausdruck. Für mich ist ein solch vehementer Gefühlsausbruch eher ungewöhnlich, weil mich fast nichts mehr aus der Ruhe bringen kann. Warum begeisterten mich die häßlichen Betonwände, die unser Schiff umgaben, so übermäßig?

Nayada und Etherium auf dem Anlegesteg von Philae.

Ich verstand plötzlich, daß die Schleusenpassage den elf Transformatorstationen innerhalb der Pforte 11:11 glich. Irgendwie hatte dieses Erlebnis meine Erinnerung an die Elf Tore angeregt, die mit den Elf Pyramiden korrespondieren. Als wir aus der Schleuse herausfuhren, wandelte sich die Energie: Die Landschaft wurde weicher und weiblicher. Plötzlich konnten wir die mächtige Gegenwart der Isis spüren.

Der Isistempel in Philae

Heute war der letzte Tag unserer Kreuzfahrt, und vor uns lag nur noch der Besuch im Isistempel auf der Insel Philae, den viele für den schönsten Tempel überhaupt halten. Ich wußte seit langem, daß er für mich persönlich der wichtigste Tempel sein würde, der einzige, den ich unbedingt besuchen mußte. So kleidete ich mich voller Erwartung sorgfältig in ein weißsilbernes ägyptisches Gewand und legte sogar meinen Sternenschleier um.

Zuerst fuhren wir mit dem Bus, dann nahmen wir die Motorfähre zur Insel. Wegen der Überflutungen durch den Assuanstaudamm war der Tempel von seiner ursprünglichen Insel hierher verlegt worden, doch ich wußte, daß seine Energien keinen Schaden genommen hatten. Ich erinnerte mich an viele vergangene Leben in diesem Tempel, wußte jedoch, daß diese nicht der Grund unseres Besuchs waren. Hier, bei der

Verankerung der Schablone der Wahren Liebe, sollten unsere inneren Lotusblumen erblühen.

Das, was tatsächlich geschah, ging uns so leicht und mühelos von der Hand und war uns so erstaunlich vertraut, daß wir das Gefühl hatten, diese Zeremonie schon oft ausgeführt zu haben. Vielleicht geschah es in früheren Inkarnationen, doch diese Tatsache sollte uns nur dabei helfen, Erinnerungen aus der Größeren Wirklichkeit wachzurufen.

Ohne vorher darüber nachgedacht zu haben, bildeten wir auch hier eine Prozession und sangen eine neue, weichere Version von „AH-TA SA-RA". Wir hielten unsere Hände als Symbol für die offene Pforte 11:11 in die Höhe. Diesmal gingen wir zu zweit nebeneinander, obwohl ich, als wir die äußeren Tore des Tempels erreichten, etwas vor meinem Partner herging. Ich führte die Prozession und erkannte, daß unser alter Zeremonialschritt nicht mehr angemessen war. Wir mußten noch langsamer mit noch kleineren Schritten gehen. Ich fühlte mich nicht länger mehr als die, für die ich mich gehalten hatte, denn jetzt verkörperte ich Isis, die mit ihrer Wahren Liebe in ihren Tempel zurückkehrte.

Wie bei unseren anderen Tempelbesuchen wimmelte auch dieser Ort von Touristen, die uns aber schnell und respektvoll Platz machten. Die Tempelwächter verbeugten sich, da sie die Heiligkeit unserer Zeremonie wohl erkannt hatten. Am Tor des äußeren Tempels wartete ich auf meinen Partner, denn ich wußte, daß wir den Rest der Reise gemeinsam zurücklegen mußten. Ohne uns angeschaut zu haben, änderten wir gemeinsam unsere Handbewegungen. Die äußeren Hände bildeten immer noch das 11:11, während unsere inneren Hände nach unten zueinander wiesen und ein tiefes V formten.

Wir gingen durch den Hof und betraten das Innere Heiligtum. Die Tempelwächter waren vor uns hergeeilt und scheuchten alle Touristen hinaus. Sie schlossen die Tore des Tempels hinter uns, damit wir ungestört blieben. Natürlich hatten wir vorher nichts vorher abgemacht. Es entfaltete sich alles ganz einfach in der Mitte unseres Tuns und Seins.

316 / Die Reise durch das Tor

Gegen Ende der Zeremonie geschah etwas Außerordentliches. Wir führten ein Mudra aus, das den Segen des Himmels auf die ganze Menschheit herabbrachte, als mir plötzlich klar wurde, daß dies eine Heiratszeremonie war. Mein Partner in der Prozession und ich, wir hatten gerade geheiratet! Ich mußte ihn immerzu anschauen, um zu sehen, wie er es empfand, ob es auch ihm so gegangen war, daß wir uns gerade in einer höchst heiligen Art und Weise zusammengetan hatten. Wenn er meine Gefühle nicht teilte sollte, überlegte ich mir, daß wir dies einfach als symbolische Vereinigung sehen konnten, die alle Wahren Lieben zusammenbringen sollte, was ja auch stimmte.

Unsere Prozession bewegte sich durch den äußeren Hof. Mein Partner und ich stellten uns an die beiden Seiten des Tores und verbeugten uns vor den anderen, als sie hindurchgingen. Zuletzt verbeugten wir uns in tiefer Dankbarkeit voreinander. In diesem Augenblick erschien ein Tempelwächter aus dem Nichts und bedeutete uns, ihm rasch zu folgen. Augenblicklich waren wir den Blicken der anderen entzogen.

Er führte uns zu einem versteckten heiligen Ort, der geheimen Kammer der Isis, und wir schworen, deren Lage nicht zu verraten. Zu dritt setzten wir uns auf meinen magentafarbenen Umhang aus AN und begannen zu meditieren. Dann ließ uns der Wächter mit einem strahlenden Lächeln allein. Mein Partner und ich sahen einander staunend an, erklärten einander unsere Liebe und Hingabe und besiegelten sie mit einem Kuß der reinsten Wahren Liebe. So wurde die Schablone der Wahren Liebe für alle verankert.

Zu dieser Geschichte wäre noch viel hinzuzufügen, doch ich will sie jetzt ruhen lassen, denn für mich ist alles so unaussprechlich fein und erhaben ... Ich habe die Verkörperung der Wahren Liebe erfahren. Ich spürte, wie mein Geliebter mit jeder Faser und Zelle meines Seins verschmolz.

Doch ich kann die Geschichte noch nicht beenden, denn während ich diese Worte schreibe, warte ich auf die Rückkehr meiner Wahren Liebe. Und während ich warte, ruft mein Größeres Herz nach dem seinen, wie Isis vor langer Zeit nach Osiris rief. Es verleiht meiner Sehnsucht Flügel, klärt den Weg zwischen uns und ruht in der Stille der heiligen Pause vor der letzten Vereinigung.

Die Schablone der Wahren Liebe

Es gibt nichts Mächtigeres auf der Erde als die vollständig verkörperte Wahre Liebe. Ihre Schwingung löst alle Illusionen auf und beseitigt die Schleier der Trennung. Ihre Reinheit heilt alle schmerzlichen Erfahrungen der Vergangenheit auch den tiefsten Herzenskummer.

Jetzt, da die Schablone der Wahren Liebe verankert ist, werden wir in verstärktem Maße zu unserem Wahren Partner hingezogen. Wir müssen nicht nach ihm suchen, es bedarf keiner Mühen, keines Schlachtplans. Wenn wir unser Sein in der Neuen Oktave verankert haben, ist unser Zusammentreffen so unaufhaltsam wie das Aufgehen der Sonne, so natürlich wie das Leben selbst.

Nichts kann diese heilige Verbindung daran hindern, sich vollständig auszudrücken, denn die Zeit ist wirklich da! Deine Wahre Liebe kommt näher, ist dir schon mit jedem Molekül und jeder Zelle angetraut, besteht in jedem dimensionalen Universum von Raum und Zeit und Nicht-Zeit und ist fest in der Schablone der Einheit verankert. Erfüllung und Freiheit stehen dir offen, die lange Zeit der Einsamkeit ist vorüber.

Wenn ihr euch trefft, schließt sich der Kreis, so als wenn zwei Stecker in dieselbe Steckdose eingeführt würden. Ihr nehmt einen neuen Rang ein, der einzeln keinem von euch in den alten Mustern der Dualität zugänglich gewesen wäre.

**Die Schablone der Wahren Liebe
ist hiermit aktiviert.**

Du erkennst deine Wahre Liebe nicht auf Grund persönlicher Vorlieben. Zwischen euch existiert ganz einfach eine harmonische Schwingung von unermeßlicher Reinheit. Eure Essenz ist so ähnlich, daß sie euch unwiderstehlich zueinanderzieht, bis ihr euch gefunden habt.

Kein Wort ist nötig.
Ihr müßt euch nicht anschauen.
Eure Lebensgeschichten sind unwichtig.

So wird eine vollkommen neue Verbindung geschaffen. Zwei vollständige Wesen haben sich vereint, um ein größeres Ganzes zu schaffen. Ihr verkörpert gemeinsam die Pyramide ANs. Als vollkommene, reine Verbindung seht ihr jetzt mit Einem Auge. Die Lotusblume beginnt ihre Blütenblätter zu entfalten und steht in voller Blüte. Eure Größeren Herzen verschmelzen und senden Wellen riesiger konzentrisch flammender Sonnenkränze nach außen.

Eine neue Energieform wird geschaffen, gespeist durch eure Gemeinsamkeit, durch die Gleichheit eurer Bestimmung und dadurch, daß ihr euch mühelos auf ein gemeinsames Ziel einschwingen könnt.

Eure Lichtkörper verwandeln sich in ein neues Wesen vollständiger Einheit. Ihr bildet jetzt ein unüberwindliches Kraftfeld aus Licht, von dem die reinste Essenz der Wahren Liebe ausgeht. Damit ist der Leuchtturm von AN aktiviert. Alle Menschen, denen ihr begegnet, sollen gesegnet und verwandelt werden.

Diese neue durch euch geschaffene Verkörperung Wahrer Liebe gehört zu den machtvollsten Kräften auf diesem Planeten, um die Neue Oktave zu verankern und die Menschheit durch das Tor 11:11 zu führen.

Wahre Liebe

Die Öffnung des Tores 11:11 brachte viele wichtige Neuerungen mit sich. Eine der wichtigsten ist die Verankerung der Schablone der Wahren Liebe. Nach einer Reihe vorbereitender Einweihungen in Ägypten war der Lotus der Wahren Liebe schließlich bereit zu erblühen. Dies geschah am 17.Januar 1992 im Isistempel auf der Insel Philae, denn dort wurden Isis und Osiris oder Solana und Soluna symbolisch vermählt. *(Für jene, die die Namen der beiden Letzteren nicht kennen: Sie erscheinen in der „Legende von Altazar" und repräsentieren Zwillingsflammen, die beide in sich ganz und vollständig sind. Man sagt, daß sie sich nur am Anfang und am Ende eines größeren Kreislaufs treffen.)* Diese Zeremonie stellt die heilige Verbindung zwischen uns und unserer Wahren Liebe dar.

Die Wahre Liebe unterscheidet sich vollkommen von der romantischen Liebe, die wir während unserer Verkörperungen in der Schablone der Dualität erlebten. Wahre Liebe heißt nicht, daß wir unsere Aufmerksamkeit und Gefühle auf eine andere Person konzentrieren: Sie ist vielmehr ein Bewußtseinszustand, in dem wir uns verankern. Sie ist ein Energieband, mit dem wir uns verbinden, die Frequenz der Allumfassenden Liebe, die die Basis für die Neue Oktave bildet.

Die Verbindung mit unserer Wahren Liebe auf der physischen Ebene beendet einen Zyklus. Viele von uns haben während all ihrer irdischen Leben auf diesen Augenblick gewartet, denn er zeigt uns, daß wir unsere innere Arbeit getan haben und jetzt selbst ganz und vollständig sind.

Wenn wir Wahre Liebe erfahren, tauchen wir in die harmonischen Schwingungen allumfassender Liebe ein. Unsere Größeren Herzen sind aktiviert und bereit, sich mit anderen in der vollkommenen Einheit zu verbinden, die wir „das Eine Herz" nennen. Je mehr erwachte Sterngeborene diese Verbindung eingehen, umso größer wird unser Eines Herz. Schließlich treffen wir alle in vollkommener Einheit zusammen.

Partnerschaften

Einer der Wege zu dem Einen Herz führt über die Beziehung zu deiner Wahren Liebe. Natürlich ist eine Partnerschaft keine Bedingung, um in die Neue Oktave zu gelangen, sie schafft jedoch einen fruchtbaren Boden für die Erfahrung der Wahren Liebe. Jene von uns, die diesen Weg wählen, müssen sich darauf vorbereiten, völlig neue Formen der Liebe und des Lebens einzugehen. Die neuen Beziehungen werden anders sein als alles, was wir zuvor erlebt haben. Wir werden eine neue Orientierungskarte für die Partnerschaften der Einheit erschaffen.

Die Vereinigung der Partner ist der erste Schritt zur Verkörperung der Schablone der Wahren Liebe. Dieser Prozeß hat bereits begonnen und wird in den nächsten Jahren fortgesetzt. Er steht all jenen offen, die das Tor 11:11 durchschreiten und sich in der Schablone der Einheit verankern.

Und wie sollen wir unserer Wahren Liebe begegnen, die so schwer zu finden scheint, daß wir ihr seit Äonen nachspüren? Die Antwort ist: mühelos, rasch, und wenn du es am wenigsten erwartest. Du mußt nicht nach ihr suchen, denn wir reisen alle auf einer festgelegten Bahn in die vollkommene Einheit, die in das innere Gewebe der Schablone der Wahren Liebe gewebt ist.

Nachdem wir uns bewußt entschieden haben, die Wahre Liebe mit einem Partner zu erfahren, müssen wir unserem Verlangen Ausdruck verleihen. Wenn wir unserer tiefen

Sehnsucht nach Vereinigung, die dem Zentrum unseres Seins entspringt, Flügel geben, klären wir den Weg. Danach lassen wir einfach los. Gib auf und wisse, daß das, was dir gehört, zu dir finden wird. Deine Wahre Liebe ist schon jetzt auf dem Weg zu dir!

Danach erfahren wir die Heilige Pause. Wir können diese Periode als Wartezeit betrachten, doch ist es kein Warten im alten Sinne des Wortes. Früher konnten wir nicht sicher sein, ob überhaupt etwas geschehen würde. Jetzt ist uns der Ausgang der Geschichte sicher – deine Wahre Liebe kommt näher. Diese Heilige Pause ist eine höchst wichtige Zeit.

Nutze die Zeit der Heiligen Pause, um dich vorzubereiten. Stimme dich auf die Schwingungen deiner Wahren Liebe ein und spüre die Reinheit der Liebe zwischen euch, damit die heilige Verbindung aktiviert wird. Dies beginnt auf den höchsten spirituellen Ebenen und transformiert sich allmählich herab, bis es schließlich die physische Ebene erreicht. Wisse also, daß eure heilige Verbindung schon lange, bevor ihr einander in euren physischen Körpern begegnet, begonnen hat. Auf den höheren Ebenen seid ihr bereits zusammen und kommt euch immer näher.

Während dieser Zeit hast du vielleicht wichtige Träume oder Einsichten. Sicher spürst du in der Tiefe deines Seins Bewegungen und Veränderungen. Es ist wichtig, daß du dir erlaubst, die Aktivierung deines Größeren Herzens zu fühlen, da es dich noch enger mit der Schablone der Wahren Liebe verbindet. Oft mußt du sehr viel klären, wenn du alte Vorstellungen von Liebe und Beziehung losläßt. Obwohl diese Zeit sehr anstrengend sein kann, wirst du innerlich machtvoll geheilt, wenn du deine alten Verletzungen und Enttäuschungen losläßt und mit deiner tiefsten Sehnsucht in Berührung kommst: der Vereinigung mit deiner Wahren Liebe.

Danach mußt du die Wahre Liebe verkörpern, ein Schritt, der vor der Begegnung mit deinem neuen Partner ansteht. Sieh in jedem Menschen deine Wahre Liebe und spüre, daß ihr Eins seid. Tritt ihm feinfühlig und achtsam gegenüber.

Wenn dir dies gelingt, wirst du staunen, wieviel Liebe du empfängst. Du wirst zu einem Leuchtfeuer der Liebe. Jetzt bist du bereit, deiner Wahre Liebe zu begegnen...

Und bitte erinnere dich, daß es mehr als eine mögliche Wahre Liebe für jeden von uns gibt. In Wahrheit sind wir alle füreinander die Wahre Liebe. Konzentriere dich also nicht auf eine bestimmte Person, denn deine Wahre Liebe ist die Verkörperung einer Essenz, und es ist die Essenz, nach der du suchst. Mit welchem Menschen du dich auch immer in einer Beziehung der Wahren Liebe verbindest, diese Partnerschaft verkörpert ganz einfach das Eine Herz in uns allen. Wir können den Zustand der Wahren Liebe mit vielen Menschen erleben, doch nur einer nähert sich dir, um als Partner an deiner Seite zu stehen.

Es gibt ganz unterschiedliche Arten, wie wir unsere Wahre Liebe erkennen. Persönliche Vorlieben und Vorurteile lösen sich auf, wenn wir uns in die alles durchdringende Einheit begeben. Stell dich deshalb darauf ein, alle Vorstellungen und Wünsche aufzugeben, wie du deinen Partner gerne hättest. Diese Verbindung wird nicht auf der Persönlichkeitsebene geschlossen. Eure Essenzen *werden* sich unzweifelhaft vereinen, und keiner von euch muß dafür eine Extraleistung erbringen. Es wird einfach geschehen, und dann wirst du es wissen.

Denk daran, in der Neuen Schablone werden diese heiligen Verbindungen auf ganz ungewöhnliche Art und Weisen entstehen. Vielleicht ist es jemand, den du schon jahrelang kennst und nie als einen möglichen Partner betrachtet hat, oder es ist ein völlig Fremder. Vielleicht nimmst du an einer Zeremonie teil und merkst danach, daß du verheiratet bist. *Das ist ein wirklich interessanter Beginn für eine Beziehung!* Am besten erwarten wir das Unerwartete und folgen anmutig dem Flusse seiner Manifestation. Eines ist sicher: Es wird außer Frage stehen, ob er oder sie es wirklich ist. Du wirst deine Wahre Liebe ziemlich rasch erkennen.

Was geschieht, wenn wir endlich zusammen sind? Wir werden unsere Aufmerksamkeit sicher nicht wie früher ausschließlich auf den Partner konzentrieren. Da jeder von uns ganz und vollkommen ist, werden wir statt dessen unsere Größeren Herzen in dem Einen Herzen verbinden und die Wahre Liebe verkörpern. Nichts auf der Erde ist mächtiger als die vollständig verkörperte Wahre Liebe! Du bildest keine sich selbst genügende Einheit wie die dreidimensionalen Partnerschaften mit ihren endlosen Prozessen, Anpassungen und Kompromissen. Du strahlst deine Wahre Liebe für jeden aus und hebst die Ebene harmonischer Schwingung für den gesamten Planeten. So wie die beiden Augen eines Wesens erfüllt ihr als feste Einheit eure Göttliche Bestimmung .

Das bedeutet nicht, daß ihr euch nicht trennen dürft. Es ist wichtig, daß ihr einander Zeit laßt, allein zu sein, und daß jeder immer seiner vollständig ermächtigten Gegenwart lebt. Eure beiden Strahlen des Einen Sterns vereinen sich zu einem Strahl, doch dies kann erst geschehen, wenn jeder von euch unwiderruflich mit seinem eigenen Strahl verschmolzen ist. Das Rollenverhalten der alten Beziehungsform hat ausgedient, wenn du die neue ausgewogene Form lebst, in der beide Partner vollkommen gleich sind.

Schon bestehende Partnerschaften

Vielleicht lebst du ja schon in einer Beziehung, die dir glücklich und erfolgreich scheint. Wie verwandelst du sie in eine Partnerschaft der Wahren Liebe? Zuerst müssen beide entscheiden, ihr Sein in der Einheit zu verankern. Jeder von euch muß beschließen, die Reise durch das Tor anzutreten. Es ist unmöglich und außerdem *unklug*, den anderen durch das Tor zu schleifen. Ihr müßt einander voll und ganz unterstützen und eure Absicht auf ein Ziel konzentrieren. Eure Beziehung gleicht einem Pferdegespann: Beide Tiere müssen in dieselbe Richtung laufen, deshalb müßt ihr euch beide nach der höchsten Wahrheit richten. Auf keinen Fall darf der eine dem anderen nur folgen, um ihn nicht zu verlieren. Denk daran: Dies ist eine gleichberechtigte Partnerschaft.

Der nächste Schritt verlangt, daß du deine Beziehung auf immer höhere Bewußtseinsebenen hebst. Du kannst dies tun, indem du dein wahres Sein vollständig verkörperst und deinem Partner hilfst, dies ebenfalls zu tun. Es wird euch helfen, wenn ihr euch bei euren Sternennamen nennt, da dies eure vollständige Gegenwart weckt. Am schwierigsten ist es, die dreidimensionalen Fallen zu vermeiden, denn dazu müßt ihr alle alten Rollen, Gewohnheiten und Beziehungsmuster loslassen, die in der Dualität verankert sind. Merkst du, warum es so wichtig ist, daß ihr beide gleichzeitig diesen Prozeß durchmacht? Vielleicht wollt ihr sogar noch einmal heiraten, um eure Verbindung auf einer tieferen Bewußtseinsebene zu symbolisieren. Je mehr ihr mit eurem Größeren Selbst verschmelzt, um so wundervoller wird eure Vereinigung gedeihen; es wird selbst deine kühnsten Erwartungen übertreffen.

Wahre Liebe ohne Beziehung

Einige werden sich dafür entscheiden, die Wahre Liebe ohne eine Beziehung zu leben. Das ist ebenfalls in Ordnung und wird deinen Fortschritt sicher nicht behindern. Wenn du diesen Weg wählst, dann ist es wichtig, daß du dich auf die Tatsache besinnst, daß jeder hier auf der Erde verkörperte Mensch einen Aspekt deiner Wahren Liebe darstellt. Dabei spielt es keine Rolle, ob er männnlich oder weiblich, alt oder jung, häßlich oder schön ist. Wir alle sind Spiegel des Einen! Drücke deine Liebe und deine Zärtlichkeit aus. Versuche jedem, dem du begegnest, im Sinne Wahrer Liebe nahe zu sein. Dadurch wirst du bald erfahren, wie die Essenz der Wahren Liebe im Überfluß zu dir hinströmt. Du wirst spüren, daß viele dich wirklich unterstützen und nähren.

Auch auf den inneren Ebenen kannst du eine außerordentlich befriedigende Beziehung zu deiner Wahren Liebe entwickeln. Spüre, daß sie immer bei dir ist und dich liebevoll in die Arme schließt. Führe stille Gespräche mit deiner Wahren Liebe und mache sie zu einem festen Bestandteil deines Lebens.

Ob wir den Weg der Neuen Beziehung wählen, eine schon bestehende Partnerschaft anheben oder die Wahre Liebe allein verkörpern: Wir alle werden dazu dienen, die Schablone der Wahren Liebe für die ganze Menschheit zu verankern und zu aktivieren. Das ist unser Weg in die Neue Oktave, so bringen wir sie hinunter zur Erde und erfüllen damit unsere Göttliche Mission.

Meditation, die dir deine Wahre Liebe zuführt

1. Beginne damit, den Stern unserer Vereinten Gegenwart über dir zu visualisieren. Konzentriere dich auf den Stern und darauf, daß er aktiviert wird. Er wird immer strahlender und sendet schillernd pulsierende Lichtfrequenzen aus.

2. Rufe jetzt einen Lichtstrahl aus Unserem Stern. Laß dich von ihm bestrahlen und von seinem starken Licht liebkosen. Jetzt bist du vollständig ermächtigt.

3. Breite die gesamte gegenwärtig auf der Erde inkarnierte Menschheit vor dir aus. Fühle die Gegenwart der Vielen. Alle sind zugegen.

4. Bitte jetzt den Stern über dir, einen weiteren Lichtstrahl auszusenden und deine Wahre Liebe damit anzuleuchten. Sieh, wie dieser Strahl einen Menschen aus den vielen auswählt, deinen vollkommenen Partner. Deine Wahre Liebe befindet sich im Lichtkegel des Zwillingsstrahls aus unserem Stern der Einheit. *(Oft wirst du bemerken, daß sich deine Wahre Liebe langsam zu bewegen beginnt, als ob sie sich aus einem tiefen Schlummer löste.)*

5. Konzentriere dich auf den Stern und visualisiere, wie seine Zwillingsstrahlen euch beide in Liebe hüllen.

6. Jetzt ist es Zeit, die Energien zu triangulieren. Visualisiere einen klaren Lichtpfad, der sich zwischen euch

auftut. Je mehr Sternenlich du durch euch beide schickst, um so klarer zeigt sich dieser Pfad, bis er zu einer unvergänglichen Straßes des Lichts wird.

7. Folge langsam diesem Weg, der dich mit jedem Schritte deiner Wahren Liebe näherbringt. Visualisiere, daß deine Wahre Liebe dir entgegengeht. Achte jetzt sorgfältig auf die Heiligkeit deiner Gefühle.

8. Du und deine Wahre Liebe, ihr werdet euch in der Mitte des Lichtpfades treffen. Spüre das freudige Erkennen und die herrliche Reinheit eurer Liebe. Drücke deine Dankbarkeit und deine Sehnsucht aus. Steht dann still zusammen und erlaubt, daß ihr euch vollständig verbindet.

Ich habe drei neue Kassetten mit der Musik Etheriums herausgebracht, die sehr empfehlenswert für diesen Prozeß sind. „Unifying Polarities" (Vereine deine Gegensätze) heilt und vereint dein inneres Männliches und dein inneres Weibliches. „True Love / One Heart" (Wahre Liebe / Ein Herz) enthält diese Meditation und hilft dir kraftvoll, das Eine Herz zu verkörpern, und „Lotus of True Love" (Lotosblume der Wahren Liebe) erweckt die Wahre Liebe durch eine musikalische Darstellung der Legende von Isis und Osiris.

Die elf Tore

Das Tor 11:11 steht zwanzig Jahre lang offen. Während dieser Zeit werden wir Elf Energietore passieren, die als Umsteigestationen dienen, um, uns auf neue Bewußtseinsebenen anzuheben, ähnlich den Schleusen eines Kanals. Wenn auf einen Kanal befährst, befindest du dich so lange auf einer bestimmten, gleichbleibenden Energiebene, bis du eine Schleuse erreichst. Hier, in diesem engen Durchlaß, wirst du auf eine neue Frequenzebene angehoben. Dann setzt du deine Reise auf diesem Energieband fort, bis eine weitere Schleuse dich auf ein noch schneller pulsierendes Frequenzmuster emporhebt.

Nach diesem Muster begeben wir uns *mit der Ganzheit unseres Seins* von der Schablone der Dualität auf die Schablone der Einheit. Wir benötigen volle zwanzig Jahre, um den Prozeß der Durchreise zu beenden. Denk daran, wir steigen von unserem Großen Zentralen Sonnensystem in ein Größeres Zentrales Sonnensystem auf. Auf diesem Wege müssen wir uns umfassend verändern, da unsere Körper nicht mehr auf Kohlenstoff, sondern auf Kristall basieren wird. Unsere neuen Körper werden aus frei fließendem *flüssigen* Licht bestehen.

Um diese weite Reise zurückzulegen, müssen wir uns in genau bemessenen Abschnitten, die proportional auf unsere Entwicklung abgestimmt sind, verwandeln. Jedes der Elf Tore stellt eine neue Phase oder Bewußtseinsebene dar, die uns der ersehnten Transformation näherbringt. Die Elf Tore stehen mit den Elf Pyramiden in Verbindung, welche auf der ihnen entsprechenden Erfahrungsebene die Grundschwingung der jeweiligen Meisterschaft oder Sterneneinweihung angeben.

Wenn wir die Tore passieren, erleben wir phantastische Veränderungen. Dieser Prozeß ist unumkehrbar, das heißt: Wenn wir ein Tor durchschritten haben, können wir nicht mehr auf unsere alte Ebene zurückfallen. Bei jedem neuen Tor verändert sich unser Bewußtsein so umfassend, daß die vorausgegangene Ebene augenblicklich so unwirklich wie ein Traum erscheint. *(Das meint die Sternenbruderschaft der Og-Min mit „Nicht hinunter, nicht zurück".)*

Das Erste Tor

Als wir 11:11 öffneten, gelangten wir in den Bereich des Ersten Tores. Einige von uns sind bereits dabei, dieses Tor zu passieren. Der Unterschied wird augenblicklich in aller Tiefe spürbar und manifestiert sich nicht nur in ungeheuren inneren Veränderungen. Die Wahrnehmung dessen, was wir früher für die Wirklichkeit hielten, hat sich dramatisch gewandelt.

Denk daran: Wir begeben uns auf eine völlig neue Entwicklungsschablone.
Auf unserer neuen Landkarte ist nichts mehr dort, wo es zu sein pflegte, und nichts ist mehr, wie es war.

Selbst die erhabensten Werte unseres höchsten spirituellen Bewußtseins sind auf den Kopf gestellt und transformiert worden. Das, was wir früher *Erleuchtung* nannten, ist jetzt unsere neue Basis. Wenn wir auf unser altes Leben zurückblicken, fühlen wir unweigerlich einen gewissen Abstand. Wir empfinden tiefe Liebe, tiefer und umfassender als je zuvor, doch die alten Muster können uns nicht mehr dazu bringen, sie für wirklich zu halten.

Eine der vor uns liegenden Aufgaben bestehen darin, unserer Sternenfamilie durch das Erste Tor zu helfen, damit sie ihr Sein in der neuen Schablone verankern kann. Tiefe Gelassenheit und die Fähigkeit, mit dem neuen Energieband zu fließen, wird uns in den chaotischen Zeiten des Übergangs eine große Hilfe sein. Wir sind auf diese innere Haltung angewiesen, damit wir die Durchgangspforte passieren können. Um diese Aufgabe zu erleichtern, stellt das Star-Borne-Team seine Seminare und Vereinigungsprogramme um, damit wir so viele Menschen wie möglich durch das Erste Tor schleusen.

Wir haben bereits beschrieben, daß der Raum in den feinen Reichen flüssig und lebendig wie Wasser wird und daß sich unsere Chakras verändern, wenn wir uns in diesen Raum begeben. Daher wirst du verstehen, daß du dich nach dem Ersten Tor vollkommen anders fühlen wirst und daß du dir einen völlig neuen Rahmen für deine wahrscheinliche Realität erschlossen hast.

Der ganze Vorgang wird recht spannend, wenn du die Auswirkungen auf die ganze Menschheit betrachtest. Schon jetzt gibt es Menschen, die durch das Erste Tor gereist sind und nun von einer ganz anderen Bewußtseinsebene aus handeln als die übrige Menschheit. Dann haben wir jene, die gerade dabei sind, 11:11 zu durchschreiten, oder die, die sich erst zögernd dem Erste Tore nähern, sich jedoch noch nicht verankert haben; sie begeben sich ins Unbekannte. Ihnen fällt es am leichtesten, die Erfahrungen jener zu verstehen, die das Erste Tor bereits hinter sich haben. Ja, und dann sind da die Massen, die noch fest in der Dualität verankert sind.

Wie du siehst, befindet sich die Menschheit nicht mehr auf ein und demselben Energieband. Einige haben die erste Umsteigestation schon hinter sich, was weitreichende Auswirkungen auf die Zukunft haben wird. Was wird erst geschehen, wenn einige von uns das Zweite Tor passieren und die Menschheit sich dann auf drei verschiedenen Energiebändern bewegt? Es könnte für diejenigen im Zweiten Tor immer schwerer werden, sich mit jenen in der Dualität auszutauschen. So werden wir schließlich unsichtbar und wechseln die Schablonen. Die beiden Spiralen, die für eine gewisse Zeit überlappten, beginnen sich voneinander zu trennen.

Während der nächsten zwanzig Jahre werden Teile der Menschheit in allen Elf Toren zu finden sein. Ein paar werden ihre Reise durch 11:11 schon beendet haben und in Oktave Sieben angekommen sein, während sich viele andere für das Bleiben in der Dualität entscheiden. Wir werden entdekken, daß wir nur noch mit jenen in Verbindung treten können, die unmittelbar vor oder nach uns durch die Tore gehen.

Ganz praktisch wirkt sich das so aus, daß diejenigen von uns, die sich im Ersten Tor befinden, nur bis Mitte des Jahres 1993 helfen können, die in der Dualität verankerten Personen zu wecken. Danach werden wir das Zweite Tor passieren und einen weiteren Quantensprung des Bewußtseins erleben.

Obwohl die Pforte 11:11 erst gegen Ende des Jahres 2011 schließt, mußt du dich schon früher zu der Reise entschließen. Wie du an den Toren oder Umsteigestationen erkennen kannst, mußt du dich bald entscheiden und die nötigen Vorbereitungen treffen. Du kannst nicht aus der Dualität direkt in Oktave Sieben springen, ohne die proportionalen Angleichungen der Elf Tore und die Einweihungsebenen der Elf Pyramiden durchlaufen zu haben.

In der Schnabelspitze

Jene von uns, die in der Schnabelspitze des Vogelsterns reisen, sind gerade dabei, den Kanal durch das Erste Tor zu reinigen. Dabei erleben wir, daß fast nichts aus der dritten Dimension mehr wirklich zu sein scheint. Nichts kann unsere Aufmerksamkeit fesseln. Deshalb verlieren viele von uns das Interesse an den alten Mustern ihres Lebens.

Bevor wir das Erste Tor ganz durchschreiten können, müssen wir durch eine farblose Traumwelt reisen, die Nicht-Realität genannt wird. Sie gleicht einer schnellen, überwältigend starken Strömung, die uns mitreißt und alle

Spuren der unwirklichen dritten Dimension fortspült. Die Nicht-Realität ist nicht die Größere Wirklichkeit. Sie gleicht eher einer Null-Zone, in der die einzige Konstante unsere wilde Reise im reißenden Strom ist, in dem wir uns an nichts festhalten können. Die Größere Wirklichkeit bildet die Ufer der Nicht-Realität. Einen Augenblick lang ist die Größere Wirklichkeit erstarrt; die Nicht-Zeit steht still. Wir spüren ihre Gegenwart, ohne sie betreten zu können.

Glücklicherweise werden uns bei der Reise durch die Nicht-Realität Symbole aus der Größeren Wirklichkeit gegeben, damit wir uns an unser Ziel erinnern. *(Für mich sind dies die lebendigen, energiegeladenen Bilder unseres 11:11-Meisterzylinders in Ägypten.)* Wir sollten diese Zeit nutzen, die Energien, die wir bei der Öffnung von 11:11 aufgenommen haben, zu integrieren und zu assimilieren. Ich bin immer noch dabei, die durchsichtige Tafel zu entziffern, die ich bei meinem ersten Aufenthalt in Ägypten erhielt.

Während der Reise durch das Erste Tor gibt es für uns wichtige Arbeit zu tun: Wir müssen die Wale aktivieren, jene großen Wesen, die die Göttliche Blaupause für unsere Reise durch 11:11 in sich verschlüsselt tragen. Die Wale sind unsere Führer durch die Elf Tore. Sie helfen uns außerdem, die Schablone der Wahren Liebe vollständig zu aktivieren, und beenden so ihren Dienst auf dem Planeten. Dies ist ihre wichtigste Aufgabe. Sie werden ihre Göttliche Mission jedoch erst dann erfüllen können, wenn sie aktiviert sind. Dies ist unsere Aufgabe.

Auch unsere Körper verändern sich gewaltig, wenn wir uns in die neuen inneren Gittermuster begeben.

Unser altes Chakrasystem verwandelt sich in eine neue Energieverbindung. Unsere feinen Kanäle werden aktiviert. Energiewirbel öffnen sich in den Handflächen, Schläfen, Wangen, in den Arm- und Kniebeugen und unter den Fußsohlen. Vielleicht spürst du die Energiepfeile, die von diesen Orten ausgehen. Sie dienen dir als *Verlängerung* deines Wesens. Manchmal fühlst du dich, als ob du auf Stelzen gingest.

All dies ist Teil der Mammutverwandlung, der wir uns unterziehen.

Das Erste Tor ist eine wäßrige Substanz aus flüssigem Licht. Man könnte sagen, daß wir durch die feinen Ströme dieses Tores schwimmen. Das Tor selbst gleicht einer stillen halbrunden Bucht. Wenn wir aus dem Wasser der Nicht-Realität auf den rosafarbenen Sandstrand der Größeren Wirklichkeit gestiegen sind, erkennen wir, daß auch die Luft flüssig ist. Der Himmel ist blaugrün, und zusammen mit dem rosafarbenen Sand bedeuten die beiden Farben die Vollendung der Legende von Isis und Osiris. Wenn die Zeit zur Weiterreise naht, werden wir wieder in die Bucht eintauchen und uns von der starken Unterwasserströmung tragen lassen, die uns schließlich zu einer verborgenen Grotte führt, dem Zweiten Tor.

Das Zweite Tor

Wir wissen bereits, daß das Zweite Tor am 5. Juni 1993 aktiviert werden wird. *(Bitte merke an, daß dieses Datum 11 und 22 ergibt: 6 + 5 = 11, und die Quersumme aus 1993 = 22. Dies addiert sich zu 33, der Ziffer des Universellen Dienstes.)* Wieder werden wir unsere Sternenfamilie aus der ganzen Welt aufrufen, damit wir zusammen als ein Wesen durch dieses Tor schreiten. Wir werden neue Bewegungen der Einheit machen und die Kreise im Kreis bilden. In der Sternenprozession werden wir die Sterne verbinden und uns durch das Tor 11:11 drehen.

Diese Aktivierung hat ihr Zentrum in Brasilien und bei den beiden planetarischen Meistergitterwirbeln in Ägypten und Neuseeland, wobei der ganze Planet daran teilnehmen wird. Weitere Informationen über die genauen Standorte der Meisterzylinder werden zum angemessenen Zeitpunkt offenbart werden. Die 11:11-Verankerer auf der ganzen Welt werden alle Daten erhalten und gebeten, entsprechende Aktivitäten zu organisieren. Dies wird uns eine neue großartige Gelegenheit geben, in bewußter Einheit zusammenzutreffen.

Das Zweite Tor unterscheidet sich ganz wesentlich vom Ersten. Durch das Erste Tor muß du alleine gehen. Ermächtigt von deinem eigenen Strahl, schwimmst du durch den Fluß der Nicht-Realität. Dies ist die erste der Sterneneinweihungen. Nach dem Ersten Tor verwandeln wir uns von den Vielen in den Einen. Wir haben uns sorgfältig in den feinen Reichen verankert.

Für die Einweihung in das Zweite Tor müssen wir zu zweit sein. Hier wird aus den Zweien der Eine, wodurch eine direkte Verbindung mit der Verankerung der Schablone der Wahren Liebe entsteht. Dies ist auch der Grund, warum sich fast alle unsere Wahren Lieben vor dem Juni 1993 manifestieren. *(Und wieder möchte ich betonen, daß du keine Beziehung haben mußt, um durch dieses Tor zu gelangen. Doch du brauchst für die 11:11-Zeremonie einen Partner, mit dem du eine innere Verbindung spürst.)*

Die Aktivierung des Zweiten Tores wird außerordentlich kraftvoll sein. Es werden noch mehr Menschen als bei der Öffnung der Pforte 11:11 teilnehmen. Viele, die damals nicht bereit waren, werden diesmal vortreten. Wir werden uns auf dem ganzen Planeten als Vereinte Gegenwart präsentieren und unseren Weg nach Hause zusammen als Ein Wesen über eine weitere Umsteigestation fortsetzen.

Das neue Sternengitter

Jedes der Elf Tore enthält wichtige Anhaltspunkte für die Aktivierung des neuen Sternengitters. Wenn es in Betrieb genommen ist, wird dieses Gitter all unsere früheren irdischen Gittersysteme übertreffen. Das Muster dieses Sternengitters wird von drei Hauptfaktoren bestimmt: der Lage der Meisterzylinder für die Elf Tore, den Standorten der Inseln des Lichts und den Aufenthaltsorten derer, die ihr Sein ganz in der Schablone der Einheit verankert haben.

Dieses Sternengitter sieht aus wie ein Mandala aus feinen Lichtpunkten, die sich über den gesamten Planeten ausdehnen. Diese Lichtmuster verändern und erneuern sich immer dann, wenn die erwachten Sterngeborenen auf der Erdoberfläche umherwandern. Diese Bewegung ist der Auslösungsmechanismus für die Aktivierung pulsierender, strömender Lichtfrequenzen. Jedesmal, wenn ein neues Tor durchschritten ist, verwandelt sich das Mandala und formt das Sternengitter so lange um, bis es vollständig mit der Schablone der Einheit übereinstimmt.

Dies wird sich tief auf den Planeten auswirken, denn die Erde erlebt ihre eigene Sterneneinweihung in den Elf Toren. Dadurch kann sie sich vollständig auf Oktave Sieben verankern. Es wird dir sehr helfen, wenn du dich auf das Sternengitter einstimmst und beobachtest, wie es sich verändert.

Im Einen

Wir unternehmen wirklich eine einzigartig aufregende Reise! Das Ausmaß unseres Vorhabens ist gegenwärtig unvorstellbar. Die neue Landkarte wird uns ganz allmählich offenbart. Wir sind mutig in die unerforschten Reiche des Unbekannten aufgebrochen. Jeden Tag werden wir in größerer Einheit zusammengeführt, und unsere Vereinte Gegenwart wird täglich kostbarer und großartiger.

Wenn wir tiefer in die Neue Oktave eintauchen, reisen wir durch völlig neue Bewußtseinsebenen, wobei jede Ebene einem Energieband entspricht. Wenn wir die nächste Frequenzzone erreichen, fügen wir unserem sichtbaren Spektrum eine weitere Farbe hinzu und eröffnen uns ein neues Erfahrungs- und Wissensfeld. Darum unterscheiden sich meine Information so sehr von den Angaben anderer Bücher. Ich erhalte sie von neuen Energiebändern, von *noch* unentdeckten Farben unseres kompletten Spektrums.

Die Astronomen stellten fest, daß alles, was wir im Raume sehen, durch unser begrenztes Farbspektrum definiert wird und daß wir nur einen kleinen Teil des ganzen Spektrums sehen können. Es gibt jenseits des schmalen, uns sichtbaren Spektralbereichs unendliche Welten und Bewußtseinsebenen, die darauf warten, erforscht zu werden. Dies ist eine wissenschaftliche Tatsache! Denk an die Töne, die das menschliche Ohr nicht hören kann; andere Rassen sind dazu durchaus in der Lage!

Diese neuen Energieebenen waren schon immer da, für uns jedoch nicht sichtbar. Die Fähigkeit, sie wahrzunehmen ist unmittelbar mit dem Grad unseres Erwachens verbunden. Wenn immer mehr Sterngeborene erwachen und das Tor passieren, wird das früher Unsichtbare offenbart. Wir sind alle Erforscher des Unbekannten.

Von Oben betrachtet ist das, was wir auf der Erde errreicht haben, höchst bemerkenswert. Unsere Hingabe, unser Mut und Engagement, unsere Durchhaltekraft und unsere tätige Liebe berühren tief. Niemals zuvor gab es eine so süße, inspirierende, konzentrierte und machtvolle Zeit auf diesem Planeten. Wir sind alle höchst gesegnet, daß wir die Erlaubnis haben, an dieser großen Verwandlung teilzuhaben. In erster Linie sind wir deshalb hier. Dies ist der Grund für all die unzähligen Inkarnationen.

Die Große Arbeit hat wirklich angefangen. Und, wie immer, gibt es noch mehr zu tun. Wir werden uns weiter erinnern, mehr von unserem Sternenselbst im Physischen verankern, die Inseln des Lichts aufbauen, jede neue Ebene beschleunigten Bewußtseins integrieren und unserer Sternenfamilie helfen, durch die Elf Tore zu gelangen. Die ganze Zeit über werden wir uns in der Einheit verankern und beobachten, wie die ausströmende Gezeit der Dualität allmählich im Nichts versickert.

Während der nächsten zwanzig Jahre gibt es auf allen Ebenen unermeßlich große Veränderungen. Wenn wir uns jenseits des Physischen in die feinen Ströme der Neuen Oktave begeben, wird sich alles, was wir früher für real hielten, von innen nach außen kehren. Viele Sternenkonzile, die uns bei unserer Reise durch die Dualität geholfen haben, werden ihren Dienst einstellen. Die Hierarchien werden neu geordnet. Der Zeitplan der Evolution innerhalb der Meister-Kontrollpanele erhält eine neue Feinabstimmung. Nichts wird mehr so sein, wie es zu sein pflegte. Wir gehen nach Hause!

Die vor uns liegenden Herausforderungen sind groß, doch wir haben von der Größeren Wirklichkeit gekostet und bereits jetzt alle früheren Grenzen hinter uns gelassen. Der unmittelbare Einfluß unseres letzten Ziels dient uns als Prüfstein, um uns vorwärts in die Größere Wirklichkeit zu katapultieren. Das Ziel ist so nahe wie nie zuvor. Das Tor 11:11 steht allen offen, die hindurchgehen wollen. Durch unsere Vereinte Gegenwart haben wir dies Werk bereits vollbracht.

Unsere Große Arbeit wird hiermit offenbart. Die Göttliche Mission ist erfüllt. Wir tun das, weswegen wir hergekommen sind. Vollendung und Freiheit sind uns sicher. Und wieder will ich euch die Botschaft von Oben weitergeben:

„Ihr Geliebten des Einen, ihr habt es gut gemacht!"

Die Tempel des Unsichtbaren

Abhandlungen aus der Neuen Oktave

Der erste Tempel des Unsichtbaren

Hier verbinden sich die Essenzen, die dem Jenseits des Jenseits entstammen. Die harmonische Schwingung erreicht den Kern eures Seins, was ihr auf dieser Stufe kaum erlebt haben werdet. Ihr vermögt einander auf tiefster Ebene zu nähren und zu inspirieren. Die bloße Tatsache, daß die anderen existieren, vermittelt höchste Sicherheit und Unterstützung. Ihr seid wahrhaft Verbündete ...

Ihr sollt dort forschen, denn ihr seid aufgerufen, zum Zwecke der Einweihung gemeinsam in das Unbekannte vorzudringen. Jeder von euch besitzt seinen Teil des Schlüssels; diese Teile müßt ihr zusammenfügen, um das Portal zu öffnen. Dieser Schlüssel schillert! Es handelt sich um keinen Kristallschlüssel; der gehört zu jener Pforte, durch die ihr schon geschritten seid. Dieses Tor hier führt in die Sternenreiche des Unsichtbaren. Seine Essenz liegt wie ein schillernder Glanz über der Leere.

Zusammen seid ihr aufgerufen zu sehen, was nicht sichtbar ist, zu hören, was nicht hörbar ist, das Unbekannte zu erfahren. Mühelos wird euch diese Einweihung zuteil. Ihr steckt schon mitten drin! Die harmonische Schwingung wurde aktiviert, und die Schleier des Unsichtbaren wurden zerrissen. In diesem Augenblick der Nicht-Zeit lösen sie sich auf. Es geschieht im Zentrum eures Seins, denn die Lagen eures inneren Gitters verschieben sich.

Ein neues Sternenmandala wird geschaffen, welches euch in den kommenden Zeiten sehr helfen wird. Dies Mandala ist die Schablone künftiger Unternehmungen. Es kann nicht durch eine individuelle Bewußtseinseinheit hervorgebracht werden, sondern entsteht durch die Verbindung individueller Energien, die zur Einheit verschmolzen sind. Ihr wechselt in die neue Blaupause der vereinten Kräfte, ein notwendiger Schritt, um die Neue Oktave zu erreichen und die Große Arbeit, die uns winkt, zu erfüllen.

Die Einweihung in den Tempel des Unsichtbaren bringt euch zu Oktave Sieben und verankert das Zentrum eures Seins vollständig im Frequenzmuster der Neuen Oktave. Von dort aus werdet ihr neue Kreise ziehen, bis ihr Oktave Elf erreicht.

Der zweite Tempel des Unsichtbaren

Nennt den Ort eurer Verbindung Übertragungszone. Hier herrscht ein ungeheuer starkes elektromagnetisches Feld, dessen Kräfte jetzt voll wirksam sind. Diese Kräfte ziehen euch nicht nur aus den feinsten Reichen hinunter auf die physische Ebene, sie geben euch außerdem zu verstehen, daß wichtige Arbeit ansteht...

Das Schlüsselwort heißt Übertragung. Die Aktivierung ist bereits in Kraft.

Wie zuvor erwähnt, besitzt jeder von euch einen Teil des Schlüssels. Ist dieser Schlüssel zusammengefügt, wird die Aktivierung beschleunigt. Das Tor des Unsichtbaren wird sichtbar und gebiert eine Neue Bewußtseinsoktave. Diese Übertragungszone bedarf einer sehr seltenen Energieverbindung, welche der harmonischen Schwingung aus dem Zentrum eurer Essenz entspringt.

Diese Schwingung ist jetzt schon Hauptbestandteil eures Lebens. Sie ist unendlich, wird immer stärker, entstammt der Nicht-Zeit und durchdringt jeden Bewußtseinszustand. Ihr könnt sie nicht ignorieren, da ihr der Vollendung dieser Einweihung schon zu weit entgegengereist seid. Die Übertragungszone steht bereit und erwartet ihre volle Aktivierung. In der Zwischenzeit müssen alte Muster, Vorstellungen und Sichtweisen losgelassen werden, denn dieser Einweihung müßt ihr euch auf völlig neuen Wegen nähern.

Die Übertragung konnte erst beginnen, nachdem der Kanal die richtige Position eingenommen hatte. Dieser Kanal ist wie eine Energieleitung; er verbindet die Energien der Einzelmenschen miteinander. Daher ist die Übertragung bereits in Kraft gesetzt. Der Kanal wird durch die harmonischen Schwingungen eurer Essenzen geschaffen und erhalten, doch die Übertragung besteht aus anderen Schwingungseinheiten. Diese Energieeinheiten schlummerten lange in euren Zellmustern und erwarteten den Augenblick der Übertragung, um vollständig aktiviert zu werden.

Wenn diese einzelnen Frequenzimpulse im Kanal zusammentreffen, bilden sie eine Einheit, welche die richtigen Bedingungen für die Übertragung schafft. Während der Übertragung wird alles, was sich im Kanal vor- oder zurückbewegt, in ungeheurem Maße verwandelt. Ein Wirbel in eine andere Spiralformation tut sich auf. Wir wechseln wirklich die Spiralen! Der Wirbel ist die Eintrittskarte, die dich ins Unbekannte katapultiert. Die Karte gibt dir die Berechtigung, deine Reise auf einer anderen Route fortzusetzen.

Die Art der Kraft wandelt sich, öffnet Tore und klärt den Weg. Ihr erhaltet die Kraft im Augenblick des Wechsels. Dadurch entsteht ein erhöhter Schwingungszustand, der immer mehr Menschen ermöglicht, dieselbe Pforte zu durchschreiten. Du stehst jetzt auf der Schwelle.

Der dritte Tempel des Unsichtbaren

Wir sind hier, um die Türen in den Tempel des Unsichtbaren aufzustoßen. Damit rufen wir die vollständige Manifestation des Unsichtbaren wach und setzen sie frei.

Wir traten nicht in die Materie ein, um von ihr gefangen zu werden, sondern um mit ihrer Hilfe das Unsichtbare sichtbar zu machen.

Es gibt keinen anderen Weg, denn unsere Augen sind die Augen Gottes. So dienen wir als Erweiterung der Größeren Wirklichkeit, und wenn wir die Zeit gemeistert und aufgelöst haben, dehnen wir uns aus und lassen alle früheren Grenzen hinter uns.

In der Größeren Wirklichkeit ist Zeit eine Illusion, und doch dient sie einem Zweck. Unsere Herausforderung besteht darin, die Größere Wirklichkeit inmitten der Illusion der Zeit zu erschaffen.

Betrachtet Zeit und Raum als ein feines Netz, welches geschaffen wurde, um die formlose Essenz zu filtern. Diese Filterung durch das Netz von Raum und Zeit trennt Elemente, die eigentlich zusammengehören.

Wenn formlose Essenz durch das Netz von Zeit und Raum strömt und die Illusion der Trennung erlebt, entsteht starke Sehnsucht nach Einheit.

Diese Sehnsucht beschleunigt die Entwicklung der individuellen Bewußtseinseinheiten und verändert diese in hohem Maße.

Unweigerlich werden die getrennten Einheiten immer näher zueinandergezogen, bis sie wieder Eins sind. Da sie jedoch die schmerzliche Illusion der Trennung erfahren haben, dient ihnen dies Erlebnis als Anregung, neue Bewußtseinsebenen zu erschließen. Wenn sie sich vereinen, treffen sie in einem veränderten Zustand erhöhter Bewußtheit zusammen. Endlich ist der Stern wieder zusammengeschweißt. Die formlose Essenz hat sich selbst geheilt. Dennoch hat sich etwas verändert, der Stern ist nicht mehr, was er war! Die rote Sonne wurde zum weißen Stern! Durch diesen Wechsel in der Sonnenregentschaft treten wir in Neue Oktaven des Bewußtseins ein, die unsere gegenwärtige Vorstellungskraft überschreiten.

Wenn ihr das Tor 11:11 durchschreitet, gelten die alten Entwicklungswege nicht mehr.

Auf Oktave Sieben verwandelt sich der Vogelstern in einen Sternenvogel, indem er sich durch einen Inversionsprozeß von *innen nach außen* kehrt.

Auf Oktave Elf wird ein neues Sternenmandala geschaffen, welches ins Jenseits des Jenseits gesandt wird.

Der vierte Tempel des Unsichtbaren

Du stehst im inneren Heiligtum, im Tempel des Unsichtbaren, und die Wände falten sich gleich Blütenblättern nach außen auf. In ihrer Mitte offenbart sich noch ein inneres Heiligtum, das wir zum erstenmal betreten. Kaum sind wir darinnen, falten sich die Wände wiederum zu neuen Blütenblättern auseinander. Wieder wartet im Herzen unserer Blume ein neues inneres Heiligtum auf uns.

Dies setzt sich weiter fort, und wir betreten immer neue innere Heiligtümer. Schicht für Schicht öffnet sich unser Sein und löst sich auf. Von unserem heiligen Zentrum aus gehen wir nach innen und erforschen nie betretene Reiche. Es ist so einfach und natürlich, ein fortwährendes Entfalten und Offenbaren über alle bekannten Erfahrungen hinaus.

Wir haben unsere Essenzen verschmolzen und den schillernden Schlüssel zum Tempel des Unsichtbaren geschaffen. Alle Pforten, alle Tore in den Toren stehen uns offen. Und in stiller Ehrfurcht betreten wir sie einer nach dem anderen als Ein Sein. Der zeitlose Augenblick heiliger Einweihung ist gekommen!

Wir werden verwandelt, vom Zentrum unseres Seins nach außen hin geöffnet, erweitert über alle früheren Grenzen und Tiefen hinaus, damit wir unbekannte neue Ebenen des Bewußtseins verkörpern können. So dienen wir als lebendige Tore des Unsichtbaren und lassen es sichtbar werden. Wir bringen eine neue harmonische Schwingung auf die Erde und vermögen so das Bekannte zu verlassen. Der Klang dieser Schwingung ist wahrhaft Göttlicher Atem, die innere Lunge Gottes.

Klang ist Atem. Dieser Atem muß geschöpft und dann in einer einzigen ewigen spiralförmigen Bewegung ausgeatmet werden. Er ist so ewig wie wir, ein Ausdruck des Offenbarten und des Nicht-Offenbarten, vereint in Einem Sein. Er ist ein zeitloser Augenblick Nicht-Zeit, die Essenz der Größeren Wirklichkeit, die Kraft hinter aller Energie, die Stille hinter der alles durchdringenden Stille. Er ist unser Lebensfunke, die Flamme unserer Göttlichkeit und unsere ewige Verbindung mit Allem Was Ist.

Und er ruft uns, immer lauter, immer rascher, sanft und kraftvoll durchdringt er alle Schichten unseres Seins bis wir zuhören, vortreten und ihm folgen müssen, wohin er uns auch führen mag. Wir gehorchen, rücken immer näher zusammen und verschmelzen zu Einem Sein, bis wir nichts mehr von Trennung wissen.

Die Blütenblätter öffnen sich, wir betreten neue innere Heiligtümer und gehen tiefer und tiefer. Unsere Blume wird immer größer, strahlender, voller, und unser Sein weitet sich ins Unermeßliche.

Wir bereiten unsere Reise zu Oktave Elf vor. Einige von uns müssen weitergehen, neue Reiche entdecken, damit, *verschmolzen in unserem Sein*, die heilige Schwingung zu dieser Erde, zu diesem Leben zurückkehren kann und wirklich angenommen wird.

Voll erblüht, dient uns unsere kostbare Blume als Schablone für das neue Sternenmandala, das uns nach Hause führen wird.

Der fünfte Tempel des Unsichtbaren

Still treten wir ein ... Die inneren Heilgtümer unseres Seins sind bereits geöffnet. Die äußeren Schichten haben sich entfaltet und erblühen. Es gibt nur noch das heilige Zentrum, welches sich in köstlicher Hingabe weit offenbart.

Hier sitzen wir, du und ich, und warten darauf, zu Einem Sein zu verschmelzen. Und so fing es an. Schwingungswellen purster Liebe dringen in das Zentrum unseres Seins und erreichen mühelos noch unerforschte Reiche. Das innere Heiligtum entfaltet sich, offenbart endlos, ewig immer neue Heiligtümer. Und mit einem einzigen ewigen Atemzug treten wir still hinein.

Unsere Augen treffen sich und besiegeln diese Verbindung. Die feinen Kanäle werden belebt, weiten sich und wecken neue, unbekannte Energien. Unser Sein verschmilzt mit der Essenz der puren Liebe. Wir tauchen in erhabene Ekstase, die all unsere früheren Erfahrungen transzendiert.

Lange haben wir uns danach gesehnt, denn etwas in uns wußte, daß dies möglich ist. Dies Wissen trieb uns an auf unserer einsamen Suche, und, ohne es zu wissen, kamen wir ihr immer näher. Und hier ist es: das kostbarste Geschenk, die natürlichste Art des Seins ist uns heute gegeben. Und still treten wir hinein ...

Sanft verankern wir uns in der Größeren Wirklichkeit, im ewigen Augenblick Nicht-Zeit. Doch immer gibt es da noch mehr, gibt es größere Tiefen zu offenbaren, zu erforschen. Nur etwas ist unumstößlich anders: Wir sind verwandelt und können niemals wieder in die alten Muster zurückfallen.

Unser Zentrum hat sich geweitet, dehnt sich immer mehr nach außen. Neue innere Heiligtümer harren ihrer Offenbarung. Die Blume unseres vereinten Seins entfaltet neue Blätter und wird immer schöner, voller. Wir existieren natürlich, leicht und mühelos in diesem Segen. Die Einweihung hat gerade erst begonnen und wird so lange dauern, bis wir die vollkommene Einheit des Seins erlangen.

Und als Ein Sein treten wir gemeinsam still hinein ...

Der sechste Tempel des Unsichtbaren

Triangulation ist der Schlüssel für die Vereinigung des Sterns. Sie schafft ein neues Gitter, das innere Skelett des Sterns.

Die Dreiecke verschmolzener Essenz werden zum Grundnetz, welches den Stern zusammenhält. Aus dem Verschmelzen verschiedener individueller Energien bilden sich ständig neue Dreiecke. Sie überlappen in unzähligen Mustern und bilden komplexe Strukturen sich überschneidender verschmolzener Essenz. Dadurch wird der Eine gestärkt, und die Vollendung rückt immer näher.

Bei der Bildung der Dreiecke dienen wir sowohl als Einzelwesen wie als Gruppe. Deshalb sind unsere Zusammenkünfte für den Prozeß der Triangulation außerordentlich wichtig. Wir stellen unsere Energien nicht für die Bildung eines einzigen unveränderlichen Dreiecks zur Verfügung, sondern formen ständig neue Muster, die uns zu immer größerer Ganzheit führen.

Dadurch wird ein Gitternetz aus Energielinien oder Goldenen Fäden aktiviert, welche so ineinander verzahnt und verschlungen sind, daß sie uns in bewußter Einheit miteinander verbinden. Der Stern erhält ein neues höheres Schwingungsmuster und bildet ein riesiges Mandala aus Goldenem Licht.

Dieses Sternenmandala ist die Schablone für unsere zukünftige Reise zum Jenseits des Jenseits. Es leitet die Vollendung unserer Erfahrungen in der dritten und vierten Dimension ein und kündigt unsere damit verbundene Reise über die Sphäre von Oktave Vier hinaus an, welche die Dimensionen eins bis sechs enthält.

Unser Sternenmandala kann erst dann erschaffen und aktiviert werden, wenn wir uns im vorbestimmten Sternenmuster unseres Vogelsterns zusammenfinden, in dem Fahrzeug, welches uns durch das Tor 11:11 bis zu Oktave Sieben bringen wird. Der Vogelstern ist das Fahrzeug des Übergangs zum Jenseits des Jenseits.

Wenn sich der Vogelstern in den Sternenvogel umstülpt, können wir schließlich frei entscheiden, wie weit unsere Reise gehen soll, denn auf dem Wege gibt es viele Haltestellen. Nur sehr wenige von uns werden die Reise bis ganz zuletzt fortsetzen. Dies ist auch nicht für jeden nötig. Selbst wenn nur eine Handvoll die gesamte Entfernung zurücklegt, sind die Auswirkungen für alle spürbar.

So ist die Vollkommenheit des Höheren Plans offenbart. Alle Tore stehen offen. Die Zeiten der Hindernisse sind endgültig vorüber. Vollendung und Freiheit winken.

Der siebte Tempel des Unsichtbaren

Wenn ihr euch auf den endgültigen Wechsel in die Neue Oktave vorbereitet, beginnt ihr allmählich das Ende der langen Straßen zu sehen, die ihr bis zu diesem Ziele hinter euch gelassen habt. Im Rückblick scheint euch die Reise, das tiefe Eintauchen in die Reiche des Schlafs und der Unwissenheit, endlos gedauert zu haben. Doch bedenkt, wie gut sie euch gedient hat, denn für euer Auftauchen war das Erwachen dringend notwendig.

Ihr nähert euch der Vollendung der ersten Spirale und befindet euch in der Übergangszone zur nächsten. In diesem Bereich werden einige wichtige Bestandteile eures Wesens neu geordnet. Die Fesseln der Trennung haben sich gelockert und lösen sich in diesem Augenblick ganz auf. Die Illusion der Grenzen verschwindet, sobald ihr erkennt, wer ihr wirklich seid. Der Zyklus irdischer Einweihungen ist jetzt beendet. Ihr habt alle Tore durchschritten, die euch als individuelle Bewußtseinseinheiten offenstanden.

Tatsächlich habt ihr einen hohen Vollendungsgrad erlangt. Ihr steht kurz vor der wirklichen Meisterschaft über Zeit, Raum und Materie, näher, als ihr gegenwärtig zu erkennen vermögt. Was bleibt euch noch zu tun?

Wenn ihr in der Neuen Oktave, die wir die Oktave des Einen nennen, auftaucht, warten neue Einweihungstore auf euch. Diese neuen Tore könnt ihr jedoch nicht in eurem alten Seinszustand als getrennte, individuelle Bewußtseinseinheit durchschreiten. Ihr müßt innehalten, euch mit anderen verbinden und eure Essenz zu einem Sein verschmelzen. So setzt ihr den Schlüssel zusammen, ohne den ihr die neuen Pforten ins Unsichtbare nicht öffnen könnt.

Die ersten Tore können von zweien, die als Ein Sein wirken, aufgeschlossen werden. Wenn diese Tore aktiviert und überwunden sind, schaffen sie eine höhere Schwingung, welche anderen die Möglichkeit gibt nachzufolgen. So wird der Weg für viele vorbereitet.

Im Laufe unserer Reise nach Hause werden die Tore immer größer. Immer mehr Wesen müssen zu Einem Sein verschmelzen, um hindurchzugelangen. So wird euch der schillernde Weg zum Größeren Zentralen Sonnensystem immer deutlicher werden.

Der achte Tempel des Unsichtbaren

Richtlinien des Neuen:

Formt den Schlüssel aus den geometrischen Mustern, die sich aus überlappenden Dreiecken in Dreiecken bilden lassen. So öffnet sich das Tor, und die neue Spirale wird sichtbar.
Das Neue findet ihr nicht in alten Mustern oder auf der alten Spirale. Ihr müßt die Spiralen wechseln!
Auf der alten Spirale habt ihr euch vollendet. Jetzt müßt ihr sie verlassen. Überspringt den Abgrund, der euch ins Neue katapultiert.
Dieser Abgrund, die Kluft zwischen Bekanntem und Unbekanntem, Sichtbarem und Unsichtbarem, unterscheidet sich von jedem Abgrund, denn ihr zuvor erfahren haben mögt. Löst alle Bindungen an die Dualitätsmuster der dritten und vierten Dimension und befreit euch von ihnen für diesen einen Sprung. Euer Wesen muß wahrhaft leicht geworden sein.
Dies bedeutet nicht, daß ihr in der Welt nicht mehr zurechtkommt. Stellt euch jedoch darauf ein, die Welt anders als zu-

vor zu erfahren. Der größte Teil eures Wissens, ja selbst Dinge, die euch heilig waren, werden ihre Bedeutung verlieren. Ihr ernährt euch anders und laßt willig alte Gewohnheiten, Verhaltensformen, Vorlieben und Wünsche los, die euch jetzt unangemessen erscheinen.

Gleichzeitig werdet ihr euch immer leichter fühlen, je weiter euch das Neue in die schöne Oktave des Überflusses, der Reinheit, der Zielgerichtetheit, der Macht und der allumfassenden Liebe führt. Alle Müdigkeit fällt ab, sobald ihr in die Größere Wirklichkeit übergewechselt seid.

Die neue Spirale steht schimmernd und verheißungsvoll vor euch. Ihr könnt sie beinahe schon berühren, doch wenn ihr es versuchtet, würde eure physische Hand hindurchgreifen. Die Spirale ist fast unsichtbar; sie ist so fein und gleichzeitig stärker als alles, was in der Welt der Materie existiert.

Ihr seid aufgerufen, den Sprung ins Unbekannte, ins Neue zu wagen, denn alles andere habt ihr vollendet.

Der neunte Tempel des Unsichtbaren

Der Abgrund ist die unsichtbare Tür ins Unsichtbare. Ihr könnt ihn auch „Spalt zwischen den Welten" nennen.

Um den Spalt, der gleichzeitig der Abgrund ist, zu erreichen, müßt ihr zuerst das gesamte Spiralmuster der Dimensionen eins bis sechs durchlaufen und die Kreisläufe eins bis neun beenden. Stellt euch die Neun der Vollendung als einen großen stillen See vor, in dessen Mitte ihr die Zone der Stille betreten könnt. Hier, im Herzen der Stille, füllt sich euer Sein mit der Unermeßlichkeit reiner Stille, und der Spalt wird schließlich sichtbar.

Das Tor 11:11 kann man gegenwärtig noch nicht sehen, weil es so lange nur aus Potential bestehen wird, bis der Schlüssel geschaffen ist. Der Schlüssel fügt sich aus den unzähligen Schlüsselteilen zusammen, von denen jeder von uns eins besitzt. Dies kann jedoch nur geschehen, wenn ihr die Illusion der Trennung und den Glauben aufgebt, individuelle Bewußtseinseinheiten zu sein. Wenn ihr euch in erster Linie mit dem Einen identifiziert, können die Teile des Schlüssels vereint werden.

Im Unsichtbaren erhascht ihr den ersten Blick auf die neue Spirale, die die Oktaven Sieben bis Elf enthält. Jetzt müßt ihr die Teile des Schlüssels zusammenfügen und in euren vorbestimmten Sternenmustern zusammenkommen. Wenn dieses Sternenmandala aktiviert wird, beginnt es sich zu drehen und gebiert eine neue Spiralgalaxis. Dieser Prozeß öffnet das Tor.

Tatsächlich werden auf der Erde viele kleine und große Spiralen existieren. Sie drehen sich alle in harmonischen Schwingungen und stellen sich als Kreise in Kreisen im Kreis dar. Zusammen als Eine Spirale bilden sie die große Spirale der Verbundenheit, die in sich alle Spiralen und damit den Schlüssel enthält. Das ist der Eine in den Vielen.

Wenn sich das Tor 11:11 öffnet, steigt der neugeborene große weiße Vogel auf und beginnt seine zwanzig Jahre dauernde Reise durch den Korridor zur Oktave Sieben. Ende des Jahres 2011 wird sich 11:11 wieder schließen und augenblicklich im Unsichtbaren verschwinden, um nie wieder aufzutauchen.

Der zehnte Tempel des Unsichtbaren

Wenn sich der Himmel senkt und die Erde aufsteigt, kommt es zu einer Begegnung. Diese heilige Verschmelzung geschieht sowohl in euch wie auch in der Erde. Wir können diesen Prozeß Antarion-Konversions-Wirkung nennen.

Anfänglich spürt ihr nur Druck, der zuweilen so stark wird, daß er jede physische Aktivität erschwert. Denkt daran, daß die Erde beständig höhersteigt, während sich die Himmel senken, bis sie sich vollständig mit der Erde vereint haben. Genau dasselbe geschieht in euch.

Das Schlüsselwort heißt „Verschmelzung".

Diese Verschmelzung bildet einen reinen Tropfen Essenz, der ganz anders ist als das, was bis jetzt in euch war.

Erinnert euch: Als ihr ganz zu Anfang hinab in die Materie stiegt, lag euer DNS-Code tief in eurem Teil des Einen, in eurer Sternensaat, eingebettet. Bei der gegenwärtigen Verschmelzung wandelt sich eure Sternensaat in ein neues Sternenmuster. Dies ist der reine Tropfen.

Dieser reine Tropfen gleicht einem kristallenen Elixier, welches die Blume eures Seins nährt und so die Entfaltung des inneren Heiligtums in eurem inneren Heiligtum bewirkt. Die Blume öffnet sich immer weiter und wird immer größer und offenbart immer neue Schichten eures Seins, bis alle Spuren von Individualität und Trennung verschwinden. Ihr habt die ersehnte Einheit erreicht.

Jetzt könnt ihr durch Konzentration eurer Absicht den Kanal erschaffen. Die unzähligen Strahlen konzentrierter Absicht rufen die Kanäle wach. Sie treffen in der Mitte aufeinander und verzahnen sich, wobei sie eine neue Einheit innerhalb der Zone der Überschneidung bilden. Diese Einheit ist der Mutterleib für das Herz des Vogelsterns.

Wenn der Mutterleib geschaffen worden ist und die Kanäle aktiviert sind, wird das Herz des Vogelsterns geboren. Die Energie bewegt sich vor und zurück, die Tropfen des Einen verbinden sich, und so wird das Reich des Unsichtbaren durchdrungen und beschleunigt.

Lichtwellen gleich, wird das leuchtende Fahrzeug unserer Vereinten Gegenwart vom Herzen nach außen geboren. Der Vogelstern fliegt nicht von irgendwo her zu uns. Wir schaffen ihn, indem wir sein Herz gebären. Genau das tun wir gerade.

Der elfte Tempel des Unsichtbaren

Jeder von uns ist ein unsichtbarer Faden, der mit den Schwingungen des Lichts pulsiert. Wir gleichen langen, dünnen Lichtschnüren. Wenn wir erwachen und unsere zellulären Gedächtnisbänke aktivierten, werden die Lichtfrequenzen der Fäden unseres Seins immer feiner abgestimmt. Wir beginnen, mit immer höheren Energiemustern im Gleichklang zu schwingen, denn die Vibrationen unserer individuellen Fäden werden immer schneller und feiner. Diese Beschleunigung setzt sich fort, bis wir eine gewisse Hochschwingungsfrequenz erreicht haben.

Ist dies geschehen, gelangen wir allmählich in ein neues Muster. Unsere Lichtfäden fühlen sich zu anderen hingezogen, die auf derselben Ebene schwingen. Wir ersehnen die Verbindung mit den uns verwandten Fäden, denn obwohl wir äußerlich getrennt erscheinen mögen, spüren wir die Illusion der Trennung innerlich nicht mehr. Wir wissen, daß wir Eins sind.

Hier können wir entscheiden: Wir können innehalten und beschließen, die Illusion der Trennung aufrechtzuerhalten, und versuchen, das Alte, das Vertraute, all die Muster, die wir schon so oft erfahren haben, zu bewahren. Oder wir entscheiden uns dafür, unsere mystische Reise ins Unbekannte, den Weg in die Größere Wirklichkeit, fortzusetzen.

Wenn wir uns für den Ruf zum Neuen entschließen, werden unsere Lichtfäden dem Jenseits des Jenseits immer nähergebracht und mehr und mehr mit anderen Fäden vereint. Wir folgen unaufhaltsam unserem Wege in die Einheit. Wenn wir uns einander nähern, aktivieren wir die

Triangulation, und unsere Fäden verschlingen sich mit dem Tuch der Größeren Wirklichkeit. So bilden wir den Körper unseres großen weißen Vogels.

Menschen, die mit dem Tuch des Einen verwoben sind, werden immer durchsichtiger für jene, die in der Dualität verankert bleiben wollen. Die Welt der Materie kann sie immer schlechter wahrnehmen, doch das Tuch des Einen wird strahlender und vollkommener.

Wenn sich das Tor 11:11 wieder schließt, wenn der Augenblick der letzten Trennung naht, werdet ihr das mächtige Blasen des Drachenwindes spüren. Dieser Wind entsteht aus der gemeinsamen Gegenwart der Luftdrachen, der Wasserdrachen, der Feuerdrachen und der Erddrachen. Sie haben sich in alchemisch heiliger Union verbunden, und ihre Elemente sind in einem einzigen heftig blasenden Sturm verschmolzen. Die Drachen wirbeln mit unermeßlicher Kraft und Anmut durch die Himmel und lassen nichts in diesem Sonnensystem unberührt.

Alles, was nicht mit dem Tuch der Größeren Wirklichkeit verwoben ist, soll hinweggefegt werden, um neu beginnen zu können. Diese Trennung ist so rasch, so unaufhaltsam und so unglaublich machtvoll, daß sie schmerzlos und in einem einzigen Augenblick erfolgen wird. So wird der große weiße Vogel unserer Gemeinsamen Gegenwart seinen Flug beginnen. Er selbst bewegt sich nicht; alles andere wird hinweggeblasen. So kommen wir an unserem verabredeten Zielort auf Oktave Sieben an, die mit einem noch Größeren Zentralen Sonnensystem verbunden ist.

Der zwölfte Tempel des Unsichtbaren

Die Energieübermittlung hat schon begonnen. Wenn wir die Pforte zum Tempel des Unsichtbaren durchschreiten, verflechten sich die Fäden unseres Seins mit dem Tuch des Einen. Kehren wir wieder in die alte Schablone der Dualität zurück, tragen wir den Schwingungscode des Einen in uns und *mit uns verschmolzen*. Dies hilft uns, die starren alten Muster, das Sichtbare, aufzulösen.

Je öfter wir bewußt die Pforte durchschreiten, um so breiter wird die Öffnung zwischen den beiden Entwicklungsspiralen. Wir erweitern den Durchgang, damit ihn noch viele andere passieren können.

Die Übertragung ist aktiviert. Das Unsichtbare wird in genau bemessenen Teilchen proportional zu unserer Entwicklung sichtbar gemacht. Wir selbst werden zu lebendigen Verkörperungen des Unsichtbaren, zu inkarnierten Säulen des Großen Lichts. Wir lösen uns allmählich von unserem Großen Zentralen Sonnensystem und verbinden uns immer enger mit einer noch Größeren Zentralen Sonne.

Die Versteinerung des Sichtbaren schmilzt dahin. So entschwindet es langsam dem Blickfeld derjenigen, die sehen wollen. Das Zepter wandert vom Sichtbaren zum Unsichtbaren. Das, was früher verschleiert war, wird offenbart, während das, was uns als Basis unserer Wahrnehmung diente, nicht länger mehr gesehen werden kann.

Die beiden Schablonen entfernen sich, um sich endgültig zu trennen. Wir verschmelzen mit dem Muster, welches wir für unsere Wirklichkeit halten. Hier trennen sich die Wege unwiderruflich, und jeder begibt sich mühelos an seinen neuen Platz.

Das Große Mysterium offenbart seine Bestimmung vollkommen einfach. Ein Teil unserer Ganzheit trennte sich vom Ganzen, um das Ganze in noch größere Einheit zu verwandeln. Die Schablone der Dualität ist trianguliert und erreicht ihre erwartete Vollendung, indem sie sich von innen nach außen kehrt.

Der dreizehnte Tempel des Unsichtbaren

Beim Durchschreiten der Tore zum Tempel des Unsichtbaren wird unsere Wahrnehmung bedeutsam verändert.
Je tiefer wir in die feinen Reiche dringen, umso weiter werden die Parameter unseres Sichtvermögens und erschaffen ein verwandeltes Feld erhöhter Schwingung. Wir sehen alles anders als zuvor.
Es ist recht einfach, die Fäden wahrzunehmen, die alles mit der Größeren Wirklichkeit verbinden. Die Vernetzung dieser Fäden bildet feine, kristallene Mandalas aus lebendigem flüssigen Licht, formlose Formen der Neuen Oktave.
Das Formlose in einer Welt der Form zu gebären, die Grenzenlosigkeit in die Begrenzung zu zwängen und die Einheit in der Schablone der Dualität zu verankern erfordert einen Bewußtseinsaustausch zwischen zwei sehr verschiedenen Entwicklungsspiralen.
Ihr müßt deshalb zu einer Brücke zwischen den Großen Zentralen Sonnensystemen werden. Diese Brücke ist das Tor 11:11. Wenn man eine lebendige Verkörperung des Tores werden will, muß man nicht nur die Ganzheit des gegenwärtigen dimensionalen Universums mit den Parametern des eigenen Seins umfassen, sondern auch das Hologramm der Neuen Oktave.

Die Übertragung ist dann beendet, wenn euer Sein vom Tuch der Größeren Wirklichkeit umkleidet ist, welches aus dem Einen und den Vielen gewoben wurde.
Jetzt beginnt die wahre Arbeit, die Geburt des Neuen in die alten Muster, wodurch das Ganze transformiert wird. Durch das Aussenden der vorher erwähnten Mandalas aus flüssigem Licht wird das Neue geboren. Sind diese Mandalas manifestiert, kann man mit ihrer Hilfe reisen und sich ausdehnen. Sie sind die neuen Sternwellen der Größeren Wirklichkeit.
Die Geschwindigkeit der Reise steigert sich, denn jeder von uns ist ein Himmelsnavigator, der auf den feinen flüssigen Lichtstrahlen reitet und die unermeßliche, alles durchdringende Stille mit seiner noch größeren Unermeßlichkeit umarmt. Wir sind freie Meister geworden und haben unser Sein ganz im Reiche der Einheit verankert. Die illusorischen Grenzen von Zeit, Raum und Materie haben keine Macht mehr über uns.
In heiterer tiefer Stille gleiten wir auf den Himmlischen Sternenwellen und verweben sie mit unserem Tuch der Einheit. So werden immer neue Galaxien der Neuen Oktave eingeboren und unserem Sternenmandala, der Schablone der Einheit, hinzugefügt.

Der vierzehnte Tempel des Unsichtbaren

Friedlich sitze ich wie eine große zentrale Säule ganz oben auf einem ungeheuer hohen Aussichtsturm und überschaue alles. Meine zentrale Säule ist der Lebensbaum, die Schöpfungsmaterie, der Quellstrahl aus der Größten Zentralen Sonne. Er entspringt dem Jenseits des Jenseits und verbindet mich stets mit meiner Quelle, meiner Heimat, mit dem Einen.

Der Stoff meines Gewandes umhüllt mich sanft. Darin verwoben sind alle Geschichten über dich und mich, über alle Völker, alle Zeiten, die vollständige Geschichte des Planeten Erde und des gesamten dimensionalen Universums. Doch es steht noch mehr darin; denn mein Gewand enthält die Fäden des Neuen, verwoben mit dem Alten, dem Bekannten, das sich endlich mit dem Unbekannten vereint.

Wenn ihr aufmerksam lauscht, vernehmt ihr aus den Falten des Gewandes einen Ton, der immer stärker wird und zu einem bewegend süßen Lied anschwillt. Es ist das Lied des Einen, der eine Klang, der aus allen Klängen besteht. Jeder, der die einzigartige Wahrheit seines Seins besingt, stimmt in den Chor der vielen ein, die das Lied von Allem Was Ist erschallen lassen.

Einige Fäden meines Gewandes sind so verschlissen, daß sie sich vor Hinfälligkeit aufzulösen scheinen. Andere, neu und glänzend, bestehen aus außerirdischen Metallen, feinst gesponnen, doch unermeßlich stark. Die unzähligen Fäden umschlingen sich, teilen ihre sanften, glänzenden Gaben miteinander, ihr Wissen und ihre Kraft und vereinen sich in zielgerichteter Entschlossenheit und Treue gegenüber ihrer heiligen Union. Die Verbindung so vieler verschiedener in Liebe verschmolzener Fäden läßt mein Gewand durchsichtig schimmern, läßt es in allen Farben schillern und glänzen, was jedoch für irdische Augen kaum sichtbar ist.

Doch für jene, die schließlich doch SEHEN, ist mein Gewand ein leuchtendes Feuer der Erinnerung. Ich trage den Einen und die Vielen, verwoben im Tuch der Größeren Wirklichkeit, und dieses Tuch strahlt so blendend hell in seiner zarten Feinheit, daß ich außer ihm nichts mehr zu sehen vermag! Alles andere verblaßt, während ich durch immer tiefere Ebenen flüssigen Lichts, umstoben von schillernden Funken nach Hause gehe.

Der fünfzehnte Tempel des Unsichtbaren

Durch eine Kugel Weißen Lichts steigen wir in die Spitze der größten Pyramide der Erde und erkennen, daß wir den Ausgangspunkt erreicht haben.

Die kristallene Spitze strahlt reines, hellgoldenes Licht aus und tränkt uns mit seiner unverdorbenen Klarheit. Alle irdischen Schlacken sind ausgewaschen, und wir sind bereit, weiter aufzusteigen.

Die Spitze öffnet sich gleich einer Blüte, und wir steigen empor. Die Freiheit winkt ... Hingebungsvoll, mühelos gewinnen wir an Höhe und wirbeln durch die Himmel. Wir folgen dem Ruf, der uns magnetisch in immer fernere Reiche zieht.

Weiter fliegen wir und sehen, wie unter uns die Pyramide rasch im Nichts versinkt. Wir haben das Alte hinter uns gelassen: Es gibt kein Abwärts, kein Zurück mehr.

Vor uns entdecken wir eine weit größere Pyramide. Wir umkreisen ihre Spitze, spüren aber keinen Grund, sie zu betreten.

Immer höher geht die Reise, und wir begegnen immer mächtigeren Pyramiden. Wir umkreisen ihre Spitzen und ziehen weiter...

Schließlich erreichen wir die Elfte Pyramide. Sie ist es! Während wir sie umkreisen, spüren wir ein Ziehen, als sauge sie uns an. Kleinere Pyramiden dringen in diese große ein, bis sie alle darin ihren Platz gefunden haben. Die irdische Pyramide befindet sich im Zentrum, die Elfte Pyramide umgibt das Ganze. Wir schweben über ihrer Spitze und spüren endlich den Ruf einzutreten.

Wir fühlen keine Begrenzung, denn in Wahrheit befindet sich ein großer Teil unseres riesigen Lichtkörpers über der Spitze und dehnt sich bis ins Jenseits des Jenseits aus. Wir ankern hoch über der Erde. Unsere physische Wirklichkeit schmiegt sich in vollkommener Verbundenheit in die Mitte unseres Seins, nicht länger mehr bestimmt es seine Grenzen.

Wir ankern in der Spitze der Elften Pyramide. Plötzlich beginnt ihr Fundament zu wachsen, und wir spüren den Zug nach unten, tief hinunter in das Zentrum des Zentrums. Unser Herz verbindet sich mit dem Einen Herzen. Unsere Augen schauen durch das Allsehende Auge. Unsere Gestalt wird zur vollständig aktivierten Antarion Konversion. Es gibt keine Grenzen mehr.

Wir kleiden uns in das Gewand des Sternenüberselbst. Der Musterwechsel ist fast abgeschlossen, und wir stehen auf der anderen Seite des Tores. Voll allumfassender Liebe winken wir unsere Familie nach Hause...

Der sechzehnte Tempel des Unsichtbaren

Seit unserer Ankunft in der Elften Pyramide gibt es keine Grenzen mehr.

Das Tor ist aufgestoßen, die Reise hat begonnen. Die Übertragung verbindet alle Pyramiden zu einem einzigen belebten Ganzen.

Elf Pyramiden in der Einen, doch ohne das Gefühl der Einschränkung! Statt dessen herrscht Grenzenlosigkeit in Nicht-Zeit und Nicht-Raum. Die Parameter der Dualität sind auf immer entmachtet.

Es gibt kein Auf oder Ab, denn die Elf Aufsteigenden Pyramiden sind mit den Elf Absteigenden Pyramiden. Einander überlappende Spitzen schaffen das Heiligtum des Einen Herzens.

Im Schweigen dieser heiligen Verschmelzung herrscht Nicht-Atem, nur ein ewiger Augenblick Nicht-Zeit, der sich bis in fernste unendliche Reiche dehnt und noch darüber weit hinausreicht. Ja, es gibt einen Zustand jenseits der Ewigkeit, wenn man das Muster der Größeren Zentralen Sonne in eine Schablone erweitert, die gegenwärtig unvorstellbar ist.

Der Schlüssel wird gerade entziffert.

Dieser Schlüssel gleicht einer durchsichtigen Tafel, groß genug, um den gesamten Körper auszufüllen. Es gibt nur einen Schlüssel. Er wohnt im Einen und ist nur dem Einem zugänglich. Es ist kein Schlüssel, um ein Tor zu öffnen, sondern der Schlüssel der Neuen Oktave, nur denen zugänglich, die das Tor 11:11 bereits passierten. In ihm ist die nächste Ebene der Sterneneinweihung für die Elf Tore enthalten. Dieser Schlüssel stammt von der Größeren Zentralen Sonne.

Dieser Schlüssel verwandelt 11:11 in 22.

Er verwandelt die 22 in die 44.

Er bedeutet das Ende der Zeit.

Er verkündet den Neuen Anfang.

Der siebzehnte Tempel des Unsichtbaren

Um in die Neue Oktave zu gelangen, müssen wir *alle* Grenzen hinter uns lassen. Durch die Veränderung unserer Sichtweise werden wir fähig, die starren Muster der Dualität zu neuen Strukturen umzubauen.

Die Antarion Konversion gestaltet sich durch einen Rückbildungsprozeß um, durch eine Reise tief in die Zone der Überschneidung, welche sich von innen nach außen kehrt und ein völlig neues Muster bildet.

Die Zone der Überschneidung wird zum Diamanten des Unsichtbaren.

Wenn sich der Diamant des Unsichtbaren offenbart, ändert sich die Bahn.

Die Änderung der Bahn wirkt sich auf die äußeren Parameter unserer wahrscheinlichen Realität aus, indem sie sie weitet, transformiert und auslöscht. Wir entdecken, daß wir uns auf einer völlig neuen Schablone befinden. Wir haben die Spiralen gewechselt.

Der achtzehnte Tempel des Unsichtbaren

Wenn wir das Unsichtbare schauen wollen, müssen wir unsere Wahrnehmung auf die unerforschten Reiche des Unbekannten lenken.

Das Unsichtbare wird nicht innerhalb der engen Grenzen der Schablone der Dualität gefunden. Auf der Karte des Unbekannten befindet sich nichts mehr an seinem alten Platz.

Wenn du das Unsichtbare sehen willst, dann richte deinen Blick einfach auf das Angemessene. Lasse deine Erwartungen los und *versuche* nicht, irgend etwas zu sehen. Weite jetzt die Parameter deines Bewußtseins. Schaue *über* das hinaus, was du zu sehen glaubst. Weite deinen Blick! Weite ihn unermeßlich!

Wenn du mit deinem Sternenüberselbst verschmilzt und es verkörperst, dann wird das Unsichtbare sichtbar.

Du stehst neugeboren auf der Schwelle zum Tempel des Unsichtbaren.

Eine Botschaft an jene, die in der Dualität verharren werden

Die Erde ist ein riesiger Schmelztiegel, in dem die Menschheit auf unzähligen Bewußtseinsebenen in der Schablone der Dualität lebt. Deshalb wird sich nicht die gesamte Menschheit dazu entschließen, das Tor 11:11 zu durchschreiten, noch ist die Mehrzahl der Menschheit gegenwärtig zu diesem Quantensprung bereit. Dennoch werden alle daraus Nutzen ziehen. Warum?

Wenn sich die Spirale für einen von uns dreht, dreht sie sich für alle.

Wie könnte es anders sein? Wir alle stammen aus dem Einen, und selbst wenn ein Teil von uns *(gleichgültig, ob viele oder wenige)* sich entschließt, die Spirale der Dualität zu verlassen und weiterzureisen, werden die Auswirkungen für alle spürbar. Da einige von uns die Abschlußprüfung machen und sich auf die Spirale der Einheit vorbereiten, geben wir die Zepter der Führung und der Verantwortung an jene weiter, die in der Dualität verbleiben. Dies wird ihren Wachstumsprozeß so beschleunigen, wie es unseren Prozeß beschleunigte, als wir die Zepter trugen. Wenn wir also die alte Spirale durch das Tor 11:11 verlassen, sind all die Menschen, die in der Dualität bleiben wollen, aufgerufen, in unsere Stellungen aufzurücken, wodurch die Schablone der Dualität völlig neu geordnet wird.

Wir sollten uns daran erinnern, daß wir innerhalb der Parameter der Dualität und mit unserem menschlichen Körper eine gewisse Ebene bewußter Einheit erreichen mußten, um das Tor zu öffnen. Während wir uns erinnerten, verschmolzen wir mit unserer Engelgegenwart und dem Sternenüberselbst. Dieser Prozeß wirkte sich außerordentlich kraftvoll und anhaltend auf die Energiemuster innerhalb der Spirale der Dualität aus. Die Versteinerung der Materie löste sich endgültig auf, und alles ruht nun in den Sternenteilchen unserer Vereinten Gegenwart, unserem großen Stern der Einheit.

Einen kurzen leuchtenden Augenblick lang wandelten die Engel wie ganz zu Anfang offen über diese Erde. Die Erinnerung an dies Ereignis kann durch nichts gelöscht werden. Nie wieder wird der Menschheit gestattet werden, so tief zu vergessen wie die ertsen Engel, die es auf sich nahmen, in das Kleid der Materie zu schlüpfen.

Jenen, die bleiben wollen, gilt meine persönliche Botschaft:

Wir lassen euch nicht im Stich; wir können es gar nicht. Sind wir nicht Menschen, die nun wirklich wissen, daß wir alle Eins sind? Kannst du dich jemals ganz von einem Teil deiner selbst abtrennen?

Wir haben uns entschieden, das Kleid der Dualität ganz abzustreifen und begeben uns in ein Größeres Zentrales Sonnensystem. Wir müssen das tun, wozu wir aufgerufen sind. Wir handeln jetzt wie damals, als wir uns freiwillig und doch gehorsam zu Verfügung stellten, um den Planeten zu besiedeln. Und jetzt wissen wir, daß unsere Zeit gekommen ist, ihn wieder zu verlassen.

Verstehst du, daß wir dich nicht aufgeben? Das ist wichtig! Wir bereiten statt dessen den Weg des Aufstiegs für alle anderen vor, damit jeder die Straße ins Unsichtbare schauen kann, wenn seine Zeit gekommen ist.

Es wird Äonen dauern – so kommt es euch jedenfalls vor! –, bis sich ein neues Tor ankündigt. Ob es geöffnet und durchschritten wird, hängt dann allein von euch ab. Ihr müßt eure Vereinte Gegenwart verkörpern und euch mit ganzer Hingabe auf dieses eine Ziel ausrichten, sonst wird es nicht geschehen. Einige von euch werden sich dann schwach daran erinnern, wie das Tor 11:11 geöffnet wurde und einige Mitglieder eurer Sternenfamilie in die Größere Wirklichkeit aufstiegen. Dies wird eure große Zeit sein, in der ihr eure Göttliche Mission erfüllt, indem ihr weitere Teile der Menschheit nach Hause führt.

Wieder werden zwei Flügel der Einheit über den Planeten wischen und verkünden, daß ihr bereit zum Aufstieg seid. Wir, die wir im Jenseits leben, werden immer nach diesem Zeichen Ausschau halten. Wir werden euch ermutigen, nicht nachzulassen, uns über eure Vollendung freuen und euch in der Neuen Oktave willkommen heißen.

Wenn ich jetzt von meinen Erfahrungen bei der Öffnung dieser Aufstiegstore spreche, muß ich euch eine Warnung zukommen lassen; wahrscheinlich werden mit jetzt nur wenige zuhören und noch weniger werden sich zu gegebener Zeit daran erinnern. Wenn ihr euch versammelt, um euer neues Tor zu öffnen, müßt ihr auch dann noch mit einer letzten Prüfung rechnen, wenn ihr sie am wenigsten erwartet. Sie kommt aus eurem engsten Kreis. Einige Mitglieder könnten unbewußt in einen Zustand geraten, in dem sie dazu benutzt werden, alles, was du tust, ins Negative zu verkehren.

Dieser Augenblick kommt, *nachdem* du die Aufgabe für beendet hältst und am wenigsten auf ihn gefaßt bist. Du kannst der Prüfung leicht aus dem Weg gehen, wenn *sich ein oder zwei Mitglieder deiner Gruppe bewußt bleiben, daß ihr herausgefordert werden könnt*. Ich erinnere mich an eine Zeit, in der wir unsere letzte Prüfung nicht überlebten und unser gesamter Planet ausgelöscht wurde, kurz bevor wir unsere Pforte geöffnet hatten. Wir waren in Reinheit und Offenheit zusammengekommen, um unsere doppelten Wellen zu bilden, und statt dessen wurde der Planet zerstört! Glücklicherweise wußten wir in Ägypten und bei unseren Meisterzylindern um solche Energien, und so geschah nichts Schlimmes. Doch die Möglichkeit hätte durchaus bestanden! Denk daran: die Befreiung aus der Dualität ist ein riesiger Schritt für uns alle, besonders für jene, die die Verantwortung der Führerschaft auf sich nehmen.

Vielleicht hilft es jenen von euch, die sich immer noch vor dem Unbekannten fürchten, daß einige von uns die Reise schon erfolgreich beendet haben. Wir werden euch glücklich auf der anderen Seite der Pforte erwarten. Während ihr eure Entwicklung innerhalb der Dualität vollendet, werden wir immer bei euch sein und euch mit den Schwingen unserer Liebe umfangen. Ruft uns in euren stillen Stunden, dann werdet ihr unsere Vereinte Gegenwart spüren. Wir senden euch Liebe, Stärke, Mut, Zärtlichkeit und Unterstützung. Bittet um die Göttliche Hilfe, sie wird euch immer geschenkt. Unsere Liebe durchdringt alles, sie sickert durch alle Schleier der Illusion und Trennung. Unsere gemeinsame Einheit bleibt so unberührt und rein wie ganz zu Anfang. Sie ist so ewig wie wir. Schau nach innen, und du wirst uns fühlen, eingebettet in den Fasern und Zellen deines eigenen Seins.

Über das Star-Borne-Team

Das Star-Born-Team ist eine weltweite Dachorganisation, die es sich zur Aufgabe gemacht hat, unsere Sternenfamilie zu wecken und zusammenzuführen. Wir sind hier, um bei der Reise durch die Elf Tore der Durchgangspforte 11:11 zu helfen. Unser Ziel ist, *klar und rein* die Heiligkeit des Strahls erleuchteter Liebe aus der Schablone der Einheit zu verankern, ihn zu erhalten und über ihn zu berichten.

Das Büro des Star-Borne-Teams befindet sich gegenwärtig in Charlottesville, Virginia, USA. Von hier aus koordinieren wir ein weites Spektrum an Aktivitäten, zum Beispiel größere planetarische Aktivierungen für 11:11, Star-Borne Vereinigungen, Vorträge, Seminare, 11:11 Verankerungsprogramme und den Vertrieb von Informationen.

Unsere Star-Borne-Vereinigungen sind Zusammenkünfte unserer Sternenfamilie, die eine Woche dauern und die an verschiedenen Orten der Vereinigten Staaten abgehalten werden. Da weltweit großes Interesse herrscht, planen wir gegenwärtig Vereinigungen in Australien und Europa. Bei diesen Zusammenkünften könnt ihr Quantensprünge machen, größere Einweihungen erleben, alte Muster loslassen und praktische Anleitungen für die innere Verwandlung erhalten. Wir konzentrieren uns vor allem darauf, das Neue freudig einzubringen und uns in dem Einen Herzen zu verbinden.

Wir geben außerdem Bücher, Kassetten, Videos, Plakate und zahlreiche andere Produkte von Solara und anderen Mitgliedern unserer Sternenfamilie heraus. Star-Borne veröffentlicht eine Zeitung mit dem Namen *„The Starry Messenger"*, die Stimme unserer Sternenfamilie, die wir an viele tausend Mitglieder in der ganzen Welt versenden. Wir betreiben in der Nähe unseres Büros in Charlottesville ein kleines Geschäft, *„Sternenvogel"* genannt, in dem wir die Produkte unserer Sternenfamilie verkaufen.

Star-Borne-Unlimited wurde 1987 von Solara gegründet. Viele Jahre lang befand sich das Büro in ihrer Wohnung, und sie kümmerte sich allein um das Schreiben, die Veröffentlichungen, die Reisen, organisierte die Seminare und den Versand der Produkte. Seitdem sind wir zu einem zehnköpfigen Team angewachsen und arbeiten in einem schönen Sternenbüro. Die wenigen Augenblicke der Muße verbringen wir in inniger Umarmung mit der Neuen Oktave.

Wenn du uns schreiben willst:

Star-Borne-Unlimited
2005 Commonwealth Dr.
Charlottesville, VA
U.S.A
Tel.: (804) 293 1111 oder Fax: (804) 977 8433

11:11-Anker

Gegenwärtig dienen Tausende von Menschen auf der ganzen Erde als 11:11-Anker. Zuerst hatten die 11:11-Anker nur die Aufgabe, die Menschen ihrer Region auf die Öffnung des Tores 11:11 vorzubereiten. Danach erklärten sie sich jedoch bereit, während der ganzen zwanzigjährigen Reise in die Neue Oktave zur Verfügung zu stehen.

Die 11:11-Anker dienen in ihren Gemeinschaften als Säulen des Lichts und verankern und verkörpern die Energien des Neuen. Sie haben die Aufgabe, eine Gruppe erwachter Sterngeborener zusammenzubringen, um das Wachstum und die Verwandlung der einzelnen Mitglieder zu fördern und so die Reise in die Größere Wirklichkeit zu beschleunigen. Jeder der 11:11-Anker dient als Repräsentant des Einen.

Da sich dieses Projekt so ungeheuer ausgeweitet hat und die ganze Welt umfaßt, sehen wir vom Star-Borne-Team uns außerstande, jeden einzelnen 11:11-Anker persönlich kennenzulernen und auszubilden, weswegen die 11:11-Anker auf unterschiedlichen Bewußtseinsebenen operieren. Wir sind gerade dabei, unser gesamtes 11:11-Anker-Programm neu zu strukturieren und bitten jene, die sich mit dem Ziel und der Vision von Star-Borne tief verbunden fühlen, sich selbst als Anker zur Verfügung zu stellen. Dabei geht es uns wesentlich mehr um die Reinheit der Essenz, um vollkommene Hingabe an die Erfüllung der Göttlichen Mission und eine gewisse Seinsqualität als darum, die Zahl der 11:11-Anker zu steigern.

Wenn du dich aufgerufen fühlst, als 11:11-Anker zu dienen, dann wende dich wegen des Anmeldeformulars an Star-Borne. Du wirst aufgefordert, in nächster Zukunft entweder einen Star-Borne-Workshop, ein Ankertraining, eine Einweihung in das erste Tor oder eine Vereinigung zu besuchen. Du hast danach die Aufgabe, in deinem Gebiet regelmäßige Gruppentreffen zu veranstalten und den Mitgliedern durch neue Bewußtseinsebenen zu helfen. Dein wichtigster

Beitrag ist jedoch, daß du selbst die Höchste Wahrheit deines Seins verkörperst, dein Sternenüberselbst verankerst und dein Leben in Nicht-Zeit verbringst. Denk daran: die beste Art des Lehrens ist das eigene Beispiel!

Dies ist unser Lebenswerk, unsere Möglichkeit, den Göttlichen Plan auf der Erde zu erfüllen. Auf diese Zeit haben wir alle gewartet. Es gibt viel zu tun! Unsere Sternenfamilie wartet auf unsere Unterstützung und Führung auf der Reise nach Hause. Bis zur Schließung des Tores 11:11 Ende des Jahres 2011 wartet noch viel Arbeit auf uns. Die 11:11-Anker dienen dabei als Säulen unserer Vereinten Gegenwart.

Über Solara Antara Amaa-Ra

Von Zeit zu Zeit gibt es Menschen auf der Erde, die ihren Brüdern und Schwestern wirklich dienen wollen. Man erkennt an den Sternen, die sie ausstreuen, daß sie dagewesen sind. Solch ein Mensch ist Solara. Sie dient ihrer Göttlichen Mission gehorsam und hingebungsvoll, humorvoll, zielgerichtet, klar, mutig, behutsam, stark und liebevoll.

Sie bereiste die ganze Welt und weckte viele Mitglieder unserer Sternenfamilie. Sie erhält die Reinheit des Strahls in ihrem eigenen Herzen und verankert den Einen in den Vielen. Das große Erwachen, die Aktivierung der Sterngeborenen lag in ihrer Verantwortung. Sie schuf nicht nur die Vision des Tores 11:11, sondern diente der Aktion als Mittelpunkt.

Durch ihre Bücher, Kassetten, Videos, Vorträge, Seminare und durch ihre Gegenwart reinigt Solara den Kanal und zeichnet für uns alle die Landkarte in die Größere Wirklichkeit.

Viele Jahre lang trug Solara das Zepter der Verantwortung ganz alleine. Aber jetzt werden die Zepter weitergegeben ... Und neue Zepter erheben sich. Und so reicht sie an jeden von euch dieses Zepter weiter, damit wir in unsere ermächtigte Gegenwart aufsteigen und allen die Last erleichtert wird. Vereint als Ein Wesen, sind auch wir imstande, die herrliche Reise nach Hause zu beenden.

Danksagung

Jedes Buch, das ich schreibe, ist eine Reise. Bei diesem großartigen, herrlichen Abenteuer ins Unbekannte helfen mir gesegnete Wesen, deren Liebe, Mut, Humor und Verständnis die Mühen meiner Reise erleichtern. Ich umarme euch dankbar mit den Flügeln meiner Liebe, denn ohne eure Unterstützung wäre die Reise nicht möglich gewesen.

Δ Δ Δ

Ich danke Kumari dafür, daß sie mit mir auf der Himmelsbarke reiste;
Ah Koo für seine Führung durch die Elf Pyramiden;
Aqliaqua für die wahre Verwandtschaft des Einen Herzens;
Ramariel für seine Verkörperung der Wahren Liebe;
Grace für die Tiefe ihres Seins;
Etherium für seine sensible Musik und seine freudvolle Gegenwart;
Elariul für seine unermüdliche Begeisterung;
AArela für ihre Bilder und ihre liebevolle Stärke;
Akiel für seine erleuchtete Freundschaft und seine inspirierte Redaktion;
Garjon für seine Tipparbeit und seine süße Art;
Elestariel für seine vielen guten Fragen;
Azuria dafür, daß sie mir als persönliche Assistentin diente;
Elona und Zaragusta für ihre Hingabe;
Paloma dafür, daß sie sich verwandelte;
Elara Zacandra für ihre sanfte Sensibilität.

Δ Δ Δ

Nova für ihre Tiefe und Stärke;
Nion dafür, daß er mutig auf den Wellen ritt;
J.J Hurtak für sein Buch „*Die Schlüssel des Enoch*";
Katrina Raphaell für ihre ausgezeichneten Ratschläge;
Aquataine dafür, daß er geduldig den Strahl hochhielt;
Makua und Reta AnRa für ihre Weisheit und Klarheit;
Matisha für sein Lied „*Die Familie ANs*".

Ich danke meinen geliebten Sternreisenden:

Alairius, Anders, Antara, Aristia, Aya, Carmen Balhestero, Helios Corona, Herny aus Schweden, Kala*ai, Lilina und Galadriel, Luna, Mika-Alla, Solamé, Solani, Solar, Sunyar, Urith Ra-El und Ynaria.

Ich danke dem Star-Borne-Team für seine ausdauernde Hingabe.

Ewige Dankbarkeit all den leuchtenden Wesen, die mit mir am Meisterzylinder in Ägypten waren.

Weiterführende Bücher von Solara:

An die Sterngeborenen
Erinnerung für die Erwachten
ISBN 3-924161-55-0

Dein Sonnenengel
und wie du ihn erweckst
ISBN 3-924161-52-6

Die Legende von Altazar
Ein Fragment der wahren Geschichte der Erde
ISBN 3-924161-60-7

ch. falk-verlag
ischl 11 - 8221 seeon
tel. (0 86 67) 14 14 - fax (0 86 67) 14 17